1차 [필기합격]

임상심리사

2급 핵심유형 100제 한권으로 끝내기

시대에듀

2025 핵심유형 100제 임상심리사 2급 1차 필기합격
한권으로 끝내기

Always **with you**

사람의 인연은 길에서 우연하게 만나거나 함께 살아가는 것만을 의미하지는 않습니다.
책을 펴내는 출판사와 그 책을 읽는 독자의 만남도 소중한 인연입니다.
시대에듀는 항상 독자의 마음을 헤아리기 위해 노력하고 있습니다. 늘 독자와 함께하겠습니다.

P R E F A C E

머리말

임상심리사란 개인이나 집단이 경험하는 심리 · 생리적 문제나 정신건강과 관련된 다양한 영역의 문제를 이해 · 평가 · 치료하는 전문인력입니다.

임상심리사는 정신적 문제를 예방하기 위한 활동과 정신적 어려움을 겪은 사람이 사회에 적응할 수 있도록 돕는 재활활동을 중심으로, 정신건강 분야의 관계자나 기타 산업체 및 정부기관 관계자 등에게 필요한 심리상담 자문을 제공하기도 하며 우리 사회 곳곳에 공헌하고 있습니다.

최근에는 정신건강에 대한 개인 · 사회적 관심이 높아지면서 관련 분야의 자격시험 응시인원 역시 증가하였고, 그중에서도 임상심리사 자격시험은 한국산업인력공단에서 발표하는 종목별 자격시험 접수 건수 통계에서 매년 상위 10위 안에 들고 있습니다.

현대에는 정신질환이 아니어도 학교폭력 등의 사회적 문제로 인하여 극심한 스트레스를 경험하거나 심리적 고통을 호소하는 사람이 점차 증가하고 있으며, 이에 따른 심리상담 전문인력에 대한 사회적 요구 역시 급증하고 있습니다. 이러한 흐름 속에서 임상심리 분야의 시장은 더욱 성장할 것으로 보이며, 고용 규모 역시 더욱 확대될 것으로 전망됩니다.

특히 임상심리사는 개별 심리센터를 개업하여 상담서비스를 제공하는 것도 가능하기 때문에 상대적으로 연령 등의 제한 없이 오래 종사하는 것이 가능한 직군입니다. 최근에는 다양한 심리 관련 지식을 알려주는 임상심리사들의 유튜브 채널이 많은 구독자의 관심을 얻으며, 그 활동 범위를 점점 더 넓혀가고 있기도 합니다.

이처럼 새로운 가능성으로 떠오른 임상심리사 자격시험을 준비하는 수험생분들을 위해, 본 교재는 시대에듀의 12년간 노하우를 바탕으로 임상심리사 2급 필기시험 기출문제를 모두 분석하여 핵심유형 100제로 구성하였습니다. 이론서 및 기출문제집으로 학습한 후 완벽하게 학습을 마무리할 수 있는 문제집입니다. 또한 2024년 기출복원문제 및 해설 2회분을 수록하여 수험생 여러분이 임상심리사 2급 필기시험을 철저하게 대비하실 수 있도록 구성하였습니다.

본 교재를 선택하여 주신 여러분이 꼭 합격하기를 기원합니다.

편저자 일동

시험안내

임상심리사 개요

임상심리사는 인간의 심리적 건강 및 효과적인 적응을 다루어 궁극적으로는 심신의 건강 증진을 돕고, 심리적 장애가 있는 사람에게 심리평가와 심리검사, 개인 및 집단 심리상담, 심리재활 프로그램의 개발과 실시, 심리학적 교육, 심리학적 지식을 응용해 자문을 한다.

임상심리사는 주로 심리상담에서 인지, 정서, 행동적인 심리상담을 하지만 정신과 의사들이 행하는 약물치료는 하지 않는다.

정신과병원, 심리상담기관, 사회복귀시설 및 재활센터에서 주로 근무하며 개인이 혹은 여러 명이 모여 심리상담센터를 개업하거나 운영할 수 있다. 이 외에도 사회복지기관, 학교, 병원의 재활의학과나 신경과, 심리건강 관련 연구소 등 다양한 사회기관에 진출할 수 있다.

시험일정

구 분	제1회	제2회	제3회
1차 필기	2월 15일 ~ 3월 7일	5월 9일 ~ 5월 28일	7월 5일 ~ 7월 27일
2차 실기	4월 27일 ~ 5월 17일	7월 28일 ~ 8월 14일	10월 19일 ~ 11월 8일

※ 2025년 시험일정은 아직 발표되지 않아 2024년 시험일정을 수록하였습니다.
※ 자세한 내용은 큐넷 홈페이지(www.q-net.or.kr)를 확인하십시오.

시험형식

구 분	시험과목	문항수	시험방법	시험시간
1차 필기	• 심리학개론 • 이상심리학 • 심리검사 • 임상심리학 • 심리상담	100문항 (각 20문항)	객관식	2시간 30분
2차 실기	• 기초심리평가 • 기초심리상담 • 심리치료 • 자문 · 교육 · 심리재활	18 ~ 20문항	필답형	3시간

합격기준

구 분	합격기준
1차 필기	100점을 만점으로 하여 과목당 40점 이상 / 전과목 평균 60점 이상
2차 실기	100점을 만점으로 하여 과목당 60점 이상

응시현황

연 도	필 기			실 기		
	응시(명)	합격(명)	합격률(%)	응시(명)	합격(명)	합격률(%)
2023	7,941	5,833	73.5	7,521	2,965	39.4
2022	5,915	4,574	77.3	6,792	2,054	30.2
2021	6,469	5,465	84.5	6,461	2,614	40.5
2020	5,032	3,948	78.5	6,081	1,220	20.1
2019	6,016	3,947	65.6	5,858	1,375	23.5
2018	5,621	3,885	69.1	6,189	1,141	18.4
2017	5,294	4,360	82.4	6,196	1,063	17.2
소 계	42,288	32,012	76	45,098	11,370	27

필기 출제항목

1과목 심리학개론	2과목 이상심리학	3과목 심리검사	4과목 임상심리학	5과목 심리상담
발달심리학	이상심리학의 기본개념	심리검사의 기본개념	심리학의 역사와 개관	상담의 기초
성격심리학		지능검사	심리평가 기초	심리상담의 주요 이론
학습 및 인지심리학		표준화된 성격검사	심리치료의 기초	심리상담의 실제
심리학의 연구방법론	이상행동의 유형	신경심리검사	임상심리학의 자문, 교육, 윤리	중독상담
사회심리학		기타 심리검사	임상 특수분야	특수문제별 상담유형

이 책의 구성과 특징

과목별 주요 유형 100제

▶ 임상심리사 필기시험의 각 과목별 주요 유형을 엄선하여 총 100문제를 수록하였습니다.

▶ 문제를 풀어보며 출제유형을 파악하고 이론을 정리하세요.

문제편

제 1 과목 핵심유형 100제 임상심리사 2급 1차 필기합격

심리학개론

★ : 1회 기출
★★ : 2회 기출
★★★ : 3회 기출
★★★★ : 4회 이상

★★

001 실험법에 관한 설명으로 옳지 않은 것은?

① 심리학이 과학적인 학문으로 발전하는 데 큰 기여를 했다.
② 다른 조건들을 일정하게 고정시키는 것을 통제라고 한다.
③ 독립변인이 어떻게 결과에 영향을 미치는지를 알아보기 위한 조작을 처치라고 한다.
④ 가외변인을 통제하기 어렵다는 문제점이 있다.

★★★★

009 단기기억의 용량은?

① 5±2
② 6±2
③ 7±2
④ 8±2

★★

002 프로이트(S. Freud)의 성격 구조에 관한 설명으로 옳은 것은?

① 자아는 현실원리를 따르며 개인이 현실에 적응하도록 돕는다.
② 자아는 일차적 사고과정을 따른다.
③ 자아는 자아이상과 양심으로 구성되어 있다.
④ 초자아는 성적 욕구와 관련된 것으로 쾌락의 원리를 따른다.

★★★

010 고전 에 대한 설명으로 옳은 것은?

후에 제시되어야 한다.
위해서는 적절한 반응의 수나 비율에 따라 강화가 이루어져야 한다.
하고, 부적절한 행동은 무시함으로써 새로운 행동을 가르칠 수 있다.
동들은 고전적 조건형성을 통해 학습될 수 있다.

① 중립자극

★★★

011 관찰법에 관한 설명으로 옳지 않은 것은?

① 실험법과 같이 독립변인을 인위적으로 조작할 수 없으므로 관찰변인을 체계적으로 측정하지 않는다.
② 직접 집단에 참여하여 그 집단구성원과 같이 생활하면서 관찰하는 참여관찰도 있다.
③ 임신 중 영양부족이 IQ에 미치는 영향과 같이 실험상황을 윤리적으로 통제할 수 없을 때 사용한다.
④ 관찰자의 편견이나 희망이 반영되어 관찰자편향이 일어날 수 있다.

문제별 빈출도 표시

▶ 모든 문제의 출제빈도를 분석하여 빈출도를 ★로 표시하였습니다.

▶ 문제별 빈출도를 확인하며 효율적인 학습이 가능합니다.

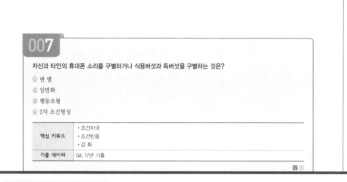

상세하고 명쾌한 해설

▶ 해설편에는 핵심유형 100제의 상세하고 명쾌한 해설을 수록하였습니다.

▶ 해설과 문제해결 키워드를 통해 핵심유형 문제를 완벽하게 습득하세요.

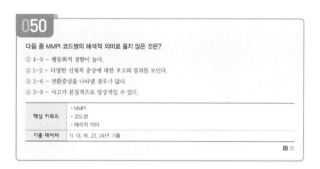

더 알아두기

▶ 문제해설과 함께 추가로 알아두면 유용한 이론을 '더 알아두기'로 수록하였습니다.

▶ 유관개념까지 알아두고 깊이 있는 학습으로 고득점을 노려보세요.

[이미지 1 내 텍스트]

007

자신과 타인의 휴대폰 소리를 구별하거나 식용버섯과 독버섯을 구별하는 것은?

① 변 별
② 일반화
③ 행동조형
④ 2차 조건형성

핵심 키워드	• 조건자극 • 조건반응 • 강 화
기출 데이터	04, 17년 기출

답 ①

과락을 피하는 해설

① 변별(Discrimination) : 둘 이상의 자극을 서로 구별하는 것으로, 조건자극과 유사한 자 ⋯는 것을 말한다.
② 일반화(Generalization) : 특정조건자극에 대해 조건반응이 성립되었을 때 그와 유사한 ⋯반응을 보이는 학습현상을 말한다.

유사문제 · 관련문제

조련사가 돌고래를 훈련시키는 과정을 설명할 수 있는 조건형성 현상은?

① 자극일반화 ② 소 거
③ 변 별 ④ 조 형

유사문제 · 관련문제

어떤 조건자극이 일단 조건형성되고 나면, 이 자극과 유사한 다른 자극들도 무조건 ⋯건반응을 야기하는 것은?

① 소 거 ② 자발적 회복
③ 변 별 ④ 자극일반화

[이미지 2 내 텍스트]

050

다음 중 MMPI 코드쌍의 해석적 의미로 옳지 않은 것은?

① 4-9 – 행동화적 경향이 높다.
② 1-2 – 다양한 신체적 증상에 대한 호소와 염려를 보인다.
③ 2-6 – 전환증상을 나타낼 경우가 많다.
④ 3-8 – 사고가 본질적으로 망상적일 수 있다.

핵심 키워드	• MMPI • 코드쌍 • 해석적 의미
기출 데이터	11, 13, 16, 22, 24년 기출

답 ③

과락을 피하는 해설

'전환(Conversion)'은 개인의 무의식적 · 심리적 갈등이 신체증상으로 나타나는 경향을 말하는 것으로, 특히 신체형장애(Somatoform Disorders)의 하위분류 중 전환장애(Conversion Disorder)와 연관된다. MMPI의 임상척도에서는 심기증척도에 해당하는 척도 1 Hs(Hypochondriasis)와 결부되며, 특히 1-2 또는 1-3의 코드쌍에서 나타난다.

더 알아두기

MMPI 코드쌍의 해석적 의미

코드쌍	해석적 의미
1-2 또는 2-1 (Hs & D)	• 신체기능에 몰두함으로써 수반되는 다양한 신체적 증상에 대한 호소와 ⋯ • 정서적으로 불안감과 긴장감을 느끼며 감정표현에 어려움이 있다. • 보통 내향적인 성격을 가지고 있으며, 다른 사람과의 관계에 있어서 수동⋯ • 사소한 자극에도 쉽게 안정을 잃고, 의심과 경계심을 품는다. • 억압과 신체화 방어를 통해 스스로 신체적 불편함을 견디려 하므로 정⋯ 부족하다.
3-8 또는 8-3 (Hy & Sc)	• 주의력장애 및 집중력장애, 지남력 상실, 망상 및 환각 등의 사고장애를 보인다. • 정서적으로 취약하고 다른 사람에 대해 애정과 관심의 욕구를 가진다. • 자신의 욕구가 좌절되는 경우 자기 처벌적인 양상을 보이며, 상동증적 방식으로 문제에 접근한다. • 과도한 정신적 고통이 두통이나 허기증, 흉통, 위장장애 등의 신체적 증상으로 나타나기도 한다. • 정신분열증(Schizophrenia), 신체형장애(Somatoform Disorders)의 진단이 가능하다.

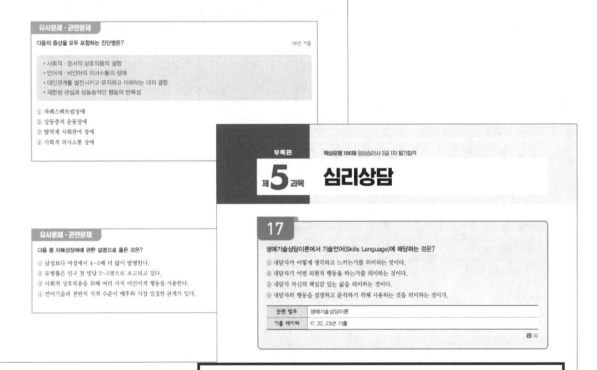

유사문제·관련문제

▶ 관련 키워드로 출제되었거나 같은 이론을 기반으로 출제된 문제를 핵심유형 100제와 함께 수록하였습니다.

▶ 다양한 유형의 문제를 풀어보며 해당 이론을 완벽하게 정복하세요.

만나면 당황하는 문제 20선

▶ 수험생들이 상대적으로 어려워할 수 있는 고난도 문제 20선을 수록하였습니다.

▶ 생소한 문제를 접하더라도 당황하지 않고 풀어나갈 수 있도록 연습하세요.

2024 | 2024년 2월 15일~3월 7일 시행

제1회 임상심리사 2급 필기 기출복원문제 및 해설

※ 2022년 제3회 시험부터 CBT로 시행되어 기출문제가 공개되지 않으므로, 응시자의 후기와 과년도 기출데이터를 통해 기출과 유사하게 복원된 문제를 제공합니다.
※ 실제 시험문제와 일부 다를 수 있습니다.

제1과목 | 심리학개론

01 피아제(Piaget)가 발달심리학에 끼친 영향과 가장 거리가 먼 것은? 20, 23년 기출

① 환경 속의 자극을 적극적으로 구축하는 가설 생성적인 개체로 아동을 보게 하였다.
② 인간 마음의 변화를 생득적 · 경험적이라는 두 대립된 시각으로 보는데 큰 기여를 했다.
③ 발달심리학에서 추구하는 학습이론이 구조와 규칙에 대한 심리학이 되는데 그 기반을 제공했다.
④ 발달심리학이 인간의 복잡한 지적능력의 변화를 탐색하는 분야가 되는데 기여했다.

해설
피아제(Piaget)는 인지구조가 생득적으로 갖춰진 것이 아니라 유기체가 환경과의 상호작용을 통해 구성해 나간다고 주장함으로써 구성주의의 토대를 이루었다. 즉, 지능이나 지식은 개인과 환경 간의 상호작용에 의해 부단히 쇄신되고 재구성된다는 것이다. 유아는 태어날 때부터 인지구조를 구성해 나갈 잠재력을 가지고 태어나지만, 주위 환경을 끊임없이 탐색하고 조절하며 이해하려는 노력을 통해 환경을 적절히 다룰 수 있는 보다 정교한 인지구조들을 능동적으로 구성해 나간다.

02 성격의 결정요인에 관한 설명으로 틀린 것은? 21년 기출

① 유전적 영향에 대한 증거는 쌍생아 연구에 근거하고 있다.
② 초기 성격이론가들은 환경적 요인을 강조하여 체형과 기질을 토대로 성격을 분류하였다.
③ 환경적 요인이 성격에 영향을 주는 방식은 학습이론의 맥락에서 이해할 수 있다.
④ 성격은 유전적 요인과 환경적 요인의 상호작용에 의하여 결정된다.

해설
초기 성격이론가들은 생물학적 요인을 강조하여 체형과 기질을 토대로 성격을 분류하였다. 이는 체형과 성격 특징을 연관시켰던 히포크라테스(Hippocrates)의 연구를 기원으로 하는 것으로, 이후 체형과 기질에 근거하여 특질(Trait)이라는 용어를 사용하여 성격을 설명한 셀던(Sheldon)의 연구를 거쳐 현대성격이론으로서 특질이론에 중요한 영향을 끼쳤다.

03 다음 보기의 사례에서 나타난 기억전략은? 21년 기출

> '곰'과 '얼음'을 기억해야 할 때, '얼음을 안고 있는 곰'을 떠올려 두 개의 항목을 기억한다.

① 정교화 ② 조직화
③ 시 연 ④ 개념도

해설
기억전략의 종류
• 정교화 : 어떤 정보에 조작을 가하여 정보가 갖는 의미의 깊이와 폭을 더욱 확장시키거나 심화하는 전략이다.
• 조직화 : 기억하려는 정보를 의미적으로 관련 있는 것끼리 묶어서 범주화함으로써 기억의 효율성을 높이는 전략이다.
• 시연 : 기억해야 할 정보를 여러 번 반복해서 암송하는 것이다.
• 심상(부호)화 : 정보를 시각적 이미지로 만들어 제공하는 전략이다.

정답 01 ② 02 ② 03 ①

2024년 기출복원문제 및 해설 (최신기출해설 무료 동영상 강의 제공)

▶ CBT시험으로 시행되는 필기시험 대비를 위한 2024년 기출복원문제 2회분을 수록하였습니다.
▶ 최신기출해설 1회분 무료 동영상 강의와 함께 기출문제를 완벽하게 습득하세요.

▲ 최신기출해설
무료 동영상 강의 제공

학습공략

제1과목 심리학개론

심리상담 분야의 기본개념을 정확히 알고 있는지를 묻는 문제 위주로 출제됩니다. 학문의 기초와 전체적인 구조를 본다는 생각으로 학습한다면 이어지는 과목의 학습에도 큰 도움이 될 것입니다. 기존 기출문제에서는 매년 심리학 연구방법과 인지심리학 영역에서 많은 문제가 출제되었고, 최근에는 성격심리학 영역이 차지하는 비중도 크게 늘었습니다.

제2과목 이상심리학

매년 이상행동 관련 이론이 큰 비중으로 출제되고 있습니다. DSM-5 정신장애 하위유형과 유형별 진단기준 등을 정확히 알아야 풀 수 있는 문제가 다수 출제되며, 그만큼 기본개념 영역이 차지하는 비중이 적기 때문에 전략적인 학습이 필요합니다. 다양한 정신적 장애의 주요 증상 및 진단기준, 치료법 등을 꼼꼼히 암기하시기 바랍니다.

제3과목 심리검사

다양한 심리검사를 묻는 문제가 큰 비중으로 출제되고 있으므로 각 검사의 시행방법, 원리 등을 헷갈리지 않도록 암기하는 것이 중요합니다. 그중에서도 웩슬러지능검사, MMPI 등 자주 등장하는 검사는 필수적으로 알아두어야 합니다. 심리검사 관련 기본개념을 묻는 문제도 매년 빠짐없이 출제되고 있으므로, 심리검사 시행자의 기본윤리 등도 꼼꼼히 확인하시기 바랍니다.

제4과목 임상심리학

심리치료의 기초 영역에서 가장 많은 문제가 출제되고 있습니다. 다양한 심리치료기법과 해석방법, 관련 이론을 꼼꼼하게 암기하고 숙지해야 합니다. 또한 임상심리학의 학문적 역사와 임상심리학자의 윤리적 책임과 의무를 묻는 문제도 자주 출제되고 있으므로, 학습에 주의가 필요합니다.

제5과목 심리상담

심리상담의 주요 이론 영역과 특수문제별 상담유형 영역에서 매번 많은 문제가 출제되고 있습니다. 분야별 내용이 세분화되었기 때문에 완벽한 암기보다는 충분한 이해가 필요한 과목입니다. 선행 과목의 심리학 이론들이 상담에서 어떻게 확장되고 적용되었는지 구조를 그리면서 학습하시기 바랍니다. 선행 과목들의 학습을 소홀히 하지 않았다면 대부분의 문제는 어렵지 않게 풀 수 있을 것입니다.

최신 빈출키워드

제1과목　심리학개론

#전망이론　#기억의 인출과정　#단기기억　#사회심리학적 태도와 행동　#성격 5요인　#귀인이론　#성격구조
#실험연구(실험법)　#심리사회적 발달이론　#심리학 연구방법　#인지학습이론　#조건형성의 원리　#로저스
#타당도　#통계분석　#투사　#회피조건형성　#표준편차　#프로이트　#현상학적 이론

제2과목　이상심리학

#DSM-5　#성격장애　#공황장애　#과잉행동장애(ADHD)　#노출장애　#분리불안장애　#사회불안장애
#성격장애　#신경발달장애　#실존주의　#알츠하이머(치매)　#알코올중독　#양극성장애　#우울장애　#이상행동
#소인-스트레스이론　#조현병　#지적 장애　#품행장애　#섬망

제3과목　심리검사

#BSID-Ⅱ　#MBTI　#K-WAIS-Ⅳ　#K-WISC-Ⅳ　#MMPI-2 코드쌍　#MMPI-2　#타당성 척도
#검사자의 윤리적 의무　#노년기 인지발달　#뇌손상　#로샤검사　#신경심리검사　#실어증　#표본조사　#웩슬러
#자기보고 검사(객관적 검사)　#스피어만　#지능　#집-나무-사람(HTP) 검사　#카텔

제4과목　임상심리학

#강화와 처벌　#기저핵　#지역사회 심리학　#라포형성　#로저스　#성격평가질문지　#심리평가 도구　#유관학습
#인간중심치료　#인지치료　#임상심리학의 역사　#임상심리학자의 윤리원칙　#임상적 면접　#행동의학
#전이와 역전이　#건강심리학　#정신분석적 접근　#체계적 둔감법　#유사관찰법　#대뇌피질

제5과목　심리상담

#키츠너　#REBT　#가족상담　#게슈탈트상담(형태주의상담)　#경청　#약물중독　#도박중독　#상담의 윤리원칙
#집단치료　#성상담　#심리치료의 역사　#의사결정과정　#작업동맹　#학업상담　#인간중심상담　#상담의 구조화
#진로상담　#집단상담　#청소년비행　#행동주의상담

이 책의 목차

PART 1

문제편

끝까지 책임진다! 시대에듀!

QR코드를 통해 도서 출간 이후 발견된 오류나 개정법령, 변경된 시험 정보, 최신기출문제, 도서 업데이트 자료
등이 있는지 확인해 보세요! **시대에듀 합격 스마트 앱**을 통해서도 알려 드리고 있으니 구글 플레이나 앱 스토어
에서 다운받아 사용하세요. 또한, 파본 도서인 경우에는 구입하신 곳에서 교환해 드립니다.

제 1 과목 심리학개론

★ : 1회 기출
★★ : 2회 기출
★★★ : 3회 기출
★★★★ : 4회 이상

★★

001 실험법에 관한 설명으로 옳지 않은 것은?

① 심리학이 과학적인 학문으로 발전하는 데 큰 기여를 했다.
② 다른 조건들을 일정하게 고정시키는 것을 통제라고 한다.
③ 독립변인이 어떻게 결과에 영향을 미치는지를 알아보기 위한 조작을 처치라고 한다.
④ 가외변인을 통제하기 어렵다는 문제점이 있다.

★★

002 프로이트(S. Freud)의 성격 구조에 관한 설명으로 옳은 것은?

① 자아는 현실원리를 따르며 개인이 현실에 적응하도록 돕는다.
② 자아는 일차적 사고과정을 따른다.
③ 자아는 자아이상과 양심으로 구성되어 있다.
④ 초자아는 성적 욕구와 관련된 것으로 쾌락의 원리를 따른다.

★★★

003 성격이론가에 관한 설명으로 옳지 않은 것은?

① 올포트(Allport) - 성격은 과거경험에 의해 학습된 행동성향으로, 상황이 달라지면 행동성향도 변화한다고 보았다.

② 카텔(Cattell) - 특질을 표면특질과 근원특질로 구분하고, 자료의 통계분석에 근거하여 16개의 근원특질을 제시하였다.

③ 로저스(Rogers) - 현실에 대한 주관적 해석 및 인간의 자기실현과 성장을 위한 욕구를 강조하였다.

④ 프로이트(Freud) - 본능적인 측면을 강조하고, 사회·환경적 요인을 상대적으로 경시하였다.

★★★

004 여러 상이한 연령에 속하는 사람들로부터 동시에 어떤 특성에 대한 자료를 얻고, 그 결과를 연령 간 비교하여 발달적 변화과정을 추론하는 연구방법은?

① 종단적 연구방법

② 횡단적 연구방법

③ 교차비교 연구방법

④ 단기종단적 연구방법

★

005 다음 사례에서 사용된 행동주의 상담기법은?

내담자는 낮은 학업 성적으로 인해 학교 적응에 어려움을 겪고 있다. 상담자는 내담자가 평소 컴퓨터 게임하는 것을 매우 좋아한다는 사실을 알았다. 상담자는 내담자가 하루 계획한 학습량을 달성하는 경우, 컴퓨터 게임을 30분 동안 하도록 개입하였다.

① 자기교수훈련, 정적 강화

② 프리맥의 원리, 정적 강화

③ 체계적 둔감법, 자기교수훈련

④ 자극통제, 부적 강화

4   임상심리사 합격은 시대에듀

★★★

006 실험법과 조사법의 가장 근본적인 차이점은?

① 실험실 안에서 연구를 수행하는지의 여부
② 연구자가 변인을 통제하는지의 여부
③ 연구변인들의 수가 많은지의 여부
④ 연구자나 연구참가자의 편파가 존재하는지의 여부

★★

007 자신과 타인의 휴대폰 소리를 구별하거나 식용버섯과 독버섯을 구별하는 것은?

① 변 별
② 일반화
③ 행동조형
④ 2차 조건형성

★★★

008 검사의 내용이 측정하려는 속성과 일치하는지를 논리적으로 분석·검토하여 결정하는 타당도는?

① 예언타당도
② 공존타당도
③ 구성타당도
④ 내용타당도

009 단기기억의 용량은?

① 5±2
② 6±2
③ 7±2
④ 8±2

010 고전적 조건형성에 대한 설명으로 옳은 것은?

① 중립자극은 무조건 자극 직후에 제시되어야 한다.
② 행동변화의 효과를 거두기 위해서는 적절한 반응의 수나 비율에 따라 강화가 이루어져야 한다.
③ 적절한 행동은 즉시 강화하고, 부적절한 행동은 무시함으로써 새로운 행동을 가르칠 수 있다.
④ 대부분의 정서적인 반응들은 고전적 조건형성을 통해 학습될 수 있다.

011 관찰법에 관한 설명으로 옳지 않은 것은?

① 실험법과 같이 독립변인을 인위적으로 조작할 수 없으므로 관찰변인을 체계적으로 측정하지 않는다.
② 직접 집단에 참여하여 그 집단구성원과 같이 생활하면서 관찰하는 참여관찰도 있다.
③ 임신 중 영양부족이 IQ에 미치는 영향과 같이 실험상황을 윤리적으로 통제할 수 없을 때 사용한다.
④ 관찰자의 편견이나 희망이 반영되어 관찰자편향이 일어날 수 있다.

★★★

012 심리검사가 측정하고자 하는 내용이나 속성을 실제 얼마나 잘 측정하는지를 나타내는 개념은 무엇인가?

① 표준화
② 난이도
③ 타당도
④ 신뢰도

★★★

013 망각의 원인에 관한 설명과 가장 거리가 먼 것은?

① 분명히 읽었던 정보를 기억할 수 없는 원인은 비효율적인 부호화 때문이라고 할 수 있다.
② 소멸이론에서 망각은 정보 간의 간섭 때문이라고 주장한다.
③ 새로운 학습이 이전의 학습을 간섭하기 때문에 망각이 일어나는 것을 역행성 간섭이라고 한다.
④ 망각을 인출실패로 간주하는 주장도 있다.

★★

014 얼마간의 휴식기간을 가진 후에 소거된 반응이 다시 나타나는 현상은?

① 자극일반화
② 자발적 회복
③ 변별조건형성
④ 고차조건형성

★★★★

015   현상학적 성격이론에 대한 설명으로 옳지 않은 것은?

① 사건 자체가 아니라 그 사건에 대한 개인의 주관적 경험이 행동을 결정한다.
② 세계관에 대한 개인의 행동을 예측하고 이해하기 위해서는 개인의 지각을 이해해야 한다.
③ 어린 시절의 동기를 분석하기보다는 앞으로 무엇이 발생할 것인가에 초점을 둔다.
④ 선택의 자유를 강조하는 인본주의적 입장과 자기실현을 강조하는 자기이론적 입장을 포함한다.

★★★

016   아동기의 애착에 관한 설명으로 옳은 것은?

① 유아가 어머니에게 분명한 애착을 보이는 시기는 생후 3~4개월경부터이다.
② 어머니와의 밀접한 신체접촉이 애착을 형성하는 데 가장 중요한 역할을 한다.
③ 애착은 인간 고유의 현상으로서 동물들에게는 유사한 현상을 찾아보기 어렵다.
④ 안정적으로 애착된 아동들은 어머니가 없는 낯선 상황에서도 주위를 적극적으로 탐색한다.

★★★

017   성격이론과 대표적인 연구자가 잘못 짝지어진 것은?

① 정신분석이론 – 프로이트(Freud)
② 행동주의이론 – 로저스(Rogers)
③ 인본주의이론 – 매슬로우(Maslow)
④ 특질이론 – 올포트(Allport)

★★★

018 의미 있는 '0'의 값을 갖는 측정척도는?

① 명목척도
② 비율척도
③ 등간척도
④ 서열척도

★

019 콜버그(Kohlberg)의 도덕발달단계가 아닌 것은?

① 전인습적 단계
② 인습적 단계
③ 후인습적 단계
④ 초인습적 단계

★★★

020 인지부조화이론의 예로 옳지 않은 것은?

① 지루한 일을 하고 1000원 받은 사람이 20000원 받은 사람에 비해 그 일이 재미있다고 생각한다.
② 열렬히 사랑했으나 애인과 헤어진 남자가 떠나간 애인이 못생기고 성격도 나쁘다고 생각한다.
③ 빵을 10개나 먹은 사람이 빵을 다 먹고 난 후, 자신이 배가 고팠음을 인식한다.
④ 반미적인 태도를 지닌 사람이 친미적인 발언을 한 후 친미적 태도로 변화되었다.

제 2 과목 **이상심리학**

★

021 조현병의 음성증상이 아닌 것은?

① 감퇴된 정서표현
② 무의욕증
③ 긴장성 경직
④ 무쾌감증

★★

022 DSM-5에서 '신체증상 및 관련 장애' 분류항목에 해당하는 것은?

① 전환장애(Conversion Disorder)
② 다중인격(Multiple Personality)
③ 심인성건망증(Psychogenic Amnesia)
④ 신체변형장애(Body Dysmorphic Disorder)

023 다음은 DSM-5에서 어떤 진단기준의 일부인가?

- 필요한 것에 비해서 음식섭취를 제한함으로써 나이, 성별, 발달수준과 신체건강에 비추어 현저한 저체중 상태를 초래한다.
- 심각한 저체중임에도 불구하고 체중증가와 비만에 대한 극심한 두려움을 지니거나 체중증가를 방해하는 지속적인 행동을 나타낸다.
- 체중과 체형을 왜곡하여 인식하고, 체중과 체형이 자기평가에 지나친 영향을 미치거나 현재 나타내고 있는 체중미달의 심각함을 지속적으로 부정한다.

① 신경성폭식증
② 신경성식욕부진증
③ 폭식장애
④ 이식증

024 조현병에 관한 설명으로 옳지 않은 것은?

① 이란성 쌍생아가 일란성 쌍생아보다 더 취약하다.
② 유병률은 인종과 민족에 따라 다르게 나타난다.
③ 표출정서가 높은 가정이 낮은 가정에 비해 재발률이 높다.
④ 가장 대표적인 생화학적 가설은 도파민가설이다.

025 편집성성격장애의 행동특성으로 가장 적합한 것은?

① 다른 사람이 자신을 이용하거나 피해를 입힌다고 생각한다.
② 단순히 아는 정도의 사람을 '매우 친한 친구'라고 지칭한다.
③ 반복적으로 자살을 시도하거나 행동한다.
④ 거의 어떤 활동에서도 즐거움을 느끼지 못한다.

026 다음 보기의 특징을 가진 DSM-5의 장애는?

• 자기의 전체 혹은 일부로부터 분리되거나 이를 낯설게 느낌
• 신체이탈경험을 할 수 있음
• 현실검증력은 본래대로 유지

① 심인성둔주(Psychogenic Fugue)
② 해리성정체감장애(Dissociative Identity Disorder)
③ 이인증/비현실감장애(Depersonalization)
④ 해리성기억상실증(Dissociative Amnesia)

027 DSM-5에서 조현성성격장애의 특징이 아닌 것은?

① 거의 항상 혼자서 하는 활동을 선택한다.
② 기이하거나 편향된 행동을 보인다.
③ 타인의 칭찬이나 비평에 무관심하다.
④ 단조로운 정동의 표현을 보인다.

★★★

028 B군 성격장애에 해당하지 않는 것은?

① 경계선성격장애
② 강박성성격장애
③ 반사회성성격장애
④ 연극성성격장애

★★★

029 다음 사례와 같은 성격장애는?

자신이 관심의 중심에 있기를 바라고, 감정이 빠르게 변하고 피상적이며, 지나치게 인상에 근거한 언어 표현을 보이고, 피암시성이 높은 특성을 보인다.

① 편집성성격장애
② 연극성성격장애
③ 자기애성성격장애
④ 강박성성격장애

★★

030 공황장애를 설명하는 인지적 관점에 의하면, 공황발작을 초래하는 핵심적 요인은?

① 신체건강에 대한 걱정과 염려
② 만성질병에 대한 잘못된 귀인
③ 억압된 분노표출에 대한 두려움
④ 신체감각에 대한 파국적 오해석

031 정신분석학적 관점에서 볼 때 해리성장애 환자들에게서 가장 흔히 나타나는 방어기제는?

① 억 압
② 반동형성
③ 전 치
④ 주지화

032 다음은 무엇에 관한 설명인가?

벡(Beck)이 우울증 환자에 대한 관찰을 기반하여 사용한 용어로, 자신을 무가치하고 사랑받지 못할 사람으로 간주하고, 자신이 경험하는 세계가 가혹하고 도저히 대처할 수 없는 곳이라고 지각하며, 자신의 미래는 암담하고 통제할수 없으며 계속 실패할 것이라고 예상하는 것

① 부정적 사고(Negative Thought)
② 인지적 삼제(Cognitive Triad)
③ 비합리적 신념(Irrational Belief)
④ 인지오류(Cognitive Error)

033 다음 중 만성적인 알코올중독자에게서 흔히 발생하는 것으로 비타민 B1(티아민) 결핍과 관련이 깊으며, 지남력장애, 최근 및 과거 기억력의 상실, 작화증 등의 증상을 보이는 장애는?

① 혈관성치매
② 코르사코프증후군
③ 진전섬망
④ 다운증후군

034 순환성장애의 특징이 아닌 것은?

① 청소년기나 초기 성인기에 시작된다.

② 남녀 간의 유병률에 큰 차이가 없다고 보고된다.

③ 양극성장애보다 경미한 증상이 2년 이상 지속된다.

④ 양극성장애로는 발전하지 않는다.

★★

035 행동주의적 견해에 따르면 강박행동은 어떤 원리에 의해 유지되는가?

① 고전적 조건형성

② 부적 강화

③ 소 거

④ 모델링

★ ★ ★

036 대형 화재현장에서 살아남은 남성이 불이 나는 장면에 극심하게 불안증상을 느낄 때 의심할 수 있는
가능성이 가장 높은 장애는?

① 외상후스트레스장애
② 적응장애
③ 조현병
④ 범불안장애

★ ★ ★

037 알츠하이머병에 관한 설명으로 옳지 않은 것은?

① 현저한 인지기능장애가 특징이다.
② 도파민과 밀접한 관련이 있다.
③ 연령의 증가와 함께 유병률이 높아진다.
④ 점진적으로 진행하는 질병이다.

★ ★

038 자폐스펙트럼장애에 관한 설명으로 옳지 않은 것은?

① 의사소통의 장해가 현저하고 지속적이다.
② 상상적인 놀이를 하는 데 어려움이 있다.
③ 사회적 관습을 이해하는 데 어려움이 있다.
④ 연령증가와 함께 증상의 호전을 보인다.

★★

039 주의력결핍 및 과잉행동장애(ADHD)에 관한 설명으로 옳지 않은 것은?

① 학령전기에 보이는 주요 증상은 과잉행동이다.

② 앉아 있도록 요구되는 상황에서 자리를 떠나는 것은 부주의 증상에 해당된다.

③ 증상이 지속되면 적대적 반항장애로 동반이환할 가능성이 높다.

④ 여성보다 남성에게 더 흔하게 나타난다.

★★

040 조현병의 양성증상에 해당하는 것은?

① 무의욕증

② 무사회증

③ 와해된 행동

④ 감퇴된 정서 표현

제**3**과목 **심리검사**

★

041 웩슬러지능검사 소검사를 범주화하는 데 있어 '획득된 지식' 요인에 속하는 소검사가 아닌 것은?

① 산수문제
② 상식문제
③ 어휘문제
④ 숫자문제

★ ★ ★ ★

042 다음 중 발달검사를 사용할 때 고려해야 할 사항과 가장 거리가 먼 것은?

① 일반적인 기능적 분석에 유용해야 한다.
② 규준에 의한 발달적 비교가 가능해야 한다.
③ 다중기법적 접근을 취해야 한다.
④ 경험적으로 타당한 측정도구를 사용해야 한다.

043 Bender Gestalt Test(BGT)의 장점에 관한 설명으로 옳지 않은 것은?

① 피검사자의 뇌기능장애 평가에 유용하다.
② 자기 자신을 과장되게 표현하려는 피검사자에게 유용하다.
③ 적절하게 말할 수 있는 능력이 없거나 말할 수 있는 능력은 있으나 이야기하기를 싫어할 때 유용하다.
④ 피검사자가 말로 의사소통을 할 능력이 충분히 있더라도 언어적 행동으로 성격의 강점과 약점에 관한 정보를 얻기 힘들 때 유용하다.

044 심리평가를 위한 면담기법 중 비구조화된 면담방식의 장점에 해당하는 것은?

① 면담자 간의 진단신뢰도를 높일 수 있다.
② 연구 장면에서 활용하기가 용이하다.
③ 중요한 정보를 깊이 있게 탐색할 수 있다.
④ 점수화하기에 용이하다.

045 기억장애를 보이고 있는 환자에게 기억 및 학습능력을 평가하는 데 가장 적합한 것은?

① K-WMS-IV
② SCL-90-R
③ Face-Hand Test
④ Trail Making Test

★★

046 지능검사 시행에 관한 설명으로 옳은 것은?

① 지능검사는 표준절차를 따르되 개인의 최대 능력을 측정하는 것을 목표로 한다.
② 지능검사 시행에서 수검자에 대한 행동관찰은 별로 중요하지 않다.
③ 지능검사 시행에서 검사에 대한 동기는 결과에 영향을 미치지 않는다.
④ 검사가 시행되는 환경적 조건은 지능검사 결과에 별로 영향을 미치지 않는다.

★★

047 길포드(Guilford)의 지능구조 입체모형에서 조작(Operation) 요인에 해당하는 것은?

① 표정, 동작 등의 행동적 정보
② 사고결과의 적절성을 판단하는 평가
③ 의미 있는 단어나 개념의 의미적 정보
④ 어떤 정보에서 생기는 예상이나 기대들의 합

★

048 주제통각검사(TAT)에 관한 설명으로 옳지 않은 것은?

① TAT 성인용 도판은 남성용, 여성용, 남녀공용으로 나누어진다.
② TAT는 대인관계상의 역동적인 측면을 파악하는 데 유용하다.
③ TAT는 준거조율전략(Criterion Keying Strategy)을 통해 개발되었다.
④ TAT 반응은 순수한 지각반응이 아닌, 개인의 선행경험과 공상적 체험이 혼합된 통각적 과정이다.

★

049 MMPI-2의 타당도척도에 해당되지 않는 것은?

① S척도
② D척도
③ F(B)척도
④ 무응답척도

★★★★

050 다음 중 MMPI 코드쌍의 해석적 의미로 옳지 않은 것은?

① 4-9 - 행동화적 경향이 높다.
② 1-2 - 다양한 신체적 증상에 대한 호소와 염려를 보인다.
③ 2-6 - 전환증상을 나타낼 경우가 많다.
④ 3-8 - 사고가 본질적으로 망상적일 수 있다.

★★

051 지능에 대한 설명으로 옳지 않은 것은?

① 비네(A. Binet)는 정신연령(Mental Age)이라는 용어를 사용하였다.
② 지능이란 인지적, 지적 기능의 특성을 나타내는 불변개념이다.
③ 새로운 환경 및 다양한 상황을 다루는 적응과 순응에 관한 능력이다.
④ 결정화된 지능은 문화적, 교육적 경험에 따라 영향을 받는다.

052 MMPI 타당도척도 중 L과 K척도는 T점수로 50에서 60 사이이고, F척도는 70 이상인 점수를 얻은 사람의 특징으로 적합한 것은?

① 지나친 방어적 태도 때문에 면담하기 어려운 사람이다.
② 감정을 억제하고 있으며, 행동을 적절하게 통제하고 있다.
③ 경험하는 스트레스의 정도가 미미하며, 사회적 상황에 효율적으로 대처하는 사람이다.
④ 자신의 문제를 인정하는 동시에 그런 문제와 관련하여 자신을 방어하려고 애쓰는 사람이다.

★★

053 80세 이상의 노인집단용 규준이 마련되어 있는 심리검사는?

① K-WAIS
② K-WAIS-IV
③ K-Vineland-II
④ SMS(Social Maturity Scale)

★★★

054 MMPI에서 2, 7 척도가 상승한 패턴을 가진 피검자의 특성으로 옳지 않은 것은?

① 행동화(Acting-out) 성향이 강하다.
② 정신치료에 대한 동기는 높은 편이다.
③ 자기비판 혹은 자기처벌적인 성향이 강하다.
④ 불안, 긴장, 과민성 등 정서적 불안 상태에 놓여 있다.

★★★

055 신경심리검사에 대한 설명으로 옳은 것은?

① 브로카(Broca)와 베르니케(Wernicke)는 실행증 연구에 뛰어난 업적을 남겼으며, 벤톤(Benton)은 임상신경심리학의 창시자라고 할 수 있다.
② X레이, MRI 등 의료적 검사결과가 정상으로 나온 경우에는 신경심리검사보다는 의료적 검사결과를 신뢰하는 것이 타당하다.
③ 신경심리검사는 고정식(Fixed) Battery와 융통식(Flexible) Battery 접근이 있는데, 두 가지 접근 모두 하위검사들이 독립적인 검사들은 아니다.
④ 신경심리검사는 환자에 대한 진단, 환자의 강점과 약점, 향후 직업능력의 판단, 치료계획, 법의학적 판단, 연구 등에 널리 활용된다.

★★

056 MMPI에 관한 설명으로 옳지 않은 것은?

① 수검자에 대한 행동평가가 가능하다.
② 수검자의 방어기제를 잘 알 수 있다.
③ 결과에 대한 정신역동적 해석이 가능하다.
④ 수검자의 성격 전반에 대한 이해가 가능하다.

★★★★

057 두정엽의 병변과 가장 관련이 있는 장애는?

① 구성장애
② 시각양식의 장애
③ 청각기능의 장애
④ 고차적인 인지적 추론의 장애

058　집단용지능검사의 특징으로 옳은 것은?

① 개인용검사에 비해 임상적인 유용성이 높다.
② 선별검사(Screening Test)로 사용하기에 적합하다.
③ 대규모 실시로 실시와 채점, 해석이 상대적으로 어렵다.
④ 개인용검사에 비해 지적 기능을 보다 신뢰성 있게 파악할 수 있다.

059　검사자가 지켜야 할 윤리적 의무로 옳지 않은 것은?

① 검사과정에서 피검자에게 얻은 정보에 대해 비밀을 보장할 의무가 있다.
② 자신이 다루기 곤란한 어려움이 있을 때는 적절한 전문가에게 의뢰하여야 한다.
③ 자신이 받은 학문적인 훈련이나 지도받은 경험의 범위를 벗어난 평가를 해서는 안 된다.
④ 피검자가 자해행위를 할 위험성이 있어도 비밀보장의 의무를 지켜야 하므로 누구에게도 알려서는 안 된다.

060　특정 학업과정이나 직업에 대한 앞으로의 수행능력이나 적응을 예측하는 검사는?

① 적성검사
② 지능검사
③ 성격검사
④ 능력검사

제**4**과목 임상심리학

★★

061 인지치료에 대한 설명으로 옳지 않은 것은?

① 개인의 문제는 잘못된 전제나 가정에 바탕을 둔 현실왜곡에서 비롯된다.

② 개인이 지닌 왜곡된 인지는 학습상의 결함에 근거를 둔다.

③ 부정적인 자기개념에서 비롯된 자동적 사고들은 대부분 합리적인 사고들이다.

④ 치료자는 왜곡된 사고를 풀어주고 보다 현실적인 방식들을 학습하도록 도와준다.

★★

062 임상심리학자로서 지켜야 할 내담자에 대한 비밀보장에 관한 설명으로 옳지 않은 것은?

① 일반적으로 상담과정에서 내담자에 대해 알게 된 사실을 다른 사람들에게 말하면 안 된다.

② 아동 내담자의 경우에도 아동에 관한 정보를 부모에게 알려서는 안 된다.

③ 자살 우려가 있는 경우 내담자의 비밀을 지키는 것보다는 가족에게 알려 자살예방조치를 취하는 것이 더 중요하다.

④ 상담 도중 알게 된 내담자의 중요한 범죄사실에 대해서는 비밀을 지킬 필요가 없다.

063 정신상태검사(Mental Status Examination) 면접에서 환자를 통해 평가하는 항목이 아닌 것은?

① 외모와 태도
② 지남력
③ 정서의 유형과 적절성
④ 가족관계

064 인간중심치료에서 자기와 경험 간의 일치를 촉진시키고, 자기실현을 하도록 치료자가 지녀야 할 특성과 가장 거리가 먼 것은?

① 공 감
② 진실성
③ 객관적인 이해
④ 무조건적 긍정적 존중

065 심리평가에 관한 설명과 가장 거리가 먼 것은?

① 심리평가는 심리학자들이 진단을 내리고 치료를 계획하며, 행동을 예측하기 위하여 정보를 수집하고 평가하는 과정이다.
② 심리평가의 자료로는 환자에 대한 면접자료, 과거기록, 행동관찰사항, 심리검사에 관한 결과들이 포함된다.
③ 제1, 2차 세계대전 당시 신병들에 대한 심리평가의 요구는 임상심리학에서 심리평가의 중요성과 심리검사 제작의 필요성을 촉진시켰다.
④ 임상장면에서 심리검사를 실시할 때 자주 사용하는 MMPI, K-WAIS, Rorschach, TAT와 같은 검사들은 반드시 포함되어야 한다.

★★★★

066 알코올중독 환자에게 술을 마시면 구토를 유발하는 약을 투약하여 치료하는 기법은?

① 행동조성
② 혐오치료
③ 자기표현훈련
④ 이완훈련

★

067 임상심리학자의 교육수련과 관련된 설명으로 적절하지 않은 것은?

① 1949년 Boulder 회의에서 과학자–전문가수련모형이 채택되었다.
② 과학자–전문가모형은 과학적 연구자나 임상적 실무자 중 어느 하나의 역할에 충실할 것을 강조한다.
③ 심리학 박사(Ph.D)는 과학자–전문가모형을 따른다.
④ 한국심리학회에서는 자질 있는 임상심리학자를 양성하기 위하여 임상심리전문가 제도를 두고 있다.

★★★★

068 Pennsylvania 대학교에 첫 심리진료소를 개설하고 임상심리학의 탄생에 크게 기여한 학자는?

① 제임스(James)
② 위트머(Witmer)
③ 크래펠린(Kraepelin)
④ 분트(Wundt)

069 심리치료 과정에서 저항이 일어나는 일반적인 이유와 가장 거리가 먼 것은?

① 환자가 변화를 원하더라도 환자의 삶에 중요한 영향을 미치는 타인들이 현 상태를 유지하도록 방해할 수 있기 때문이다.

② 부적응적 행동을 유지함으로써 얻는 이차적 이득을 환자가 포기하기 어렵기 때문이다.

③ 익숙한 행동을 변화시키려는 시도가 환자에게 위협을 주기 때문이다.

④ 치료자가 가진 가치나 태도가 환자에게 위협적이기 때문이다.

070 행동평가에 관한 설명으로 가장 적합한 것은?

① 자연적인 상황에서 실제 발생한 것만을 대상으로 평가한다.

② 행동표본은 내면심리를 반영한 것으로 해석된다.

③ 특정 표적행동의 조작적 정의가 상이할 수 있음을 고려해야 한다.

④ 관찰결과는 요구특성이나 피험자의 반응성 요인과는 무관하다.

071 개방형 질문 시행 시 일반적인 지침과 가장 거리가 먼 것은?

① 지적으로 심사숙고하여 반응하기 쉬운 '왜'로 시작하는 질문은 삼간다.

② 연관된 영역을 부연하여 회상할 수 있도록 질문한다.

③ 정확하고 구체적인 사실여부 확인을 위한 질문을 한다.

④ 너무 많은 질문을 하지 않는다.

072 다음은 행동치료의 어떤 기법에 해당하는가?

수영하기를 두려워하는 어린 딸에게 수영을 가르치기 위해 아버지가 직접 수영하는 것을 보여주었다.

① 역조건화
② 혐오치료
③ 모델링
④ 체계적 둔감화

073 치료장면에서의 효과적인 경청과 가장 거리가 먼 것은?

① 내담자가 자신의 문제를 심각하게 얘기하지만 치료자가 보기에는 그렇지 않을 때에는 중단시킨다.
② 치료자는 반응을 보이기에 앞서 내담자가 스스로 말할 시간을 충분히 주려고 한다.
③ 치료자는 내담자에게 주의를 많이 기울인다.
④ 내담자가 문제점을 피력할 때 가로막지 않는다.

074 프로이트(Freud)의 정신분석적 심리치료에 대한 비판을 토대로 발전한 신정신분석 학파의 주요인물 및 치료접근법에 해당하지 않는 것은?

① 아들러(Adler)의 개인심리학
② 설리반(Sullivan)의 대인관계이론
③ 페어베인(Fairbairn)의 대상관계이론
④ 글래서(Glasser)의 통제이론

075 문장완성검사에 관한 설명으로 옳지 않은 것은?

① 수검자의 자기개념, 가족관계 등을 파악할 수 있다.
② 수검자가 검사자극의 내용을 감지할 수 없도록 구성되어 있다.
③ 수검자에 따라 각 문항의 모호함 정도는 달라질 수 있다.
④ 개인과 집단 모두에게 실시될 수 있다.

076 심리사회적 또는 환경적 스트레스와 조합된 생물학적 또는 기타 취약성이 질병을 일으킨다는 것은?

① 상호적 유전-환경 조망
② 병적 소질-스트레스 조망
③ 사회적 조망
④ 생물학적 조망

077 임상심리사가 개인적인 심리적 문제를 갖고 있다든지, 너무 많은 부담 때문에 지쳐있다든지, 교만하여 더 이상 배우지 않고 배울 필요가 없다고 생각하거나, 해당되는 특정 전문교육수련을 받지 않고도 특정 내담자군을 잘 다룰 수 있다고 여긴다면, 이는 다음 중 어느 항목의 윤리적 원칙에 위배되는 것인가?

① 유능성
② 성실성
③ 권리의 존엄성
④ 사회적 책임

078 내담자의 말과 행동에서 표현된 기본적인 감정, 생각 및 태도를 상담자가 다른 참신한 말로 부연해주는 것은?

① 해 석
② 반 영
③ 직 면
④ 명료화

079 불안을 유발하는 특정한 대상이나 상황이 불안하지 않은 상황으로 변화하도록 돕는 행동치료법은?

① 역조건형성
② 혐오치료
③ 토큰경제
④ 인지치료

080 Rorschach 검사의 실시에 관한 설명으로 옳은 것은?

① 수검자가 질문을 할 경우 검사자는 지시적으로 반응해야 한다.
② 일반적으로 수검자와 마주 보는 좌석배치가 표준적인 절차이다.
③ 질문단계에서는 추가적인 반응을 확인하기 위해 주의를 기울여야 한다.
④ 수검자가 카드 I에서 5개를 넘겨 반응을 할 때는 중단시킨다.

제**5**과목 **심리상담**

★★

081 교류분석에서 치료의 바람직한 목표인 치유의 4단계에 해당되지 않는 것은?

① 계약의 설정
② 증상의 경감
③ 전이의 치유
④ 각본의 치유

★

082 인지행동적 상담이론의 특징과 가장 거리가 먼 것은?

① 인지적 재구성에 초점을 둔 이론
② 선천적으로 진화적인 성장지향 접근
③ 문제해결 및 대처기술접근
④ 기술에 대한 훈련을 강조하는 접근

★★

083 다음은 무엇에 대한 설명인가?

내담자에 의해 표현된 내용을 새로운 용어로 표현하는 것

① 공 감
② 경 청
③ 반 영
④ 수 용

★★★★

084 알코올중독자상담에 관한 설명으로 옳지 않은 것은?

① 가족을 포함하여 타인의 방해를 받지 않기 위하여 비밀리에 상담한다.
② 치료 초기단계에서 술과 관련된 치료적 계약을 분명히 한다.
③ 문제행동에 대한 행동치료를 병행할 수 있다.
④ 치료 후기에는 재발가능성을 언급한다.

★★

085 게슈탈트심리치료에서 알아차림-접촉주기 단계의 진행순서로 옳은 것은?

① 배경 → 알아차림 → 감각 → 에너지동원 → 행동 → 접촉 → 배경
② 배경 → 에너지동원 → 감각 → 알아차림 → 접촉 → 행동 → 배경
③ 배경 → 감각 → 알아차림 → 에너지동원 → 행동 → 접촉 → 배경
④ 배경 → 감각 → 알아차림 → 행동 → 에너지동원 → 접촉 → 배경

★★★

086 상담 및 심리치료의 발달사에 관한 설명으로 옳지 않은 것은?

① 글래서(William Glasser)는 1960년대에 현실치료를 제시하였다.
② 가족치료 및 체계치료는 1970년대부터 본격적으로 등장하였다.
③ 메이(Rollo May)와 프랭클(Victor Frankl)의 영향으로 게슈탈트 상담이 발전하였다.
④ 위트머(Witmer)는 임상심리학이라는 용어를 최초로 사용했으며, 치료적 목적을 위해 심리학의 지식과 방법을 활용하였다.

★

087 정신분석상담에서 말하는 불안의 종류에 해당하는 것은?

① 구체적 불안
② 특성적 불안
③ 도덕적 불안
④ 실존적 불안

★★

088 체계적 둔감법(Systematic Desensitization)의 기초가 되는 학습원리는?

① 혐오조건형성
② 고전적 조건형성
③ 조작적 조건형성
④ 고차적 조건형성

089 청소년비행의 원인을 사회학적 관점에서 설명하는 이론이 아닌 것은?

① 아노미이론
② 사회통제이론
③ 욕구실현이론
④ 하위문화이론

090 개인의 성장과 발달뿐만 아니라 성장에 방해요소를 제거시키거나 자기인식에 초점을 두는 집단상담의 유형은?

① 치료집단
② 지도 및 교육집단
③ 상담집단
④ 구조화집단

091 현실치료에서 글래서(Glasser)가 제시한 8가지 원리에 해당되지 않는 것은?

① 감정보다 행동에 중점을 둔다.
② 현재보다 미래에 초점을 맞춘다.
③ 계획을 세워 계획에 따라 반드시 실천하겠다는 약속을 다짐 받는다.
④ 변명은 금물이다.

★ ★ ★

092 자신조차 승인할 수 없는 욕구나 인격특성을 타인이나 사물로 전환시킴으로써 자신의 바람직하지 않은 욕구를 무의식적으로 감추려는 방어기제는?

① 동일화
② 합리화
③ 투 사
④ 승 화

★ ★

093 집단상담에서 집단응집력에 관한 설명으로 옳지 않은 것은?

① 응집력이 높은 집단은 자기개방을 많이 한다.
② 응집력은 집단상담의 성공에 매우 중요한 요소가 된다.
③ 응집력이 낮은 집단은 '지금-여기'에서의 사건이나 일에 초점을 맞춘다.
④ 응집력이 높은 집단은 집단의 규범이나 규칙을 지키지 않는 다른 집단성원을 제지한다.

★ ★

094 상담의 구조화에 관한 설명으로 옳지 않은 것은?

① 상담의 다음 진행과정에 대한 내담자의 두려움이나 궁금증을 줄일 수 있다.
② 구조화는 상담초기뿐만 아니라 전체과정에서 진행될 수 있다.
③ 상담의 효과를 최대한으로 높이기 위해 행해진다.
④ 상담에서 다루려는 내용을 구체적으로 정의하는 작업이다.

095 아들러(Adler)의 개인심리학적 상담에 대한 설명으로 옳지 않은 것은?

① 아들러(Adler)는 일반적으로 인간이 열등감을 갖는 것은 필요하고 바람직하기까지 하다고 보았다.
② 프로이트(Freud)와 마찬가지로 아들러(Adler)도 인간의 목표를 중시하면서 주관적 요인을 강조하였다.
③ 아들러(Adler)는 신경증, 정신병, 범죄 등 모든 문제의 원인은 사회적 관심의 부재라고 보았다.
④ 아들러(Adler)는 생활양식을 개인 및 사회의 정신병리를 일으키는 주요 요인으로 보았다.

★★

096 상담자의 윤리에 관한 설명으로 옳지 않은 것은?

① 비밀보장은 상담진행과정 중 가장 근본적인 윤리기준이다.
② 내담자의 윤리는 개인상담뿐만 아니라 집단상담이나 가족상담에서도 고려되어야 한다.
③ 상담여부를 결정하는 것은 내담자이며 상담자는 내담자에게 정확한 정보를 제공해야 한다.
④ 상담이론과 기법은 반복적으로 검증된 것이므로 시대 및 사회여건과 무관하게 적용해야 한다.

★★★★

097 성폭력 피해자 심리상담 초기단계의 유의사항으로 옳지 않은 것은?

① 치료관계 형성에 힘써야 한다.
② 상담자는 상담내용의 주도권을 가져야 한다.
③ 성폭력 피해로 인한 합병증이 있는지 묻는다.
④ 성폭력 피해의 문제가 없다고 부정을 하면 일단 수용해 준다.

★ ★ ★ ★

098 우울한 사람들이 보이는 체계적인 사고의 오류 중 결론을 지지하는 증거가 없거나 증거가 결론과 배치되는데도 불구하고 어떤 결론을 이끌어내는 과정을 의미하는 인지적 오류는?

① 선택적 추상화(Selective Abstraction)
② 과일반화(Overgeneralization)
③ 개인화(Personalization)
④ 임의적 추론(Arbitrary Inference)

★ ★ ★ ★

099 다음 중 특성-요인상담에 관한 설명으로 옳지 않은 것은?

① 상담자 중심의 상담방법이다.
② 사례연구를 상담의 중요한 자료로 삼는다.
③ 문제의 객관적 이해보다는 내담자에 대한 정서적 이해에 중점을 둔다.
④ 내담자에게 정보를 제공하고 학습기술과 사회적 적응기술을 알려주는 것을 중요시한다.

★ ★ ★ ★

100 도박중독에 관한 설명으로 가장 적합한 것은?

① 원하는 흥분을 얻기 위해 액수를 낮추면서 도박을 한다.
② 정상적인 사회생활에는 큰 지장이 없다.
③ 도박을 중단하면 금단증상이 나타나며, 심하면 자살을 초래한다.
④ 도시보다 시골지역에 많으며, 평생 유병률은 5% 정도로 보고되고 있다.

PART

2

해설편

문제편　한눈에 정답 체크하기

제1과목 심리학개론

001	002	003	004	005	006	007	008	009	010
④	①	①	②	②	②	①	④	③	④

011	012	013	014	015	016	017	018	019	020
①	③	②	②	③	②	②	②	④	③

제2과목 이상심리학

021	022	023	024	025	026	027	028	029	030
③	①	②	①	①	③	②	②	②	④

031	032	033	034	035	036	037	038	039	040
①	②	②	④	②	①	②	④	②	③

제3과목 심리검사

041	042	043	044	045	046	047	048	049	050
④	①	②	③	①	①	②	③	②	③

051	052	053	054	055	056	057	058	059	060
②	④	③	①	④	①	①	②	④	①

제4과목 임상심리학

061	062	063	064	065	066	067	068	069	070
③	②	④	③	④	②	②	②	④	③

071	072	073	074	075	076	077	078	079	080
③	③	①	④	②	②	①	②	①	④

제5과목 심리상담

081	082	083	084	085	086	087	088	089	090
①	②	③	①	③	③	③	②	③	③

091	092	093	094	095	096	097	098	099	100
②	③	③	④	②	④	②	④	③	③

제 1 과목 심리학개론

001

실험법에 관한 설명으로 옳지 않은 것은?

① 심리학이 과학적인 학문으로 발전하는 데 큰 기여를 했다.

② 다른 조건들을 일정하게 고정시키는 것을 통제라고 한다.

③ 독립변인이 어떻게 결과에 영향을 미치는지를 알아보기 위한 조작을 처치라고 한다.

④ 가외변인을 통제하기 어렵다는 문제점이 있다.

핵심 키워드	• 실험법 • 변 인 • 통 제
기출 데이터	14, 17년 기출

답 ④

과락을 피하는 해설

④ 실험법은 무작위할당을 통해 실험집단과 통제집단에 피험자를 배치하여 가외변인을 효과적으로 통제하는 방법이다.

더 알아두기

실험법(Experimental Methods)

• 연구방법 중 가장 과학적인 방법이자 가장 중요하게 사용되는 방법이다.

• 인위적으로 통제된 조건하에서 연구하고자 하는 변인을 체계적으로 변화시킬 때 그 효과가 어떻게 나타나는지를 측정하는 방법으로 인과관계의 추론이 가능하다.

• 효과를 연구하기 위해 사용되는 특정변인은 독립변인, 독립변인의 처치에 의해 영향을 받는 변인은 종속변인이라고 한다.

• 실험법은 독립변인의 조작, 가외변인의 통제, 실험대상의 무작위화를 조건으로 한다. 종속변인의 변화가 독립변인의 처치효과에 의해서만 나타난 결과임을 증명하기 위해 다른 변인, 즉 가외변인(외생변인)은 일정하게 통제되어야 한다.

PART 2

유사문제 · 관련문제

다음은 어떤 연구방법에 해당하는가? 15년 기출

> 진정제가 기억에 미치는 효과를 알아보기 위해서는 한 집단에게는 진정제를 함유한 과자를 먹게 하고, 다른 집단에게는 진정제를 함유하지 않은 동일한 과자를 먹게 한 후, 두 집단 중 어느 집단이 단어 암기를 잘하는지 비교하였다.

① 조사법
② 실험법
③ 자연관찰법
④ 사례연구법

답 ②

유사문제 · 관련문제

설문조사법과 비교할 때 실험법의 장점은? 17년 기출

① 일반적으로 외적 타당도가 높다.
② 현상을 정확하게 기술할 수 있다.
③ 실험대상자를 무선할당하기 어려운 상황에 적용하기 용이하다.
④ 변인들 간의 인과관계를 파악할 수 있다.

답 ④

프로이트(S. Freud)의 성격 구조에 관한 설명으로 옳은 것은?

① 자아는 현실원리를 따르며 개인이 현실에 적응하도록 돕는다.

② 자아는 일차적 사고과정을 따른다.

③ 자아는 자아이상과 양심으로 구성되어 있다.

④ 초자아는 성적 욕구와 관련된 것으로 쾌락의 원리를 따른다.

핵심 키워드	• 초자아 • 프로이트 • 도덕성 원리
기출 데이터	21, 24년 기출

답 ①

과락을 피하는 해설

프로이트(Freud)에 의한 성격의 3요소

구 분	특 징
원초아 (Id)	• 쾌락의 원리에 따라 비논리적이고 맹목적으로 작용한다. • 성격의 기초가 되는 기본욕구와 충동을 대표한다. • 정신적 에너지의 저장소로, 성격의 원초적 · 본능적 요소이며, 행동의 힘을 부여하는 근원적인 생물학적 충동(식욕, 성욕 등)을 저장하고 있다.
자아 (Ego)	• 현실의 원리에 따라 현실적이고 논리적인 사고를 하며 환경에 적응한다. • 성격의 집행자이자 의사결정적 요소로, 즉각적인 만족을 추구하려는 원초아와 현실을 중재하는 역할을 한다. • 사회규범 · 규칙 · 관습과 같은 사회적 현실을 고려하여 행동을 결정한다.
초자아 (Superego)	• 도덕의 원리에 따라 완벽을 추구한다. • 거세불안을 극복하는 과정에서 초자아가 형성된다. • 부모가 아이에게 전달하는 사회의 가치와 관습, 양심과 자아이상의 두 가지 측면이 있다. • 자아가 현실을 고려하는 데 비해, 초자아는 무엇이 옳고 그른가에 대한 사회적 기준을 통합하는 성격의 요소이다.

유사문제 · 관련문제

Freud는 거세불안을 극복하는 과정에서 어떤 성격의 요소가 형성된다고 보았는가?   12, 19년 기출

① 이 드   ② 자 아
③ 초자아   ④ 무의식

답 ③

유사문제 · 관련문제

Freud의 심리성적 발달단계에서 초자아가 형성되는 시기는?   16년 기출

① 구강기   ② 항문기
③ 남근기   ④ 잠복기

답 ③

003

성격이론가에 관한 설명으로 옳지 않은 것은?

① 올포트(Allport) - 성격은 과거경험에 의해 학습된 행동성향으로, 상황이 달라지면 행동성향도 변화한다고 보았다.

② 카텔(Cattell) - 특질을 표면특질과 근원특질로 구분하고, 자료의 통계분석에 근거하여 16개의 근원특질을 제시하였다.

③ 로저스(Rogers) - 현실에 대한 주관적 해석 및 인간의 자기실현과 성장을 위한 욕구를 강조하였다.

④ 프로이트(Freud) - 본능적인 측면을 강조하고, 사회·환경적 요인을 상대적으로 경시하였다.

핵심 키워드	• 성격이론가 • 성격의 정의 • 성격의 개념
기출 데이터	11, 14, 17년 기출

답 ①

과락을 피하는 해설

① 올포트(Allport)는 성격이 과거경험에 의해 학습된 행동성향으로 나타나지 않으며, 개인의 내적 성향으로서의 특질(Traits)은 상황이 달라져도 비교적 변화하지 않는다고 보았다.

더 알아두기

올포트(Allport)의 특질론적 성격이론

• 올포트는 1920~1930년대 심리학계를 지배하고 있던 정신분석과 행동주의에 대해 반발하였다. 즉, 그는 인간의 행동을 어린 시절의 경험이나 억압된 본능의 탓으로 돌리거나 자극에 대한 단편적인 반응으로 간주하는 방식을 거부하였다.

• 올포트의 특질론적 성격이론은 인간의 성격분석에 있어서 의식적 동기에 대한 접근을 강조한다.

• 성격은 개인의 특징적인 행동 및 사고를 결정하는 신체적·심리적인 체계로서 개인 내의 역동적 조직이다.

• 성격은 조직화된 전체로서 현재에 뿌리를 두는 동시에 미래를 지향한다.

• 개인의 신체적·심리적 체계를 이루는 각 부분들, 즉 특질(Traits)은 서로 관계를 맺으며 독특한 조직을 형성한다.

• 성격은 일반적인 것이 아닌 한 개인에게 국한된 특정한 것이며, 개인의 성격적 특징을 이루는 특질은 환경의 자극에 반응하는 개인의 일관적이고 지속적인 방식으로 나타난다.

• 유아기, 아동기, 청소년기, 성인기의 성격은 비연속적이므로 유아기의 생물학적 동기를 토대로 성인기의 행동을 설명하는 것은 부적합하다.

• 성격은 개인의 인생 전체에 미치는 영향력에 따라 '주특질(Cardinal Trait)', '중심특질(Central Trait)', '이차특질(Secondary Trait)'로 구분하여 살펴볼 수 있다.

유사문제 · 관련문제

성격이론가와 업적 또는 주장이 바르게 연결된 것은?   07, 13년 기출

① 카텔(Cattell) − 체액론

② 올포트(Allport) − 소양인

③ 에릭슨(Erikson) − 심리성적 발달

④ 융(Jung) − 내 · 외향성

답 ④

유사문제 · 관련문제

카텔(Cattell)의 성격이론에 대한 설명과 가장 거리가 먼 것은?   15, 18, 22, 24년 기출

① 주로 요인분석을 사용하여 성격요인을 규명하였다.

② 지능을 성격의 한 요인인 능력특질로 보았다.

③ 개인의 특정행동을 설명할 수 있느냐에 따라 특질을 표면특질과 근원특질로 구분하였다.

④ 성격특질이 서열적으로 조직화되어 있다고 보았다.

답 ④

004

여러 상이한 연령에 속하는 사람들로부터 동시에 어떤 특성에 대한 자료를 얻고, 그 결과를 연령 간 비교하여 발달적 변화과정을 추론하는 연구방법은?

① 종단적 연구방법
② 횡단적 연구방법
③ 교차비교 연구방법
④ 단기종단적 연구방법

핵심 키워드	• 연구방법 • 많은 변수 • 현황조사
기출 데이터	13, 17, 22년 기출

답 ②

과락을 피하는 해설

① 종단적 연구방법 : 한 연령집단을 표집하여 일정기간 동안 그 집단의 연령에 따른 발달적 변화과정을 추적연구하는 방법이다.
③ 교차비교연구방법 : 각 연구대상의 피험자가 자신의 대조군 역할을 하도록 하는 연구설계이다.
④ 단기종단적 연구방법 : 개인이나 특정 집단의 성장이나 발달에 영향을 주는 시간효과(History Effect)와 사회적 영향을 배제시켜 순수한 나이변인(Age Variable)의 효과만을 밝혀낼 목적으로 실시하게 된다.

더 알아두기

횡단적 연구방법은 인간의 발달과 관련된 연구결과를 이해하는 데 있어서 동시대집단효과(Cohort Effect)를 고려해야 하는 연구방법에 해당한다. 이때 동시대집단효과는 동시대집단 사이의 연령과 관련된 차이를 의미한다. 따라서 특정경험을 같이 하는 사람들이 가지는 특성들에 대해 두 번 이상의 다른 시기에 걸쳐서 비교·연구하는 종단적 성격의 코호트조사(Cohort Study)가 아닌, 동시대집단의 성장경험에서 비롯된 문화적 또는 역사적 차이를 파악하기 위한 횡단적 연구를 수행한다.

유사문제·관련문제

인간의 발달과 관련된 연구결과를 이해하는 데 있어 동시대집단효과(Cohort Effect)를 고려해야 하는 연구법은?   05년 기출

① 종단적 연구방법
② 횡단적 연구방법
③ 자연관찰 연구방법
④ 참여관찰 연구방법

답 ②

다음 사례에서 사용된 행동주의 상담기법은?

> 내담자는 낮은 학업 성적으로 인해 학교 적응에 어려움을 겪고 있다. 상담자는 내담자가 평소 컴퓨터 게임하는 것을 매우 좋아한다는 사실을 알았다. 상담자는 내담자가 하루 계획한 학습량을 달성하는 경우, 컴퓨터 게임을 30분 동안 하도록 개입하였다.

① 자기교수훈련, 정적 강화
② 프리맥의 원리, 정적 강화
③ 체계적 둔감법, 자기교수훈련
④ 자극통제, 부적 강화

핵심 키워드	프리맥의 원리
기출 데이터	21년 기출

답 ②

과락을 피하는 해설

프리맥의 원리(Premack's Principle)

프리맥에 따르면 높은 빈도의 행동(선호하는 활동)은 낮은 빈도의 행동(덜 선호하는 행동)에 대해 효과적인 강화인자가 될 수 있다.

예 아이가 숙제를 하는 것보다 TV를 보는 것을 좋아하는 경우, 부모는 아이에게 우선 숙제를 마쳐야만 TV를 볼 수 있다고 말함으로써 아이로 하여금 숙제를 하도록 유도할 수 있다.

정적 강화

유쾌자극을 부여하여 바람직한 반응의 확률을 높인다.

예 교실 청소를 하는 학생에게 과자를 준다.

다음 중 부적 강화에 관한 설명으로 가장 적합한 것은?   12년 기출

① 반응행동이 다시 일어날 확률을 증가시킨다.
② 고전적 조건형성에서 꼭 필요한 것이다.
③ 처벌의 한 예이다.
④ 지렛대를 누르면 전기충격이 가해진다.

답 ①

다음 중 프리맥(Premack)의 원리를 이용한 강화가 아닌 것은?   06, 24년 기출

① 부모들이 자녀의 시험성적이 좋으면 자녀의 귀가시간 제한을 해제한다.
② 부모들은 아이가 나중에 숙제를 하겠다고 하면 먼저 놀도록 허용하기보다는 놀기 전에 숙제를 하도록 요구한다.
③ 학교에서 교사들은 학생들이 쓰기과제를 성공적으로 끝마친 후에 놀도록 허용한다.
④ 보육교사들은 원아들이 흑판을 바라보면서 가만히 앉아 있는 행동 다음에는 가끔 벨이 울림과 동시에 '뛰어놀고 떠들고 놀라'는 지시를 한다.

답 ①

다음 중 아동으로 하여금 매일 아침 자신의 침대를 정리하도록 하는 데 효과가 있는 것을 모두 짝지은 것은?   13, 19년 기출

처벌, 긍정적 강화, 부정적 강화, 모방

① 처 벌
② 처벌, 긍정적 강화
③ 처벌, 긍정적 강화, 부정적 강화
④ 처벌, 긍정적 강화, 부정적 강화, 모방

답 ④

실험법과 조사법의 가장 근본적인 차이점은?

① 실험실 안에서 연구를 수행하는지의 여부

② 연구자가 변인을 통제하는지의 여부

③ 연구변인들의 수가 많은지의 여부

④ 연구자나 연구참가자의 편파가 존재하는지의 여부

핵심 키워드	• 실험법 • 조사법 • 통 제
기출 데이터	10, 14, 17년 기출

답 ②

과락을 피하는 해설

실험법

엄격히 통제된 상황에서 두 변인 사이의 인과관계를 검증하는 방법이다.

조사법

현상이나 모집단의 특성에 대한 분포 및 발생빈도 등의 특성을 파악하기 위해 행하는 방법이다.

유사문제 · 관련문제

실험법에 관한 설명과 가장 거리가 먼 것은?   14년 기출

① 실험법은 심리학이 과학적인 학문으로 발전하는 데 큰 기여를 했다.

② 실험법에서 다른 조건들을 일정하게 고정시키는 것을 통제라고 한다.

③ 독립변인이 어떻게 결과에 영향을 미치는지를 알아보기 위한 조작을 처치라고 한다.

④ 실험법에서는 가외변인을 통제하기 어렵다는 단점이 있다.

답 ④

유사문제 · 관련문제

설문조사법과 비교할 때 실험법의 장점은?   17년 기출

① 일반적으로 외적 타당도가 높다.

② 현상을 정확하게 기술할 수 있다.

③ 실험대상자를 무선할당하기 어려운 상황에 적용하기 용이하다.

④ 변인들 간의 인과관계를 파악할 수 있다.

답 ④

007

자신과 타인의 휴대폰 소리를 구별하거나 식용버섯과 독버섯을 구별하는 것은?

① 변 별
② 일반화
③ 행동조형
④ 2차 조건형성

핵심 키워드	• 조건자극 • 조건반응 • 강 화
기출 데이터	04, 17년 기출

답 ①

과락을 피하는 해설

① **변별(Discrimination)** : 둘 이상의 자극을 서로 구별하는 것으로, 조건자극과 유사한 자극에서도 조건반응이 나타나지 않는 것을 말한다.

② **일반화(Generalization)** : 특정조건자극에 대해 조건반응이 성립되었을 때 그와 유사한 조건자극에 대해서도 똑같은 조건반응을 보이는 학습현상을 말한다.

③ **행동조형(Shaping)** : 목표행동에 근접하는 반응들을 강화함으로써 새로운 행동을 가르치는 것을 말한다.

④ **2차 조건형성(Secondary Conditioning)** : 고차적 조건형성이라고도 불리며 조건형성 후 조건자극을 무조건자극에 대치하여 다른 자극과 조건형성을 이루게 되는 것을 말한다.

유사문제 · 관련문제

조련사가 돌고래를 훈련시키는 과정을 설명할 수 있는 조건형성 현상은?   04년 기출

① 자극일반화   ② 소 거
③ 변 별   ④ 조 형

답 ④

유사문제 · 관련문제

어떤 조건자극이 일단 조건형성되고 나면, 이 자극과 유사한 다른 자극들도 무조건 자극과 연합된 적이 없음에도 불구하고 조건반응을 야기하는 것은?   15년 기출

① 소 거   ② 자발적 회복
③ 변 별   ④ 자극일반화

답 ④

검사의 내용이 측정하려는 속성과 일치하는지를 논리적으로 분석 · 검토하여 결정하는 타당도는?

① 예언타당도
② 공존타당도
③ 구성타당도
④ 내용타당도

핵심 키워드	• 검 사 • 측 정 • 타당도의 종류
기출 데이터	06, 13, 17년 기출

답 ④

과락을 피하는 해설

④ 내용타당도(Content Validity) : '논리적 타당도'라고도 하며, 검사가 측정하고자 하는 속성을 제대로 측정하였는지를 논리적 사고에 입각한 논리적 분석과정을 통해 주관적으로 판단하는 타당도이다.

① 예언타당도(Predictive Validity) : '예측타당도'라고도 하며, 어떠한 행위가 일어날 것이라고 예측한 것과 실제 대상자 또는 집단이 나타낸 행위 간의 관계를 측정한다.

② 공존타당도(Concurrent Validity) : '동시타당도' 또는 '공인타당도'라고도 하며, 새로 제작한 검사의 타당도를 위해 기존에 타당도를 보장받고 있는 검사와의 유사성 혹은 연관성에 의해 타당도를 검증한다.

③ 구성타당도(Construct Validity) : '구인타당도' 또는 '개념타당도'라고도 하며, 검사가 측정하고자 하는 이론적 개념이나 특성을 잘 측정하는 정도를 말한다.

유사문제 · 관련문제

연구자가 검사의 예측능력에 관심이 있을 때 가장 고려해야 하는 타당도의 유형은?   16년 기출

① 내용타당도
② 안면타당도
③ 준거타당도
④ 구성타당도

답 ③

009

단기기억의 용량은?

① 5±2

② 6±2

③ 7±2

④ 8±2

핵심 키워드	• 단기기억 • 기억용량 • 5~9개
기출 데이터	07, 13, 17, 20, 23, 24년 기출

답 ③

과락을 피하는 해설

단기기억(Short-term Memory)

감각기억으로부터 들어온 정보를 능동적으로 처리하는 활동 중 기억으로, 일반적으로 성인의 경우 처리할 수 있는 정보의 수는 대략 5~9개 정도이다. 또한 일시적인 저장소로, 성인의 경우 10~20초간 정보를 저장할 수 있다.

유사문제 · 관련문제

단기기억의 특성이 아닌 것은?   18, 21, 22년 기출

① 정보의 용량이 매우 제한적이다.
② 작업기억(Working Memory)이라 불린다.
③ 현재 의식하고 있는 정보를 의미한다.
④ 거대한 도서관에 비유할 수 있다.

답 ④

유사문제 · 관련문제

다음 중 단기기억에 관한 설명으로 옳은 것은?   08년 기출

① 단기기억은 저장시간이 제한적이다.
② 단기기억의 용량은 제한이 없다.
③ 단기기억의 정보는 단절적인 주사를 통해 인출해낸다.
④ Miller에 따르면 단기기억의 용량은 5±2개 항목이다.

답 ①

010

고전적 조건형성에 대한 설명으로 옳은 것은?

① 중립자극은 무조건 자극 직후에 제시되어야 한다.

② 행동변화의 효과를 거두기 위해서는 적절한 반응의 수나 비율에 따라 강화가 이루어져야 한다.

③ 적절한 행동은 즉시 강화하고, 부적절한 행동은 무시함으로써 새로운 행동을 가르칠 수 있다.

④ 대부분의 정서적인 반응들은 고전적 조건형성을 통해 학습될 수 있다.

핵심 키워드	• 고전적 조건형성 • 자 극 • 강 화
기출 데이터	21, 22, 23년 기출

답 ④

과락을 피하는 해설

① 고전적 조건형성에서 중립자극은 무조건 자극에 선행되어야 한다.

② 조작적 조건형성에 대한 내용이다.

③ 이미 하고 있는 행동을 강화시킬 수는 있지만 새로운 행동을 가르칠 수는 없다.

더 알아두기

고전적 조건형성의 기본원리

• 시간의 원리(근접의 원리)

  – 조건형성의 과정에서 조건자극(CS)은 무조건자극(UCS)보다 시간적으로 동시에 또는 약간 앞서서 주어져야 한다.

• 강도의 원리

  – 자극의 강도는 처음에 제시되는 조건자극보다 나중에 제시되는 무조건자극이 더 커야 한다.

• 일관성의 원리

  – 질이 다른 여러 가지 자극을 주는 것보다 일관된 자극을 주는 것이 바람직하다.

• 계속성의 원리

  – 반복 연습은 학습에 필수적이다.

유사문제 · 관련문제

조건형성과 관련된 내용으로 잘못 짝지어진 것은? 15년 기출

① 조작적 조건형성의 응용 – 행동수정

② 소거에 대한 저항 – 부분강화 효과

③ 강화보다 처벌 강조 – 행동조성

④ 고전적 조건형성의 응용 – 유명연예인 광고모델

답 ③

관찰법에 관한 설명으로 옳지 않은 것은?

① 실험법과 같이 독립변인을 인위적으로 조작할 수 없으므로 관찰변인을 체계적으로 측정하지 않는다.

② 직접 집단에 참여하여 그 집단구성원과 같이 생활하면서 관찰하는 참여관찰도 있다.

③ 임신 중 영양부족이 IQ에 미치는 영향과 같이 실험상황을 윤리적으로 통제할 수 없을 때 사용한다.

④ 관찰자의 편견이나 희망이 반영되어 관찰자 편향이 일어날 수 있다.

핵심 키워드	• 관찰법 • 관찰법의 종류 • 관찰자 편향
기출 데이터	13, 17, 24년 기출

답 ①

과락을 피하는 해설

관찰법은 실험법과 같이 독립변인을 인위적으로 조작할 수는 없으나 관찰변인을 정해놓고 그것을 체계적으로 측정할 수 있다는 점에서 좋은 연구방법이라 할 수 있다. 예를 들어, 한 집단과 다른 집단의 특징들을 관찰을 통해 체계적으로 기록하고 이를 비교·분석하여 어떤 차이점을 발견하게 된다면, 두 집단 간의 차이를 인정할 수 있게 된다. 그러나 관찰자의 편견이나 희망이 반영되어 관찰자 편향이 일어나 객관적인 결과를 얻지 못할 위험도 있다. 따라서 관찰자의 오류를 피하기 위해 관찰 및 기록에 있어서 객관성 및 정확성을 유지하기 위한 훈련이 요구된다.

유사문제·관련문제

다음 사례에 가장 적합한 연구방법은? 17년 기출

학교 교실에서 발생하는 아동의 우정관계를 연구하기 위해 아동의 모든 또래관계 상호작용을 정확하게 알아보려고 한다.

① 관찰법
② 실험법
③ 설문조사법
④ 상관연구법

답 ①

012

심리검사가 측정하고자 하는 내용이나 속성을 실제 얼마나 잘 측정하는지를 나타내는 개념은 무엇인가?

① 표준화

② 난이도

③ 타당도

④ 신뢰도

핵심 키워드	• 심리검사 • 측 정 • 타당도
기출 데이터	09, 12, 16년 기출

답 ③

과락을 피하는 해설

측정과정상에서의 타당도는 측정하고자 하는 개념이나 속성을 얼마나 실제에 가깝게 정확히 측정하고 있는가의 정도를 나타낸다. 한편, 신뢰도란 측정도구를 동일한 현상에 반복 적용할 때 동일한 결과를 얻게 되는 일관성의 정도를 의미한다.

더 알아두기

내적 타당도(Internal Validity)

• 어떤 연구에서 종속변인에 나타난 변화가 독립변인의 영향 때문이라고 추론할 수 있는 정도를 말한다.

• 연구결과의 정확성(Accuracy)과 관련된 개념이다.

외적 타당도(External Validity)

• 연구의 결과에 의해 기술된 인과관계가 연구대상 이외의 경우로 확대 · 일반화될 수 있는 정도를 말한다.

• 연구결과의 일반화가능성(Generalizability)의 문제와 연관된다.

유사문제 · 관련문제

어떤 연구에서 종속변인에 나타난 변화가 독립변인의 영향 때문이라고 추론할 수 있는 정도를 의미하는 것은?

10, 13, 18년 기출

① 내적 신뢰도

② 외적 신뢰도

③ 내적 타당도

④ 외적 타당도

답 ③

망각의 원인에 관한 설명과 가장 거리가 먼 것은?

① 분명히 읽었던 정보를 기억할 수 없는 원인은 비효율적인 부호화 때문이라고 할 수 있다.

② 소멸이론에서 망각은 정보 간의 간섭 때문이라고 주장한다.

③ 새로운 학습이 이전의 학습을 간섭하기 때문에 망각이 일어나는 것을 역행성 간섭이라고 한다.

④ 망각을 인출실패로 간주하는 주장도 있다.

핵심 키워드	• 망 각 • 부호화 • 간 섭
기출 데이터	08, 10, 14년 기출

답 ②

과락을 피하는 해설

간섭이론(Interference Theory)

• 망각이 정보들 간의 간섭에 의해 일어난다고 보는 것이다.

• 간섭이론은 어떤 정보를 회상하려 할 때 다른 정보의 유입으로 정보들 간의 경합이 발생하며, 그로 인해 회상이 방해를 받는다고 주장한다.

• 간섭의 종류에는 순행간섭(Proactive Interference)과 역행간섭(Retroactive Interference)이 있다.

• 순행간섭은 이전에 학습한 정보가 새로운 정보의 저장을 방해하는 것이다.

• 역행간섭은 새로운 정보가 이전에 학습한 정보의 저장을 방해하는 것이다.

더 알아두기

망각이란 일단 기억한 학습이 시간이 경과되거나 사용되지 않음으로 약화되고 소멸되어 다시 재생되지 않는 현상이다.

망각의 원인

• 소멸이론(Decay Theory) : 기억은 본질적으로 비영구적이므로 시간의 경과에 따라 망각이 필연적으로 발생한다. 즉, 시간의 흐름 자체가 망각을 유발한다는 것이다.

• 간섭이론(Interference Theory) : 어떤 정보를 회상하려 할 때 다른 정보의 유입으로 정보들 간의 경합이 발생하며, 그로 인해 회상이 방해를 받는다.

• 비효율적인 부호화이론 : 읽었던 정보를 기억할 수 없는 경우를 의미하는 것으로, 음운적 부호화는 의미적 부호화보다 저장이 저조하다.

• 단서-의존 망각이론(Cue-Dependent Forgetting Theory) : 장기기억에서의 인출 시 주어진 단서들이 이전의 부호화 과정에 의한 단서들과 일치하지 않음으로써 망각이 발생한다.

• 응고이론 : 특정사건에 대한 기억이 오랫동안 지속되기 위해서는 그 사건에 뒤이어 일정량의 시간적 경과가 필요하다.

다음 중 기억에서 입력된 정보 속성의 유사성에 따라서 망각이 일어나는 것은? 11년 기출

① 쇠 퇴
② 대 치
③ 인출실패
④ 간 섭

답 ④

기억에 정보를 저장하기 위해서 환경의 물리적 정보의 속성을 기억에 저장할 수 있는 속성으로 변화시키는 과정은?

21, 24년 기출

① 주의과정
② 각성과정
③ 부호화과정
④ 인출과정

답 ③

망각에 관한 설명으로 옳지 않은 것은? 17년 기출

① 설단현상은 인출의 실패에 대한 사례이다.
② 한 기억요소는 색인 또는 연합이 적을수록 간섭도 적어지므로 쉽게 기억된다.
③ 일반적으로 일화기억보다 의미기억에 대한 정보의 망각이 적게 일어난다.
④ 망각은 유사한 정보 간의 간섭에 기인한 인출단서의 부족에 의해 생긴다.

답 ②

014

얼마간의 휴식기간을 가진 후에 소거된 반응이 다시 나타나는 현상은?

① 자극일반화
② 자발적 회복
③ 변별조건형성
④ 고차조건형성

핵심 키워드	• 휴식기간 • 소 거 • 변 별
기출 데이터	03, 17년 기출

답 ②

과락을 피하는 해설

자발적 회복(Spontaneous Recovery)
한번 습득된 행동에 대해 보상이 주어지지 않더라도 동일한 상황에 직면하는 경우 소거된 반응이 다시 나타나는 현상을 의미한다.

더 알아두기

자극일반화(Stimulus Generalization)
특정조건자극에 대해 조건반응이 성립되었을 때 그와 유사한 조건자극에 대해서도 똑같은 조건반응을 보이는 학습 현상을 말한다. "자라 보고 놀란 가슴 솥뚜껑 보고 놀란다"는 속담을 예로 들 수 있다.

변별조건형성(Discrimination Conditioning)
자극일반화를 막기 위해 두 개의 자극을 변별하도록 조건형성하는 것이다.

소거(Extinction)
일정한 반응 뒤에 강화가 주어지지 않는 경우 해당 반응이 사라지는 현상을 말한다.

유사문제 · 관련문제

어떤 조건자극이 일단 조건형성되고 나면, 이 자극과 유사한 다른 자극들도 무조건자극과 연합된 적이 없음에도 불구하고 조건반응을 야기하는 것은?

15년 기출

① 소 거
② 자발적 회복
③ 변 별
④ 자극일반화

답 ④

015

현상학적 성격이론에 대한 설명으로 옳지 않은 것은?

① 사건 자체가 아니라 그 사건에 대한 개인의 주관적 경험이 행동을 결정한다.

② 세계관에 대한 개인의 행동을 예측하고 이해하기 위해서는 개인의 지각을 이해해야 한다.

③ 어린 시절의 동기를 분석하기보다는 앞으로 무엇이 발생할 것인가에 초점을 둔다.

④ 선택의 자유를 강조하는 인본주의적 입장과 자기실현을 강조하는 자기이론적 입장을 포함한다.

핵심 키워드	• 현상학 • 성격이론 • 인본주의
기출 데이터	06, 08, 15, 20, 24년 기출

답 ③

과락을 피하는 해설

인본주의 성격이론(= 현상학적 성격이론)

현재 개인이 경험하고, 느끼고, 행동하는 것이 중요하며, 개인의 진정한 모습을 이해하는 것도 이를 통해 가능하다고 본다.

유사문제 · 관련문제

다음과 같은 입장을 취하고 있는 성격이론은?   10, 16년 기출

자신을 형편없는 학생으로 지각하는 학생이 매우 좋은 성적을 받을 경우, 이 학생은 긍정적인 경험을 부정적인 자기개념과 일치시키기 위해 '운이 좋았어'라는 식으로 왜곡할 수 있다.
이 학생은 자기개념과 경험이 일치하지 않을 때 불안과 내적 혼란을 경험할 가능성이 높기 때문에, 자기개념을 유지하기 위해 경험을 부정하는 방어적 반응을 보인다. 이 학생이 경험을 부정하거나 왜곡하지 않도록 하기 위해서는 타인이 이 학생을 무조건적이고 긍정적으로 존중해 주고 공감해 주어야 한다.

① 특질이론   ② 정신역동이론   ③ 현상학적 이론   ④ 사회인지이론

답 ③

유사문제 · 관련문제

인본주의 성격이론에 대한 설명으로 옳은 것은?   17, 20년 기출

① 무의식적 욕구나 동기를 강조한다.

② 대표적인 학자는 Bandura와 Watson이다.

③ 외부 환경자극에 의해 행동이 결정된다고 본다.

④ 개인의 성장방향과 선택의 자유에 중점을 둔다.

답 ④

016

아동기의 애착에 관한 설명으로 옳은 것은?

① 유아가 어머니에게 분명한 애착을 보이는 시기는 생후 3~4개월경부터이다.

② 어머니와의 밀접한 신체접촉이 애착을 형성하는 데 가장 중요한 역할을 한다.

③ 애착은 인간 고유의 현상으로서 동물들에게는 유사한 현상을 찾아보기 어렵다.

④ 안정적으로 애착된 아동들은 어머니가 없는 낯선 상황에서도 주위를 적극적으로 탐색한다.

핵심 키워드	• 아동기 • 애 착 • 신체접촉
기출 데이터	04, 11, 16년 기출

답 ②

과락을 피하는 해설

애착(Attachment)이란 한 개인이 자신과 가장 가까운 사람에 대해서 느끼는 강한 감정적 유대관계를 의미한다.

② 유아와 어머니의 애착형성에 있어서 가장 중요한 요인은 유아와 어머니의 접촉의 양과 어머니의 유아에 대한 민감하고 신속한 반응이다. 유아는 양육자인 어머니에게 신호를 보내고, 어머니는 그러한 신호에 생물학적으로 반응함으로써 이들 간에 애착이 형성된다.

① 유아는 생후 2주간 모든 대상에게 애착을 보이다가 이후 6~8개월 정도에 이르러 냄새나 음성, 얼굴 모습 등으로 어머니를 알게 된다. 특히 이 시기에 유아는 낯가림과 분리불안을 경험하며, 그와 같은 분명한 애착은 12개월에 이르러 절정 상태에 이른다.

③ 보울비(Bowlby)는 유아가 어머니에게 애착을 형성하는 것을 종의 생존을 위한 진화의 산물로 보았다. 로렌츠(Lorenz)는 이와 같은 애착을 동물의 반응과 연관시켜 '각인(Imprinting)'의 개념을 제시하였다. 그는 어미 청둥오리의 알들을 둘로 구분하여 한쪽은 어미 청둥오리에게 부화하도록 하고 다른 한쪽은 로렌츠 자신이 부화하자, 이후 새끼 청둥오리가 마치 자신을 어미인 양 따라다니는 행동을 보임으로써 이를 애착이 형성된 것으로 간주하였다.

④ 에인즈워스(Ainsworth)는 보울비(Bowlby)의 애착이론을 기초로 유아에 대한 낯선 상황실험을 통해 유아의 반응을 안정애착과 불안정애착으로 척도화하였다. 그의 실험에 따르면, 어머니에게 대해 애착이 형성된 유아는 낯선 상황에서 낯선 사람과 남아있는 경우 당황해하고 불안감을 느끼다가, 어머니가 돌아오자 곧 안정을 찾았다. 반면, 애착이 불안정한 상태인 유아는 회피나 저항, 혼란 등의 반응을 보였다.

다음 실험을 실시한 심리학자와 실험 결과가 바르게 짝지어진 것은?   12년 기출

> 어미로부터 격리된 새끼 원숭이에게 (A) 철사로 만들어졌지만 우유병이 있는 모조 어미 원숭이 및 (B) 부드러운 천으로 만들어진 모조 어미 원숭이와 각각 시간을 보낼 수 있도록 했을 때 새끼 원숭이는 어떤 행동을 보일까?

① 할로우(Harlow) – (A)보다 (B)와 더 많은 시간을 보낸다.
② 할로우(Harlow) – (B)보다 (A)와 더 많은 시간을 보낸다.
③ 보울비(Bowlby) – (A)보다 (B)와 더 많은 시간을 보낸다.
④ 보울비(Bowlby) – (B)보다 (A)와 더 많은 시간을 보낸다.

답 ①

관계의 내적작동모델에 관한 설명으로 옳지 않은 것은?   17년 기출

① 관계의 내적작동모델은 자기와 일차양육자, 그리고 그들 사이의 관계에 대한 한 세트의 믿음들이다.
② 상이한 애착유형의 영아는 상이한 관계의 작동모델을 갖는 것으로 보인다.
③ 상이한 아동은 상이한 기질 혹은 정서적 반응성의 특징적 양식을 가지고 태어난다.
④ 매우 어린 아동은 두려움, 과민성, 활동성, 긍정적 감정, 그리고 기타 정서적 특성에 대한 성향에서 서로 같다.

답 ④

017

성격이론과 대표적인 연구자가 잘못 짝지어진 것은?

① 정신분석이론 – 프로이트(Freud)

② 행동주의이론 – 로저스(Rogers)

③ 인본주의이론 – 매슬로우(Maslow)

④ 특질이론 – 올포트(Allport)

핵심 키워드	• 정신분석이론 • 행동주의이론 • 인본주의이론 • 특질이론
기출 데이터	14, 22, 24년 기출

답 ②

과락을 피하는 해설

행동주의이론의 대표적인 연구자들로 왓슨(Watson), 스키너(Skinner), 볼프(Wolpe) 등이 있다. 참고로 로저스(Rogers)는 인본주의이론의 대표적인 학자에 해당한다.

유사문제 · 관련문제

성격이론가에 관한 설명으로 옳지 않은 것은?　　　　　　　　　　　　　　11, 14, 17년 기출

① 올포트(Allport)는 성격은 과거 경험에 의해 학습된 행동성향으로, 상황이 달라지면 행동성향도 변화한다고 보았다.

② 카텔(Cattell)은 특질을 표면특질과 근원특질로 구분하고, 자료의 통계분석에 근거하여 16개의 근원특질을 제시하였다.

③ 로저스(Rogers)는 현실에 대한 주관적 해석 및 인간의 자기실현과 성장을 위한 욕구를 강조하였다.

④ 프로이트(Freud)는 본능적인 측면을 강조하고 사회환경적 요인을 상대적으로 경시하였다.

답 ①

유사문제 · 관련문제

행동주의적 성격이론에 관한 설명으로 옳지 않은 것은?　　　　　　　　　　14, 17, 24년 기출

① 학습원리로 성격을 설명한다.

② 상황적인 변인보다 유전적인 변인을 중시한다.

③ 스키너(Skinner)는 어떤 상황에서 비롯되는 행동과 그 결과를 강조한다.

④ 모든 행동을 자극과 반응이라는 기본단위로 설명한다.

답 ②

018

의미 있는 '0'의 값을 갖는 측정척도는?

① 명목척도

② 비율척도

③ 등간척도

④ 서열척도

핵심 키워드	• 의미 있는 '0' • 측 정 • 척 도
기출 데이터	04, 15, 19년 기출

답 ②

과락을 피하는 해설

명목척도

사물을 구분하기 위하여 이름을 부여하는 척도이다(예 성별, 학력, 종교, 취미 등).

서열척도

측정치 간의 순위를 나타내는 척도로 크고 작음, 많고 적음, 선호도의 높고 낮음을 나타내는 것이다(예 성적, 직위, 계급 등).

등간척도

똑같은 간격에 똑같은 단위를 부여함으로써 등간성(= 동간성이라고도 함)을 가지는 척도로 임의영점이 존재한다(예 온도, IQ, 성적 등).

비율척도

등간성을 지니고, 절대영점이 존재한다(예 시청률, 투표율, 가격, 길이, 무게, 시간 등).

유사문제 · 관련문제

다음 중 온도나 지능검사의 점수를 측정할 때 사용되는 척도는?   11, 13, 21년 기출

① 명목척도

② 서열척도

③ 등간척도

④ 비율척도

답 ③

유사문제 · 관련문제

다음 중 척도와 그 예가 잘못 짝지어진 것은?   12, 15년 기출

① 명명척도(Nominal Scale) – 운동선수 등번호

② 서열척도(Ordinal Scale) – 성적에서의 학급석차

③ 등간척도(Interval Scale) – 온도계로 측정한 온도

④ 비율척도(Ratio Scale) – 지능검사로 측정한 지능지수

답 ④

유사문제 · 관련문제

임의의 영점을 가지고 있는 척도는?   17년 기출

① 명목척도

② 서열척도

③ 등간척도

④ 비율척도

답 ③

019

콜버그(Kohlberg)의 도덕발달단계가 아닌 것은?

① 전인습적 단계
② 인습적 단계
③ 후인습적 단계
④ 초인습적 단계

핵심 키워드	• 콜버그 • 도덕발달 • 인습적 단계
기출 데이터	17년 기출

답 ④

과락을 피하는 해설

콜버그(Kohlberg)의 도덕발달단계

전인습적 단계 (Preconventional Level)	제1단계 : 처벌과 복종지향
	제2단계 : 도구적 상대주의지향
인습적 단계 (Conventional Level)	제3단계 : 대인 간 조화 또는 착한 소년–소녀지향
	제4단계 : 법과 질서지향
후인습적 단계 (Postconventional Level)	제5단계 : 사회적 계약과 합법적 지향
	제6단계 : 보편적 윤리적 원리지향

유사문제 · 관련문제

콜버그(Kohlberg)의 도덕성발달이론에 관한 설명으로 옳은 것은? 12년 기출

① 자신의 양심을 판단기준으로 삼는 것은 인습적 수준이다.
② 나쁜 일을 해도 신체적 처벌을 받지 않으면 괜찮다고 생각하는 것은 인습적 수준이다.
③ 타인의 인정을 받기 위하여 규칙이나 도덕을 지키는 것은 인습 이후 수준이다.
④ 도덕발달의 세 가지 수준을 누구나 어느 정도는 다 소유하고 있다.

답 ④

유사문제 · 관련문제

콜버그(Kohlberg)의 도덕발달이론에 대한 비판과 가장 거리가 먼 것은? 15년 기출

① 도덕적 판단능력과 도덕적 행동의 실천은 별개의 문제이다.
② 6단계에 도달한 사람을 찾아보기가 힘들다.
③ 도덕발달단계에서 퇴행이 자주 일어난다.
④ 인지발달의 측면을 반영하지 못하고 있다.

답 ④

020

인지부조화이론의 예로 옳지 않은 것은?

① 지루한 일을 하고 1000원 받은 사람이 20000원 받은 사람에 비해 그 일이 재미있다고 생각한다.

② 열렬히 사랑했으나 애인과 헤어진 남자가 떠나간 애인이 못생기고 성격도 나쁘다고 생각한다.

③ 빵을 10개나 먹은 사람이 빵을 다 먹고 난 후, 자신이 배가 고팠음을 인식한다.

④ 반미적인 태도를 지닌 사람이 친미적인 발언을 한 후 친미적 태도로 변화되었다.

핵심 키워드	• 페스팅거 • 인지부조화 • 부조화 감소
기출 데이터	12, 20, 24년 기출

답 ③

과락을 피하는 해설

③ 배가 고파서 빵을 많이 먹은 것은 태도와 행동의 부조화 상황이 아니며, 실제로 배가 고팠음을 인식한 일반적인 상황일 뿐 태도를 변화시킨 것이 아니므로 인지부조화이론에 해당하지 않는다.

페스팅거(Festinger)의 인지부조화이론

• 태도와 행동이 불일치, 즉 부조화할 경우, 조화상태를 회복하려고 자신의 태도를 행동에 맞추어 변화시키게 된다고 보는 이론이다.

• 취소하거나 변경하기 불가능한 행동 대신, 주로 태도를 행동과 맞도록 변화시킴으로써 부조화를 감소시키게 된다.

유사문제 · 관련문제

페스팅거(Festinger)의 인지부조화(Cognitive Dissonance)이론을 가장 잘 설명한 것은?   15년 기출

① 사람들은 자신의 지식과 감정 그리고 행동의 모든 측면이 일치하지 않으면 불쾌감을 경험한다.

② 사람들의 의견과 태도는 항상 행동과 일치하지 않는다.

③ 사람들은 집단 속에서 집단의 뜻에 동조할 때 인지부조화가 일어난다.

④ 인지부조화는 타인과의 관계가 원만하지 못할 때 발생한다.

답 ①

유사문제 · 관련문제

인지부조화가 발생하는 조건이 아닌 것은?   14년 기출

① 취소불가능한 개입   ② 자발적 선택

③ 불충분한 유인가   ④ 욕구좌절

답 ④

제**2**과목 **이상심리학**

021

조현병의 음성증상이 아닌 것은?

① 감퇴된 정서표현
② 무의욕증
③ 긴장성 경직
④ 무쾌감증

핵심 키워드	• 조현병 • 음성증상 • 양성증상
기출 데이터	17년 기출

답 ③

과락을 피하는 해설

조현병(정신분열증)의 음성증상

• 정상적 · 적응적 기능의 결여를 나타낸다.
• 유전적 소인이나 뇌세포 상실에 의한 것으로 추정한다.
• 스트레스 사건과의 특별한 연관성 없이 서서히 진행된다.
• 약물치료로도 쉽게 호전되지 않으며, 인지적 손상이 크다.
• 정서적 둔마, 무논리증 또는 무언어증, 무욕증 등을 보인다.
• 감퇴된 정서표현, 무의욕증, 무쾌감증, 정서적 둔마 등이 해당된다.

더 알아두기

조현병(정신분열증)의 양성증상

• 정상적 · 적응적 기능의 과잉 또는 왜곡을 나타낸다.
• 도파민 등 신경전달물질의 이상에 의한 것으로 추정한다.
• 스트레스사건에 의해 급격히 발생한다.
• 약물치료에 의해 호전되며, 인지적 손상이 적다.
• 망상 또는 피해망상, 환각, 환청, 와해된 언어나 행동 등의 양상을 보인다.

유사문제 · 관련문제

다음 중 정신분열병의 음성증상의 예를 모두 짝지은 것은?　　　11년 기출

　　A. 피해망상
　　B. 표정 없는 얼굴
　　C. 말이 느림
　　D. 환 청

① A, B
② B, C
③ C, D
④ A, B, C

답 ②

유사문제 · 관련문제

다음 정신분열병 증상들 중 성질이 다른 하나는?　　　12년 기출

① 정서의 메마름
② 언어의 빈곤
③ 의지결여
④ 환 각

답 ④

022

DSM-5에서 '신체증상 및 관련 장애' 분류항목에 해당하는 것은?

① 전환장애(Conversion Disorder)

② 다중인격(Multiple Personality)

③ 심인성건망증(Psychogenic Amnesia)

④ 신체변형장애(Body Dysmorphic Disorder)

핵심 키워드	• DSM-5 • 신체증상 및 관련 장애 • 하위유형
기출 데이터	16, 22년 기출

답 ①

과락을 피하는 해설

DSM-5에 따른 신체증상 및 관련 장애(Somatic Symptom and Related Disorders)의 주요 하위유형

• 신체증상장애(Somatic Symptom Disorder)

• 질병불안장애(Illness Anxiety Disorder)

• 전환장애(Conversion Disorder)

• 허위성(가장성 또는 인위성)장애(Factitious Disorder) 등

유사문제 · 관련문제

심리적 갈등이나 스트레스로 인해 갑작스런 시력상실이나 마비와 같은 감각이상 또는 운동증상을 나타내는 질환은?

15, 20, 23년 기출

① 공황장애   ② 전환장애

③ 신체증상장애   ④ 질병불안장애

답 ②

유사문제 · 관련문제

DSM-5 신체증상 및 관련 장애에 속하는 장애를 모두 고른 것은?

17년 기출

ㄱ. 질병불안장애
ㄴ. 전환장애
ㄷ. 신체증상장애

① ㄱ, ㄴ   ② ㄱ, ㄷ

③ ㄴ, ㄷ   ④ ㄱ, ㄴ, ㄷ

답 ④

023

다음은 DSM-5에서 어떤 진단기준의 일부인가?

- 필요한 것에 비해서 음식섭취를 제한함으로써 나이, 성별, 발달수준과 신체건강에 비추어 현저한 저체중 상태를 초래한다.
- 심각한 저체중임에도 불구하고 체중증가와 비만에 대한 극심한 두려움을 지니거나 체중증가를 방해하는 지속적인 행동을 나타낸다.
- 체중과 체형을 왜곡하여 인식하고, 체중과 체형이 자기평가에 지나친 영향을 미치거나 현재 나타내고 있는 체중미달의 심각함을 지속적으로 부정한다.

① 신경성폭식증
② 신경성식욕부진증
③ 폭식장애
④ 이식증

핵심 키워드	• 음식섭취 제한 • 현저한 저체중 • 왜곡하여 인식
기출 데이터	15, 24년 기출

답 ②

과락을 피하는 해설

DSM-5 급식 및 섭식장애(Feeding and Eating Disorders)
- 개인의 건강과 심리사회적 기능을 현저히 저하시키는 부적응적인 섭식행동이 나타나는 장애이다.
- DSM-Ⅳ의 부록목록에 포함되었던 '폭식장애'는 DSM-5에서 '급식 및 섭식장애'의 하위유형으로 분류하였다.
- DSM-Ⅳ의 '유아기 또는 초기 아동기의 급식 및 섭식장애'의 하위유형이었던 '이식증'과 '반추장애'는 DSM-5에서 '급식 및 섭식장애'의 하위유형에 포함된다.
- 6가지 하위유형

신경성식욕부진증	체중증가와 비만에 대한 극심한 두려움을 지니고 있어서 음식섭취를 현저하게 감소시키거나 거부함으로써 체중이 비정상적으로 저하되는 경우
신경성폭식증	짧은 시간 내에 많은 양을 먹는 폭식행동과 이로 인한 체중증가를 막기 위해 구토 등의 보상행동이 반복되는 경우
폭식장애	폭식을 일삼으면서 자신의 폭식에 대해 고통을 경험하지만 음식을 토하는 등의 보상행동은 나타내지 않는 경우
이식증	영양분이 없는 물질이나 먹지 못할 것(예 종이, 천, 흙, 머리카락)을 적어도 1개월 이상 지속적으로 먹는 경우
반추장애	음식물을 반복적으로 토해내거나 되씹는 행동을 1개월 이상 나타내는 경우
회피적/제한적 음식섭취장애	6세 이하 아동이 지속적으로 먹지 않아 1개월 이상 심각한 체중감소가 나타나는 경우

유사문제 · 관련문제

신경성식욕부진증에 관한 설명으로 옳지 않은 것은? 16, 20년 기출

① 폭식하거나 하제를 사용하는 경우는 해당하지 않는다.

② 체중과 체형이 자기평가에 지나치게 영향을 미친다.

③ 말랐는데도 체중의 증가와 비만에 대한 극심한 두려움이 있다.

④ 나이와 신장을 고려한 정상체중의 85% 이하로 체중을 유지한다.

답 ①

유사문제 · 관련문제

DSM-5에서 제시한 폭식삽화에 관한 설명으로 옳은 것은? 17년 기출

① 음식섭취에 대한 통제의 상실

② 주관적으로 많다고 느껴지는 음식섭취

③ 3시간 이상 지속적 음식섭취

④ 부적절한 보상행동(Purging)의 사용

답 ①

024

조현병에 관한 설명으로 옳지 않은 것은?

① 이란성 쌍생아가 일란성 쌍생아보다 더 취약하다.

② 유병률은 인종과 민족에 따라 다르게 나타난다.

③ 표출정서가 높은 가정이 낮은 가정에 비해 재발률이 높다.

④ 가장 대표적인 생화학적 가설은 도파민가설이다.

핵심 키워드	• 조현병 • 유병률 • 도파민가설
기출 데이터	17년 기출

답 ①

과락을 피하는 해설

① 일란성 쌍둥이의 공병률은 57% 정도, 이란성 쌍둥이는 6~12% 정도로 추정된다.

더 알아두기

조현병의 원인

• 도파민(Dopamine) 등 신경전달물질 시스템의 이상

• 전두엽이나 변연계 등의 이상

• 중추신경계의 손상

• 유전적 요인

• 태내조건(예 어머니의 임신 중 외상, 영양실조, 감염, 중독 등)

• 출생 시의 문제(예 출생 시의 외상, 감염, 산소결핍 등)

• 출생 직후의 문제(예 영양부족, 질병, 두부손상 등)

조현병(정신분열증)의 주요증상

• 망 상

• 환 각

• 와해된 언어(예 빈번한 주제의 이탈이나 지리멸렬함)

• 심하게 와해된 행동 또는 긴장증적 행동

• 음성증상들(예 정서적 둔마 또는 무욕증)

유사문제 · 관련문제

다음 중 정신분열증 발병의 원인으로서 도파민가설을 지지하는 증거가 아닌 것은?　　　　11년 기출

① 도파민억제제들이 정신분열증 치료에 효과가 있다.
② 정신분열증 치료약물들이 도파민 부족이 원인으로 알려진 파킨슨씨병 증상을 일으킨다.
③ 파킨슨씨병 치료약물인 L-Dopa가 어떤 사람들에겐 정신분열증과 유사한 증상을 일으킨다.
④ 도파민을 활성화시키는 Amphetamine이 정신분열증 환자들의 증상을 완화시킨다.

답 ④

유사문제 · 관련문제

조현병의 유전적 요인에 관한 설명으로 옳지 않은 것은?　　　　20, 24년 기출

① 친족의 근접성과 동시발병률은 관련이 없다.
② 여러 유전자 결함의 조합으로 나타나는 장애이다.
③ 일란성 쌍생아보다 이란성 쌍생아 동시발병률이 더 낮다.
④ 생물학적 가족이 입양 가족에 비해 동시발병률이 더 높다.

답 ①

유사문제 · 관련문제

다음 밑줄 친 '표현된 정서'의 의미로 옳은 것은?　　　　12, 16, 24년 기출

가족들의 표현된 정서(Expressed Emotion)에 대한 연구에 의하면, 가족들의 표현된 정서가 조현병의 재발률을 높인다고 한다.

cf. 표현된 정서 = 표출정서

① 지나치게 정서적 지지와 격려를 제공하는 것
② 비판적이고 과도한 간섭을 하는 것
③ 냉정하고, 조용하며, 무관심한 것
④ 관여하지 않으며, 적절한 한계를 정해주지 못하는 것

답 ②

025

편집성성격장애의 행동특성으로 가장 적합한 것은?

① 다른 사람이 자신을 이용하거나 피해를 입힌다고 생각한다.

② 단순히 아는 정도의 사람을 '매우 친한 친구'라고 지칭한다.

③ 반복적으로 자살을 시도하거나 행동한다.

④ 거의 어떤 활동에서도 즐거움을 느끼지 못한다.

핵심 키워드	• 편집성성격장애 • 자신을 이용 • 피해를 입힌다고 생각
기출 데이터	07, 17년 기출

답 ①

과락을 피하는 해설

② 연극성인격장애의 행동특성에 해당한다.

③ · ④ 주요우울장애의 행동특성에 해당한다.

더 알아두기

편집성성격장애(Paranoid Personality Disorder)의 주요증상

• 충분한 근거 없이 타인이 자신을 이용하거나 해를 입히거나 속인다고 의심한다.

• 친구나 동료의 진실성이나 신뢰성에 대한 부당한 의심에 집착되어 있다.

• 정보가 자신에게 악의적으로 사용될 수 있다는 두려움으로 인해 타인에게 자신의 속내를 드러내지 않는다.

• 타인의 사소한 말이나 사건 속에 자신에 대한 비하와 위협의 의도가 있는지 파악하고자 한다.

• 모욕, 손상 또는 경멸 등 자신이 품은 원한을 오랫동안 간직한다.

• 타인의 의견에는 아랑곳하지 않은 채 자신의 인격이나 명성이 공격당한 것으로 간주하여 즉각적으로 화를 내거나 반격한다.

• 특별한 이유 없이 자신의 배우자나 성적 상대자의 정절에 대해 반복적으로 의심한다.

다음 중 편집성성격장애의 특징적인 증상은?   03, 10년 기출

① 의 심
② 과대망상
③ 정서의 변동
④ 정서적 무관심

답 ①

다음과 같은 증상의 진단으로 가장 적합한 정신장애는?   11년 기출

A군은 어렸을 때부터 말을 알아듣는 것이나 말하는 것이 몹시 느려서 다른 사람을 대하면 자기를 바보로 여기는 것 같아 예민하게 반응하였으며, 조금만 자기에게 소홀하면 자기를 따돌리고 바보 취급하는 것으로 받아들였다. 대학에 들어와서도 다른 학생들이 자기와 함께 하지 않으면 자기를 무시하고 바보 취급한다고 생각하여 자주 싸우려고 하고, 실제로 싸울 때도 많았다. 자신은 언제나 옳고 다른 사람을 위하려 하는데, 주위의 사람은 언제나 자기를 해치려 하고 무시하려 한다고 화를 낸다. 그는 친구관계가 아주 빈약하며 타인을 의심하고 경계한다.

① 정신병질
② 편집성성격장애
③ 기분장애
④ 사회공포증

답 ②

다음 보기의 특징을 가진 DSM-5의 장애는?

- 자기의 전체 혹은 일부로부터 분리되거나 이를 낯설게 느낌
- 신체이탈경험을 할 수 있음
- 현실검증력은 본래대로 유지

① 심인성둔주(Psychogenic Fugue)
② 해리성정체감장애(Dissociative Identity Disorder)
③ 이인증/비현실감장애(Depersonalization)
④ 해리성기억상실증(Dissociative Amnesia)

핵심 키워드	• 분리되거나 낯설게 느낌 • 신체이탈경험 • 현실검증력 유지
기출 데이터	17년 기출

답 ③

과락을 피하는 해설

이인증 또는 비현실감장애(Depersonalization)

자기 자신 또는 세상과 분리된 듯한 주관적인 경험으로, 지각적 통합의 실패를 의미하는 전형적인 해리증상으로 볼 수 있다. 즉, 자기 자신이나 세상과 관련하여 평소와 전혀 다른 지각경험을 하여 현실감각이 일시적으로 손상되는 것이다. 그러나 이인증이나 비현실감을 경험하는 동안에도 현실검증력은 손상되지 않은 채 유지된다. 예를 들어, 자신이 기계가 된 듯한 경험을 하는 동안에도 실제로 자신이 기계가 아니라는 사실을 인식한다.

더 알아두기

해리성정체성장애

해리성정체감장애라고 부르며, 한 사람 안에 서로 다른 정체성과 성격을 가진 여러 사람이 존재하면서 상황에 따라 각기 다른 사람이 의식에 나타나서 말과 행동을 하는 모습을 보이는 장애이다.

DSM-5의 이인성/비현실감장애 진단기준에 해당하지 않는 것은?   15년 기출

① 이인증이나 비현실감을 경험하는 동안 중요한 자서전적 정보를 기억하지 못한다.

② 이인증이나 비현실감을 경험하는 동안 현실검증력은 손상되지 않은 채로 양호하게 유지된다.

③ 이러한 증상으로 인해 임상적으로 심각한 고통이나 사회적, 직업적 또는 다른 중요한 기능 영역에서 심한 장해를 초래해야 한다.

④ 이인증이나 비현실감이 어떤 물질이나 신체적 질병에 의한 것이 아니어야 한다.

답 ①

다음 보기의 사례에 가장 적합한 진단명은?   17, 22년 기출

> 24세의 한 대학원생은 자신이 꿈속에 사는 듯 느껴졌고, 자기 신체와 생각이 자기 것이 아닌 듯 느껴졌다. 자신의 몸 일부는 왜곡되어 보였고, 주변 사람들이 로봇처럼 느껴졌다.

① 해리성정체성장애

② 해리성둔주

③ 이인화/비현실감장애

④ 착란장애

답 ③

DSM-5에서 조현성성격장애의 특징이 아닌 것은?

① 거의 항상 혼자서 하는 활동을 선택한다.

② 기이하거나 편향된 행동을 보인다.

③ 타인의 칭찬이나 비평에 무관심하다.

④ 단조로운 정동의 표현을 보인다.

핵심 키워드	• 조현성성격장애 • 혼자서 하는 활동 • 단조로운 정동표현
기출 데이터	17년 기출

답 ②

과락을 피하는 해설

② 기이하거나 편향된 행동은 조현형성격장애의 특징이다.

더 알아두기

조현성(분열성)성격장애와 조현형(분열형)성격장애 진단기준

구 분	특 징
조현성(분열성)성격장애 (Schizoid Personality Disorder)	• 가족의 일원이 되는 것을 포함하여 친밀한 관계를 원하지도 즐기지도 않음 • 거의 항상 혼자서 하는 활동을 선택 • 타인과 성적 경험을 가지는 것에 대해 흥미가 없음 • 즐거움을 주는 활동이 거의 없으며, 극히 소수의 활동에서 즐거움을 얻음 • 직계가족 이외에 가까운 친구나 속내를 털어놓을 수 있는 친구가 없음 • 타인의 칭찬이나 비평에 무관심한 반응을 보임 • 정서적으로 냉담하고 고립적이며 단조로운 정동의 표현을 보임

조현형(분열형)성격장애
(Schizotypal Personality
Disorder)
	• 관계망상적 사고(분명한 관계망상은 제외)
	• 행동에 영향을 미치는, 하위문화의 기준에 부합하지 않는 괴이한 믿음이나 마술적 사고
	  예 미신, 천리안에 대한 믿음, 텔레파시, 육감. 단, 아동 및 청소년의 경우 기괴한 환상이나 집착
	• 신체적 착각을 포함한 유별난 지각경험
	• 괴이한 사고와 언어
	  예 애매하고 우회적이며 은유적이고 지나치게 자세하게 묘사하거나 상동증적인 사고와 언어
	• 의심 또는 편집증적 사고
	• 부적절하거나 메마른 정동
	• 괴이하고 편향되거나 특이한 행동이나 외모
	• 직계가족 이외에 가까운 친구나 마음을 털어놓을 수 있는 사람이 없음
	• 과도한 사회적 불안이 좀처럼 줄어들지 않으며, 이와 같은 불안은 자신에 대한 부정적 판단보다는 편
	  집증적 공포와 연관됨

DSM-5에 따라 성격장애를 군집별로 분류할 때 옳은 것은? 16년 기출

① 이상하며 기괴한 증상을 보이는 성격장애 군집으로는 조현형, 조현성, 편집성성격장애가 있다.

② 극적이고 감정적이며 변덕스러운 것이 특징인 장애로 히스테리성, 자기애성, 반사회성, 회피성성격장애가 있다.

③ 가학적, 자기패배적, 수동공격적 성격장애는 DSM-5에서 중요하게 다루어지는 성격장애의 군집이다.

④ 불안하고 두려움, 근심스러운 것이 특성인 성격장애로 편집성, 의존성, 경계성성격장애가 있다.

답 ①

친밀한 관계에서의 문제, 인지 및 지각의 왜곡, 행동의 괴이성 등을 주요특징으로 보이는 성격장애는? 19, 24년 기출

① 조현성성격장애

② 조현형성격장애

③ 편집성성격장애

④ 회피성성격장애

답 ②

다음 보기와 같은 특징을 보이는 장애는? 17년 기출

> 비사교적이며 대인관계에 무관심하고 정서적으로 냉담하며 외부자극에 잘 반응하지 않고 과도한 백일몽이나 자기만의 환상을 가짐

① 조현성성격장애(Schizoid Personality Disorder)

② 연극성성격장애(Histrionic Personality Disorder)

③ 편집성성격장애(Paranoid Personality Disorder)

④ 조현형성격장애(Schizotypal Personality Disorder)

답 ①

B군 성격장애에 해당하지 않는 것은?

① 경계선성격장애

② 강박성성격장애

③ 반사회성성격장애

④ 연극성성격장애

핵심 키워드	• B군 • 성격장애 • 성격장애 하위유형
기출 데이터	10, 17, 22년 기출

답 ②

과락을 피하는 해설

② 강박성성격장애는 C군 성격장애에 해당한다.

더 알아두기

B군 성격장애의 하위유형

• 반사회성성격장애(Antisocial Personality Disorder)

• 연극성(히스테리성)성격장애(Histrionic Personality Disorder)

• 경계선성격장애(Borderline Personality Disorder)

• 자기애성성격장애(Narcissistic Personality Disorder)

유사문제 · 관련문제

성격장애는 크게 세 집단으로 구분한다. 그중 B군 성격장애 집단은 극적이고 감정적이며, 변덕스러운 특징을 보이는 성격장애 집단이다. 여기에 속하는 성격장애는?　16년 기출

① 편집성성격장애　　　　　　　　　　② 경계성성격장애

③ 회피성성격장애　　　　　　　　　　④ 의존성성격장애

답 ②

유사문제 · 관련문제

DSM-5의 진단분류에 따른 성격장애 중 기이하고 괴팍한 행동특성과 가장 거리가 먼 것은?　18년 기출

① 편집성성격장애　　　　　　　　　　② 조현성성격장애

③ 조현형성격장애　　　　　　　　　　④ 회피성성격장애

답 ④

다음 사례와 같은 성격장애는?

자신이 관심의 중심에 있기를 바라고, 감정이 빠르게 변하고 피상적이며, 지나치게 인상에 근거한 언어 표현을 보이고, 피암시성이 높은 특성을 보인다.

① 편집성성격장애
② 연극성성격장애
③ 자기애성성격장애
④ 강박성성격장애

핵심 키워드	• 피상적 • 피암시성 • 연극성
기출 데이터	09, 11, 19년 기출

답 ②

과락을 피하는 해설

연극성성격장애

- 히스테리성성격장애라고도 하며, 극적인 감정표현, 타인의 관심을 끌려는 과도한 행동 양상을 보인다.
- 감정적 · 외향적 · 자기주장적 · 자기과시적인 성격을 특징으로 하며, 타인의 주의를 끌고자 외모에 신경을 쓴다.
- 자기 외에 관심의 대상이 되는 사람에 대해서는 시기와 질투, 강한 경쟁심을 느낀다.
- 자신을 과장하는 이면에는 의존적인 성격과 무능력감이 내재해 있다.
- 자신이 항상 관심의 중심이 되기를 바라므로 대인관계를 지속적으로 유지하지 못한다.
- 타인으로부터 관심과 애정, 보살핌을 이끌어내기 위해 자해나 자살의 위협을 보이기도 한다.
- 반사회성성격장애와 밀접하게 연관되어 두 가지 장애가 함께 나타나기도 한다.

더 알아두기

'히스테리성(연극성)성격장애(Histrionic Personality Disorder)'는 DSM-IV와 마찬가지로 DSM-5에서도 '성격장애(Personality Disorders)'의 3가지 군집 중 B군 성격장애에 포함됩니다. 참고로 히스테리성(연극성)성격장애의 주요증상(진단기준)은 DSM-IV와 DSM-5에서 별다른 차이가 없습니다.

030

공황장애를 설명하는 인지적 관점에 의하면, 공황발작을 초래하는 핵심적 요인은?

① 신체건강에 대한 걱정과 염려

② 만성질병에 대한 잘못된 귀인

③ 억압된 분노표출에 대한 두려움

④ 신체감각에 대한 파국적 오해석

핵심 키워드	• 공황장애 • 인지적 관점 • 파국적 오해석
기출 데이터	13, 17년 기출

답 ④

과락을 피하는 해설

클라크(Clark)는 공황장애(Panic Disorder)를 가진 사람들의 특징적 인지과정에 대한 연구를 통해, 그들이 신체감각에 대한 파국적 오해석(Catastrophic Misinterpretation)을 하고 있다는 사실에 주목하였다. 이때 파국적 오해석은 정상적인 신체감각에 대해 마치 재난이 일어난 것처럼 해석하는 인지적 취약성을 의미한다. 예를 들어, 보통 사람들은 달리기를 한 후 심장박동이 빨라지는 것을 자연스러운 신체반응으로 간주한다. 그러나 공황장애를 가진 환자들은 그와 같은 신체적 반응을 마치 심장마비의 전조로 간주하여 급작스러운 불안에 사로잡히게 되며, 이때의 불안으로 인한 교감신경계의 활동은 신체감각을 더욱 증폭시켜 파국적인 해석에 이르게 되는 것이다.

더 알아두기

DSM-5에 의한 공황장애(Panic Disorder)의 주요증상

• 가슴이 두근거리거나 심장박동이 강렬하거나 또는 급작스럽게 빨라짐

• 땀흘림

• 몸떨림 또는 손발떨림

• 숨이 가쁘거나 막히는 느낌

• 질식할 것 같은 느낌

• 가슴통증 또는 답답함

• 구토감 또는 복부통증

• 현기증, 비틀거림, 몽롱함, 기절상태의 느낌

• 몸에 한기나 열기를 느낌

• 감각이상(마비감이나 저린 느낌)

• 비현실감 또는 이인감(자기 자신으로부터 분리된 느낌)

• 자기통제를 상실하거나 미칠 것 같은 두려움

• 죽을 것 같은 두려움

공황장애의 특징을 모두 고른 것은?   12, 16, 21년 기출

ㄱ. 어지럼증
ㄴ. 몸이 떨리고 땀흘림
ㄷ. 호흡이 가빠지고 숨이 막힐 것 같은 느낌
ㄹ. 미쳐버리거나 통제력을 상실할 것 같은 느낌

① ㄱ, ㄴ, ㄷ
② ㄷ, ㄹ
③ ㄱ, ㄴ, ㄹ
④ ㄱ, ㄴ, ㄷ, ㄹ

답 ④

다음 중 공황장애를 가진 내담자를 심리치료하는 데 가장 효과적인 방법은?   15년 기출

① 행동조형
② 자유연상법
③ 점진적 노출법
④ 혐오조건화

답 ③

031

정신분석학적 관점에서 볼 때 해리성장애 환자들에게서 가장 흔히 나타나는 방어기제는?

① 억 압
② 반동형성
③ 전 치
④ 주지화

핵심 키워드	• 해리성장애 • 억 압
기출 데이터	11, 13, 16, 19년 기출

답 ①

과락을 피하는 해설

정신분석학적 관점에서 해리성장애 환자들, 특히 해리성기억상실증 환자들의 경우 억압(Repression) 및 부인(Denial)의 방어기제를 흔히 사용하는 것으로 알려져 있다.

더 알아두기

해리성장애

• 의식, 기억, 행동 및 자아정체감의 통합적 기능에 있어서 갑작스러운 이상 증상을 나타내는 장애이다.
• 정신분석학적 관점에서 해리는 정신의 능동적 과정. 해리는 괴로움이나 갈등상태에 놓인 인격의 일부를 다른 부분과 분리하는 것으로, 불안이나 공포에 저항하기 위한 능동적인 방어와 억압으로 간주한다.
• 해리는 감당하기 어려운 충격적 경험으로부터 자신을 보호하기 위한 기능을 담당한다는 측면에서 적응적이지만 그것이 지나치거나 부적응적인 양상으로 나타나는 경우 '해리성장애'로 진단한다.

유사문제 · 관련문제

정신분석적 입장에서 강박장애와 밀접한 관련이 있는 방어기제가 아닌 것은?　　　　　　10, 17년 기출

① 투사(Projection)

② 격리(Isolation)

③ 대치(Displacement)

④ 취소(Undoing)

답 ①

유사문제 · 관련문제

성격장애와 연관된 방어기제를 바르게 짝지은 것은?　　　　　　14년 기출

① 강박성성격장애 - 합리화(Rationalization)

② 분열성성격장애 - 행동화(Acting-out)

③ 반사회성성격장애 - 이지화(Intellectualization)

④ 편집성성격장애 - 투사(Projection)

답 ④

032

다음은 무엇에 관한 설명인가?

> 벡(Beck)이 우울증 환자에 대한 관찰을 기반하여 사용한 용어로, 자신을 무가치하고 사랑받지 못할 사람으로 간주하고, 자신이 경험하는 세계가 가혹하고 도저히 대처할 수 없는 곳이라고 지각하며, 자신의 미래는 암담하고 통제할 수 없으며 계속 실패할 것이라고 예상하는 것

① 부정적 사고(Negative Thought)
② 인지적 삼제(Cognitive Triad)
③ 비합리적 신념(Irrational Belief)
④ 인지오류(Cognitive Error)

핵심 키워드	• 벡 • 우울이론 • 인지삼제 • 인지적 오류
기출 데이터	20년 기출

답 ②

과락을 피하는 해설

인지삼제(Cognitive Triad)

• 자기 자신 : 자기 자신에 대한 비관적 사고를 말한다.
• 자신의 미래 : 자기 자신의 앞날에 대한 염세주의적 사고를 말한다.
• 주변환경 : 자기 주변은 물론 세상전반에 대한 부정적 사고를 말한다.

더 알아두기

인지삼제

• 자기 자신에 대한 부정적인 생각 : '나는 열등하다', '나는 무능하다', '나는 무가치하다' 등
• 자신의 미래에 대한 부정적인 생각 : '나의 미래는 비관적이고 암담하다', '내가 어떤 노력을 하더라도 이 어려운 상황은 개선될 수 없다' 등
• 주변 환경에 대한 부정적인 생각 : '이 세상은 살아가기에 너무 힘들다', '나를 이해하고 도와줄 사람이 없다' 등

인지적 오류

• 우울한 사람들이 생활사건의 의미를 해석하는 과정에서 흔히 범하게 되는 논리적 잘못을 의미한다.
• 이분법적 사고, 과잉일반화, 개인화, 정신적 여과, 의미확대 및 의미축소, 감정적 추리, 잘못된 명명, 독심술, 예언자적 오류 등

유사문제 · 관련문제

우울증과 관련하여 벡(Beck)이 제시한 부정적 3요소로 가장 적합한 것은?　14년 기출

① 자신, 상황 및 미래에 대한 비관적 견해
② 자신, 과거 및 환경에 대한 비관적 견해
③ 자신, 과거 및 미래에 대한 비관적 견해
④ 자신, 미래 및 관계에 대한 비관적 견해

답 ①

유사문제 · 관련문제

우울증과 관련하여 벡(Beck)이 제시한 인지삼제는?　17년 기출

① 자신, 세계 및 미래에 대한 비관적 견해
② 자신, 과거 및 환경에 대한 비관적 견해
③ 자신, 과거 및 미래에 대한 비관적 견해
④ 자신, 미래 및 관계에 대한 비관적 견해

답 ①

033

다음 중 만성적인 알코올중독자에게서 흔히 발생하는 것으로 비타민 B1(티아민) 결핍과 관련이 깊으며, 지남력 장애, 최근 및 과거 기억력의 상실, 작화증 등의 증상을 보이는 장애는?

① 혈관성치매

② 코르사코프증후군

③ 진전섬망

④ 다운증후군

핵심 키워드	• 알코올중독 • 티아민결핍 • 지남력장애 및 기억상실
기출 데이터	07, 09, 12, 20년 기출

답 ②

과락을 피하는 해설

② **코르사코프증후군(Korsakoff's Syndrome)** : 순행성기억상실(최근 기억의 손상), 지남력장애(시간, 장소, 사람에 대한 방향감 상실), 작화증(기억손실을 메우기 위해 사실을 꾸며내는 증상) 등의 증상을 특징으로 한다. 지속적인 알코올 사용으로 인해 중추신경계에 손상이 발생하면서 기억력, 판단력, 주의력 등에 이상이 생기는 질병으로, 새로운 경험을 기억하지 못하는 알코올성기억장애(Alcoholic Memory Disorder)에 해당한다. 기억기능을 담당하는 해마(Hippocampus)가 손상되어 발생하는 것으로 알려져 있다.

① **혈관성치매(Vascular Dementia)** : 뇌졸중이나 뇌경색에 의해 혈관이 막히거나 터짐으로써 발생하는 치매이다. 뇌세포의 파괴가 주된 원인으로 거론되고 있는 알츠하이머형치매(Dementia of Alzheimer Type)와 차이가 있으며, 기억력장애보다 언어장애나 실행기능장애가 더욱 심각하게 나타난다.

③ **진전섬망(Delirium Tremens)** : 주로 과음으로 인한 급성알코올중독이나 오랜 기간 동안 폭음을 하다가 갑자기 음주를 중단하는 경우 나타나는 진전(떨림) 및 섬망의 상태를 말한다. 특히 알코올의 금단증상으로 나타나며, 환촉이나 환청, 왜소환각(Lilliputian Hallucination)으로 인해 사람이 작아져 보인다거나 그들의 발걸음소리, 욕설이 들리는 등의 경험을 하기도 한다.

④ **다운증후군(Down's Syndrome)** : 염색체의 이상으로 생기며, 대부분(약 95%)은 21번째 염색체가 3개(정상은 2개) 있어서 전체가 47개(정상은 46개)인 기형이다. 나이가 많은 초산부(35세 이상)에게서 흔히 이런 아이가 태어나며 600~700명 중 1명꼴로 있다.

유사문제·관련문제

알코올중독과 관련 있는 장애는?   16년 기출

① 헌팅톤무도병

② 코르사코프증후군

③ 레트장애

④ 캐너증후군

답 ②

034

순환성장애의 특징이 아닌 것은?

① 청소년기나 초기 성인기에 시작된다.

② 남녀 간의 유병률에 큰 차이가 없다고 보고된다.

③ 양극성장애보다 경미한 증상이 2년 이상 지속된다.

④ 양극성장애로는 발전하지 않는다.

핵심 키워드	• 순환성장애 • 청소년기, 초기 성인기 • 양극성장애 • 우 울 • 경조증
기출 데이터	17년 기출

답 ④

과락을 피하는 해설

순환성장애

• 기분삽화에 해당되지 않는 경미한 우울증상과 조증증상이 번갈아 가며 2년 이상(아동과 청소년은 1년 이상) 장기적으로 나타나는 만성적인 기분장애이다.

• 2년 기간 중 적어도 반 이상의 기간에 우울이나 경조증증상을 나타내야 하며, 아무런 증상이 없는 기간이 2개월 이하여야 한다.

• 남녀의 발생비율이 유사하다.

• 청소년기나 초기 성인기에 시작되어 서서히 발병하고 만성적인 경과를 밟으며 다른 기분장애의 기질적인 취약성을 반영한다.

• 제1형 양극성장애나 제2형 양극성장애로 발전하게 될 확률은 15~50%로 매우 높다.

유사문제 · 관련문제

순환성장애의 경과 중에 주요우울증 삽화가 추가적으로 발생한 경우, 순환성장애의 진단과 함께 추가로 내려야 할 진단명은?

13년 기출

① 기분부전장애

② 주요우울장애

③ 양극성장애 Ⅰ형

④ 양극성장애 Ⅱ형

답 ④

035

행동주의적 견해에 따르면 강박행동은 어떤 원리에 의해 유지되는가?

① 고전적 조건형성

② 부적 강화

③ 소 거

④ 모델링

핵심 키워드	• 강박장애 • 강박행동 • 의례행동
기출 데이터	20, 24년 기출

답 ②

과락을 피하는 해설

강박장애

환자의 강박행동은 불안이나 고통을 없애거나 감소시키기 위해 강화되는 것이므로, 불쾌자극을 제거하여 반응의 확률을 높이는 것인 부적 강화 원리에 해당된다.

더 알아두기

강화와 처벌의 유형

• 정적 강화 : 유쾌자극을 부여하여 바람직한 반응의 확률을 높인다.

  예 교실 청소를 하는 학생에게 과자를 준다.

• 부적 강화 : 불쾌자극을 제거하여 바람직한 반응의 확률을 높인다.

  예 발표자에 대한 보충수업 면제를 통보하여 학생들의 발표를 유도한다.

• 정적 처벌 : 불쾌자극을 부여하여 바람직하지 못한 반응의 확률을 감소시킨다.

  예 장시간 컴퓨터를 하느라 공부를 소홀히 한 아이에게 매를 가한다.

• 부적 처벌 : 유쾌자극을 제거하여 바람직하지 못한 반응의 확률을 감소시킨다.

  예 방청소를 소홀히 한 아이에게 컴퓨터를 못하게 한다.

강박장애의 설명으로 옳은 것은?　　　　　　　　　　　　　　　　　　　　16년 기출

① 강박관념은 환자 스스로에게 자아-동조적(Ego-Syntonic)이다.

② 강박장애 환자의 사고, 충동, 심상은 실생활 문제를 단순히 지나치게 걱정하는 것이다.

③ 강박장애 환자는 강박적인 사고, 충동, 심상이 개인이나 개인 자신의 정신적 산물임을 인정한다.

④ 강박장애 환자는 자신의 강박적 사고나 강박적 행동이 지나치거나 비합리적임을 인식하지 못한다.

답 ③

다음 환자가 포함될 진단범주로 가장 가능성이 높은 것은?　　　　　　　　　　16년 기출

36세의 기혼 남자 회사원이 정신과에 입원하였다. 얼마 전 지나가던 트럭에서 오물이 날아와 몸에 묻은 일을 경험하였다. 집에 와서 목욕을 하고 옷을 세탁했지만 더럽다는 생각이 없어지지 않고 계속 불안하여 락스로 손을 씻고 안절부절못하며 밖에 나가기를 두려워하여 회사에 결근하는 일이 잦아졌다. 입원 후에도 시트나 밥그릇 등이 불결하다는 생각에 잠도 잘 못자고 식사도 잘하지 못하고 있다.

① 사회공포증

② 강박장애

③ 강박성성격장애

④ 망상장애

답 ②

036

대형 화재현장에서 살아남은 남성이 불이 나는 장면에 극심하게 불안증상을 느낄 때 의심할 수 있는 가능성이 가장 높은 장애는?

① 외상후스트레스장애

② 적응장애

③ 조현병

④ 범불안장애

핵심 키워드	• 외상경험 • 극심한 불안증상 • 트라우마
기출 데이터	17, 20, 23년 기출

답 ①

과락을 피하는 해설

외상후스트레스장애

• 죽음 또는 죽음의 위협, 신체적 상해, 성폭력과 같은 외상사건을 경험한 후 나타나는 다양한 부적응 증상을 나타내는 장애이다.

• 진단기준 : 외상경험, 침투증상, 자극회피, 인지와 감정의 부정적 변화, 과민반응-각성

  위 증상 중 2가지 이상이 1개월 이상 나타나며, 이러한 장해로 사회적 · 직업적 기능에 현저한 손상이 생긴다. 이는 약물이나 신체적 질병에 의한 것은 아니다.

더 알아두기

외상후스트레스장애의 대표적인 치료법

• 지속적 노출치료(PE ; Prolonged Exposure)

  – Foa와 Riggs(1993)가 제시한 방법이다.

  – 외상사건을 단계적으로 떠올리게 하여 불안한 기억에 반복적으로 노출시킴으로써 궁극적으로 외상사건을 큰 불안 없이 직면할 수 있도록 유도하는 방법이다.

• 인지처리치료(CPT ; Cognitive Processing Therapy)

  – Resick과 Schnidke(1993)가 제시한 치료이다.

  – 외상사건의 원인과 결과에 대한 잘못된 생각이 강한 부정정서를 유발하고 외상기억에 대한 인지적 처리를 방해함으로써 외상으로부터의 자연스러운 회복을 저해한다는 근거를 갖는다.

  – 인지처리치료는 외상사건을 좀 더 상세하고 정교하게 재평가하여 외상사건에 부여한 부정적 의미를 수정하고 외상기억에 대한 회피를 줄임으로써 외상으로부터의 회복과정을 촉진한다.

  – 인지처리치료는 12회 내외의 치료회기를 통해 시행되며 개인치료나 집단치료의 형식으로 진행될 수 있다.

• 안구운동 둔감화 및 재처리 치료(EMDR ; Eye Movement Desensitization and Reprocessing)

  – Shapiro(1989)가 제시한 치료방법이다.

  – 외상기억을 떠올리는 동시에 치료자의 손가락 움직임을 따라가게 하는 방법이다.

  – 이는 외상사건과 관련된 부정적 사고, 감정, 심상이 점차 약화되는 동시에 외상기억의 정보처리가 촉진된다는 가정에 근거한다.

전쟁 포로로 붙잡혀 있다가 풀려난 사람이 종전 후 총소리에 극심하게 불안증상을 느낄 때 가장 가능성이 높은 장애는?

08년 기출

① 자폐증

② 외상후스트레스장애

③ 정신분열증

④ 청각장애

답 ②

외상적 사건에 대한 기억과 연관된 불안을 감소시키는 데 초점을 맞추고 있으며, Foa에 의해 개발된 이후 외상후스트레스장애에 대해 경험적으로 지지된 치료로서 학계로부터 널리 인정을 받고 있는 치료법은?

11, 16, 24년 기출

① 불안조절훈련

② 안구운동둔감화와 재처리치료

③ 지속노출치료

④ 인지적 처리치료

답 ③

037

알츠하이머병에 관한 설명으로 옳지 않은 것은?

① 현저한 인지기능장애가 특징이다.

② 도파민과 밀접한 관련이 있다.

③ 연령의 증가와 함께 유병률이 높아진다.

④ 점진적으로 진행하는 질병이다.

핵심 키워드	• 알츠하이머 • 현저한 인지기능장애 • 연령의 증가
기출 데이터	05, 09, 17년 기출

답 ②

과락을 피하는 해설

② 뇌에서 발견되는 베타아밀로이드라는 단백질이 뇌세포를 파괴한다는 주장이 제기되었다.

알츠하이머병(Alzheimer's Disease)의 일반적인 증상

• 흔히 '노인성치매'라고 불리는 알츠하이머병은 기억의 모든 과정에 장애가 나타난다.

• 환자 50% 이상을 차지하는 유형으로, 주로 기억, 사고 및 행동에 장애를 초래하는 뇌의 진행성·퇴행성병변이다.

• 언어기능의 장애가 나타나 초기에는 적절한 단어를 못 찾다가, 점차적으로 상대방의 질문에 엉뚱한 대답을 하거나 주제와 연관되지 않은 말을 반복한다.

• 인지기능의 장애가 나타나 공간에 대한 심각한 저하로 왼쪽과 오른쪽을 구별하지 못하거나, 자주 다니는 길 또는 집을 찾지 못한다.

• 성격 및 정서의 변화가 나타나 가족을 의심하거나 항상 불안하고 우울증과 조증의 양상을 보이기도 한다.

• 현재까지 밝혀진 주된 위험인자는 연령, 성별, 치매의 가족력 및 두부손상 등이 있다.

유사문제 · 관련문제

알츠하이머병으로 인한 신경인지장애에 관한 설명으로 틀린 것은?   19, 23, 24년 기출

① 여성호르몬 Estrogen과 상관이 있다.

② Apo-E 유전자 형태와 관련이 있다.

③ 허혈성 혈관문제 혹은 뇌경색과 관련이 있다.

④ 노인성 반점(Senile Plaques)과 신경섬유다발(Neurofibrillary Tangle)과 관련이 있다.

답 ③

038

자폐스펙트럼장애에 관한 설명으로 옳지 않은 것은?

① 의사소통의 장해가 현저하고 지속적이다.

② 상상적인 놀이를 하는 데 어려움이 있다.

③ 사회적 관습을 이해하는 데 어려움이 있다.

④ 연령증가와 함께 증상의 호전을 보인다.

핵심 키워드	• 자폐스펙트럼 • 의사소통의 장해 • 상상놀이
기출 데이터	03, 17년 기출

답 ④

과락을 피하는 해설

자폐스펙트럼장애는 지속적인 경과를 나타내는데, 학령기에 사회적 관심이 다소 증가하는 등 다소 호전되는 경향을 보이는 경우도 있고 때로는 오히려 악화되는 경우도 있다.

더 알아두기

자폐스펙트럼장애의 핵심증상 2가지

• 사회적 상호작용의 결함

• 제한된 반복적 행동패턴

진단기준

사회적 상호작용 결함	• 사회적-정서적 상호작용에 있어서 결함 • 사회적 상호작용에서 사용되는 비언어적 의사소통 행동에서 결함 • 대인관계의 발전, 유지, 이해에 있어서 결함
반복적 행동패턴	• 운동, 물체 사용, 언어 사용에 있어 정형화된 또는 반복적 패턴 • 동일한 것 고집, 일상적인 것 집착, 언어적 비언어적 행동의 의식화된 패턴 • 제한적이고 고정된 흥미를 보이는데, 그 강도나 초점이 비정상적 • 감각자극에 과소 혹은 과대반응 또는 주변 감각적 측면에 비정상적인 흥미

※ DSM-Ⅳ에서 '광범위한 발달장애'의 하위유형이었던 '자폐성장애'는 '자폐스펙트럼장애'로 명칭이 변경되어, DSM-5에서 새롭게 제시된 '신경발달장애'의 하위유형으로 분류되었다. 특히 자폐성장애에 대한 차원적 접근이 이루어짐으로써 '아스퍼거장애', '아동 기붕괴성장애' 등이 자폐스펙트럼장애로 통합되었다.

유사문제 · 관련문제

다음 중 자폐증의 주요증상이 아닌 것은?   05, 11년 기출

① 사회적 상호작용에서의 질적인 장애
② 과잉행동과 충동성
③ 의사소통에서의 질적인 장애
④ 행동이나 관심에서의 반복적이며 상동증적인 증상

답 ②

유사문제 · 관련문제

다음의 증상을 모두 포함하는 진단명은?   16년 기출

- 사회적 · 정서적 상호작용의 결함
- 언어적 · 비언어적 의사소통의 장애
- 대인관계를 발전시키고 유지하고 이해하는 데의 결함
- 제한된 관심과 상동증적인 행동의 반복성

① 자폐스펙트럼장애
② 상동증적 운동장애
③ 탈억제 사회관여 장애
④ 사회적 의사소통 장애

답 ①

유사문제 · 관련문제

다음 중 자폐성장애에 관한 설명으로 옳은 것은?   12, 20년 기출

① 남성보다 여성에서 4~5배 더 많이 발병한다.
② 유병률은 인구 천 명당 2~5명으로 보고되고 있다.
③ 사회적 상호작용을 위해 여러 가지 비언어적 행동을 사용한다.
④ 언어기술과 전반적 지적 수준이 예후와 가장 밀접한 관계가 있다.

답 ④

039

주의력결핍 및 과잉행동장애(ADHD)에 관한 설명으로 옳지 않은 것은?

① 학령전기에 보이는 주요 증상은 과잉행동이다.

② 앉아 있도록 요구되는 상황에서 자리를 떠나는 것은 부주의 증상에 해당된다.

③ 증상이 지속되면 적대적 반항장애로 동반이환할 가능성이 높다.

④ 여성보다 남성에게 더 흔하게 나타난다.

핵심 키워드	• 주의력결핍 • 과잉행동 • ADHD
기출 데이터	22, 23년 기출

답 ②

과락을 피하는 해설

② 앉아 있도록 요구되는 상황에서 자리를 떠나는 것은 과잉행동 증상에 해당된다.

주의력결핍 및 과잉행동장애(ADHD ; Attention-Deficit/Hyperactivity Disorder)

• ADHD의 주된 특징은 부주의(주의력결핍), 충동성, 과잉행동이다.

• 뇌손상 및 기능결함, 유전, 심리적 요인 등에 의해 발병할 수 있다.

• ADHD 아동은 지능수준에 비해 학업성취도가 저조하고 또래관계에서 거부당하거나 소외될 가능성이 높으며, 부모나 교사로부터 꾸중과 처벌을 받기 쉬워, 부정적 자아개념을 형성하고 정서적으로 불안정하며 공격적이고 반항적인 행동을 나타내는 경향이 있어, ADHD를 지닌 아동의 40~50%가 나중에 품행장애의 진단을 받는다.

• 청소년기에 호전되는 경향이 있으나 성인기까지 지속되는 경우도 있다. 대부분 과잉행동은 개선되지만 부주의와 충동성은 오래 지속되는 경우가 흔하다.

• ADHD가 청소년기까지 지속되는 경우, 품행장애가 발생될 가능성이 높으며, 품행장애를 나타내는 청소년의 약 50%는 성인이 되어 반사회적 성격장애를 나타낸다는 보고가 있다.

• 남자 아동이 여자 아동에 비하여 6~9배 정도 높은 빈도를 보인다.

• 주변 신호자극을 각성하는 데 문제가 생겨 발생할 수도 있다.

더 알아두기

DSM-Ⅳ의 분류기준에서 '주의력결핍 및 과잉행동장애'는 '유아기, 아동기 또는 청소년기에 처음 진단되는 장애' 중 '주의력결핍 및 파괴적 행동장애'의 하위유형에 속했다. 반면 DSM-5의 분류기준에서는 '신경발달장애'의 하위분류에 포함되었다. 이는 성인에 대한 ADHD의 진단기준을 제공하기 위한 것으로, ADHD가 성인기까지 지속될 수 있다는 사실을 반영하는 것이다. 또한 DSM-5에서는 12세 이상 아동 및 청소년의 경우 최소 6개 이상의 증상을, 17세 이상 청소년 및 성인의 경우 최소 5개 이상의 증상을 보일 때 ADHD로 진단하도록 되어 있고, 증상발현시기를 '7세 이전'에서 '12세 이전'으로 확대하고 있다는 점에서 차이를 보이고 있다.

유사문제 · 관련문제

주의력결핍-과잉행동장애(ADHD)의 특징적 증상과 거리가 먼 것은? 12년 기출

① 주의가 쉽게 산만해진다.

② 자극에 대한 흥미와 관심이 부족하다.

③ 다른 사람의 활동을 방해하고 간섭한다.

④ 남의 말을 경청하지 않는 것처럼 보인다.

답 ②

유사문제 · 관련문제

주의력결핍 및 과잉행동장애(ADHD)에 대한 설명으로 가장 적절하지 않은 것은? 19, 23년 기출

① 유전성이 높다.

② 학령전기에는 과잉행동이, 초등학생 시기에는 부주의 증상이 더욱 두드러진다.

③ 페닐알라닌 수산화효소 부족으로 인해 발생한다.

④ 몇 가지의 부주의 또는 과잉행동-충동성 증상은 12세 이전에 나타나야 한다.

답 ③

조현병의 양성증상에 해당하는 것은?

① 무의욕증

② 무사회증

③ 와해된 행동

④ 감퇴된 정서 표현

핵심 키워드	• 조현병 • 양성증상
기출 데이터	21, 23년 기출

답 ③

과락을 피하는 해설

조현병의 양성증상과 음성증상

양성증상(Positive Symptom)	음성증상(Negative Symptom)
• 정상적 · 적응적 기능의 과잉 또는 왜곡을 나타낸다. • 도파민 등 신경전달물질의 이상에 의한 것으로 추정된다. • 스트레스 사건에 의해 급격히 발생한다. • 약물치료에 의해 호전되며, 인지적 손상이 적다.	• 정상적 · 적응적 기능의 결여를 나타낸다. • 유전적 소인이나 뇌세포 상실에 의한 것으로 추정된다. • 스트레스 사건과의 특별한 연관성 없이 서서히 진행된다. • 약물치료로도 쉽게 호전되지 않으며, 인지적 손상이 크다.

유사문제 · 관련문제

조현병에서 보이는 증상에 관한 설명으로 옳지 않은 것은?   16년 기출

① 망상(Delusion) - 자신과 세상에 대한 잘못된 강한 믿음이고, 외부세계에 대한 잘못된 추론에 근거한 그릇된 신념

② 환각(Hallucination) - 외부자극이 없음에도 불구하고 어떤 소리나 형상을 지각하거나 외부자극에 대해서 현저하게 왜곡된 지각을 하는 경우

③ 와해된 언어(Disorganized Speech) - 언어적 표현 소멸

④ 긴장성 운동행동(Catatonic Behavior) - 마치 근육이 굳은 것처럼 어떤 특정한 자세를 유지하는 경우

답 ③

제3과목 심리검사

041

웩슬러지능검사 소검사를 범주화하는 데 있어 '획득된 지식' 요인에 속하는 소검사가 아닌 것은?

① 산수문제
② 상식문제
③ 어휘문제
④ 숫자문제

핵심 키워드	• 웩슬러 • 소검사 • 획득된 지식
기출 데이터	17년 기출

답 ④

과락을 피하는 해설

④ 숫자문제 : 단기청각기억 · 주의집중력을 측정한다.

유사문제 · 관련문제

K-WAIS에서 어휘문제의 측정내용으로 옳은 것은?   11년 기출

① 일반지능의 주요지표
② 개인이 소유한 기본지식의 정도
③ 수 개념의 이해와 주의집중력
④ 사물의 본질과 비본질을 구분하는 능력

답 ①

유사문제 · 관련문제

웩슬러지능검사로 평가할 수 있는 지능의 영역과 가장 거리가 먼 것은?   16년 기출

① 추상적 사고능력
② 예술적 능력
③ 공간적 추론능력
④ 주의집중력

답 ②

다음 중 발달검사를 사용할 때 고려해야 할 사항과 가장 거리가 먼 것은?

① 일반적인 기능적 분석에 유용해야 한다.

② 규준에 의한 발달적 비교가 가능해야 한다.

③ 다중기법적 접근을 취해야 한다.

④ 경험적으로 타당한 측정도구를 사용해야 한다.

핵심 키워드	• 발달검사 • 발달적 비교 • 다중기법적 접근
기출 데이터	06, 12, 13, 20, 22, 23년 기출

답 ①

과락을 피하는 해설

발달검사를 통한 아동평가 시 고려해야 할 사항

• 아동은 특별한 집단이므로 성인을 대상으로 한 일반적인 평가 방식을 그대로 적용하는 것은 바람직하지 않다.

• 아동의 적절한 목표행동을 명확히 결정하고 치료적 개입과 관련된 행동 변화를 확실히 설명하기 위해 규준에 의한 발달적 비교가 가능해야 한다.

• 아동평가를 통해 인지, 행동, 정서 상태 등 여러 측면에서의 변화 목표를 가질 수 있다.

• 변화를 필요로 하는 목표행동의 범위가 넓은 경우 다중적인 평가기법을 적용하는 것이 바람직하다.

• 사용되는 측정도구들은 경험적으로 타당성을 검증받은 것이어야 하며, 아동의 발달적 변화에 대해서도 민감한 것이어야 한다.

유사문제 · 관련문제

다음 중 발달검사의 특징으로 옳은 것은?   04, 08, 10년 기출

① 아동을 직접 검사하지 않고 보호자의 보고에 의존하는 발달검사도구도 있다.

② 발달검사의 목적은 유아의 지적 능력을 알아보기 위한 것이다.

③ 영유아 기준 발달상 미숙한 단계이므로 다양한 영역을 측정하기 어렵다.

④ 발달검사는 주로 언어이해 및 표현능력으로 구성되어 있다.

답 ①

043

Bender Gestalt Test(BGT)의 장점에 관한 설명으로 옳지 않은 것은?

① 피검사자의 뇌기능장애 평가에 유용하다.

② 자기 자신을 과장되게 표현하려는 피검사자에게 유용하다.

③ 적절하게 말할 수 있는 능력이 없거나 말할 수 있는 능력은 있으나 이야기하기를 싫어할 때 유용하다.

④ 피검사자가 말로 의사소통을 할 능력이 충분히 있더라도 언어적 행동으로 성격의 강점과 약점에 관한 정보를 얻기 힘들 때 유용하다.

핵심 키워드	• BGT • 뇌기능장애 • 의사소통능력
기출 데이터	11, 17년 기출

답 ②

과락을 피하는 해설

② MMPI의 L척도에 대한 설명으로 볼 수 있다.

더 알아두기

벤더게슈탈트검사(BGT)에 적합한 피검사자
- 충분한 의사소통능력이 있음에도 불구하고 그의 언어적 행동에 의해 성격상의 강점이나 약점에 대한 적절한 정보를 제공받기 어려운 경우
- 적절하게 말할 수 있는 능력이 없거나, 말할 수 있는 능력이 있어도 표현할 의사가 없는 경우
- 뇌기능장애가 있는 경우
- 정신지체가 있는 경우
- 문맹자이거나 교육을 받지 못한 경우
- 외국인인 경우

유사문제 · 관련문제

Bender-Gestalt Test(BGT)에 관한 설명으로 옳지 않은 것은?   15, 20년 기출

① 기질적 장애를 판별하려는 목적에서 만들어졌다.

② 언어적인 방어가 심한 환자에게 유용하다.

③ 완충검사(Buffer Test)로 사용될 수 없다.

④ 정신지체나 성격적 문제도 진단하는 데 유용하다.

답 ③

심리평가를 위한 면담기법 중 비구조화된 면담방식의 장점에 해당하는 것은?

① 면담자 간의 진단신뢰도를 높일 수 있다.

② 연구 장면에서 활용하기가 용이하다.

③ 중요한 정보를 깊이 있게 탐색할 수 있다.

④ 점수화하기에 용이하다.

핵심 키워드	• 심리평가 • 면담기법 • 비구조화
기출 데이터	09, 11, 15년 기출

답 ③

과락을 피하는 해설

구조화된 면담, 비구조화된 면담, 반구조화된 면담

구조화된 면담 (표준화면접)	• 면담자(면접자)가 면담조사표를 만들어서 상황에 구애됨이 없이 모든 응답자에게 동일한 질문순 서와 동일한 질문내용에 따라 수행하는 방법이다. • 비표준화된 면담에 비해 응답결과에 있어서 상대적으로 신뢰도가 높지만 타당도는 낮다. • 반복적인 면담이 가능하며, 면담결과에 대한 비교가 용이하다. • 면담의 신축성 · 유연성이 낮으며, 깊이 있는 측정을 도모할 수 없다.
비구조화된 면담 (비표준화면접)	• 면담자가 면담조사표의 질문 내용, 형식, 순서를 미리 정하지 않은 채 면담상황에 따라 자유롭게 응답자와 상호작용을 통해 자료를 수집하는 방법이다. • 표준화된 면담에 비해 응답결과에 있어서 상대적으로 타당도가 높지만 신뢰도는 낮다. • 반복적인 면담이 불가능하며, 면담결과에 대한 비교가 어렵다. • 면담의 신축성 · 유연성이 높으며, 깊이 있는 측정을 도모할 수 있다.
반구조화된 면담 (반표준화면접)	• 일정한 수의 중요한 질문을 표준화하고 그 외의 질문은 비표준화하는 방법이다. • 면담자가 면담지침에 따라 응답자에게 상황에 적합한 변형질문을 제시할 수 있다. • 사실과 가설을 확인할 수 있을 뿐만 아니라 새로운 사실이나 가설을 발견할 수도 있다. • 반표준화면담의 종류로는 초점집단면담법, 임상면담법 등이 있다.

유사문제 · 관련문제

비구조화된 면담과 비교하여 구조화된 면담에 대한 설명으로 옳지 않은 것은? 12년 기출

① 면담자 간의 일치도를 높일 수 있다.

② 상대적으로 신뢰도가 더 높다.

③ 유연성 있게 진행되는 것은 상대적으로 어렵다.

④ 객관적으로 수량화하는 것은 상대적으로 어렵다.

답 ④

기억장애를 보이고 있는 환자에게 기억 및 학습능력을 평가하는 데 가장 적합한 것은?

① K-WMS-IV

② SCL-90-R

③ Face-Hand Test

④ Trail Making Test

핵심 키워드	• 기억장애 • 기억능력 • 학습능력
기출 데이터	09, 12, 17년 기출

답 ①

PART 2

과락을 피하는 해설

① 한국판웩슬러기억검사(K-WMS-IV ; Korean Wechsler Memory Scale-Fourth Edition) : 16~69세를 대상으로 다양한 기억과 작업기억능력을 평가하기 위하여 고안한 검사이다.

② 간이정신진단검사(SCL-90-R ; Symptom Checklist-90-Revision) : 신체화(Somatization), 강박증(Obsessive-Compulsive), 대인예민성(Interpersonal Sensitivity), 우울(Depression), 불안(Anxiety), 적대감(Hostility), 공포불안(Phobic Anxiety), 편집증(Paranoid Ideation), 정신증(Psychoticism)의 9개 증상차원에 대해 90개의 문항으로 이루어진 자기보고식 다차원 증상목록검사이다.

③ 얼굴-손 검사법(FHT ; Face-Hand Test) : 이중동시자극법(Double Simultaneous Stimulation)으로, 환자가 눈을 감은 상태에서 얼굴이나 손등에 동시적으로 주어지는 자극을 알아맞히도록 하여 촉각부주의나 감각계이상을 평가하기 위한 지각검사이다.

④ 선로잇기검사(TMT ; Trail Making Test) : 숫자나 문자 등을 선잇기를 통해 차례대로 연결하도록 하여 수검자의 집중력과 정신적 추적능력, 시각적 탐색과 운동기능을 측정하는 검사이다.

유사문제 · 관련문제

시각-공간적 기능손상이 있는 뇌손상 환자에게 특히 어려운 과제는? 11, 20년 기출

① 산수문제

② 빠진곳찾기

③ 차례맞추기

④ 토막짜기

답 ④

유사문제 · 관련문제

다음 중 실행적 기능(Executive Function)을 담당하는 뇌 부위가 손상된 환자의 평가결과와 가장 거리가 먼 것은? 11, 19년 기출

① 벤더도형검사(BGT)에서 도형의 배치순서를 평가하는 항목의 점수가 유의하게 낮다.

② 웩슬러지능검사에서 차례맞추기 소검사의 점수가 유의하게 낮았다.

③ Stroop Test의 간섭시행 단계에서 특히 점수가 낮았다.

④ 웩슬러지능검사에서 기본지식 소검사의 점수가 유의하게 낮았다.

답 ④

지능검사 시행에 관한 설명으로 옳은 것은?

① 지능검사는 표준절차를 따르되 개인의 최대 능력을 측정하는 것을 목표로 한다.

② 지능검사 시행에서 수검자에 대한 행동관찰은 별로 중요하지 않다.

③ 지능검사 시행에서 검사에 대한 동기는 결과에 영향을 미치지 않는다.

④ 검사가 시행되는 환경적 조건은 지능검사 결과에 별로 영향을 미치지 않는다.

핵심 키워드	• 지능검사 • 검사시행 • 정보 획득 목적
기출 데이터	17, 24년 기출

답 ①

과락을 피하는 해설

② 지능검사 과정 중에 보이는 수검자 관찰을 통해 수검자의 성격적 특징은 물론 피검자의 문제와 관련된 단서를 얻을 수 있다.

③ 검사 당시의 정서상태·동기 등은 결과에 영향을 줄 수 있다.

④ 수검자의 주의를 분산시키는 자극, 소음 등은 검사결과에 영향을 줄 수 있다.

더 알아두기

지능검사 실시지침

• 표준시행과 검사행동관찰의 중요성을 고려해야 한다.

• 결과의 의미 있는 해석을 위해 표준절차를 엄격하게 따라야 한다.

• 수검자의 주의를 분산시키는 자극(조명, 환기, 소음)이 없어야 한다.

• 수검자의 최대능력이 발휘될 수 있는 분위기에서 시행될 수 있도록 한다.

• 일반적으로 간단하게 설명한 다음에 질문하는 것이 바람직하다.

• 수검자의 불완전한 반응에 대처할 수 있도록 채점의 원칙을 잘 알고 있어야 한다.

• 특별한 이유가 없는 한 1회에 전체 검사를 완성하는 것이 바람직하다.

• 검사자는 유용한 정보를 제공하는 행동관찰에 대한 훈련이 되어 있어야 한다.

• 검사시행이 수검자보다 중요한 목적이 되어서는 안 된다는 점을 숙지해야 한다.

• 검사시행이 적절하지 않은 경우 시행을 중단하거나 면담을 통해 상황을 극복하도록 시도한다.

• 철저하게 채점원리를 파악하여 정확한 채점을 할 수 있어야 한다.

• 검사도구는 소검사를 실시할 때까지 되도록 수검자의 눈에 띄지 않도록 한다.

• 검사가 실시될 때 수검자에게 지능검사라고 알려주며, 지능검사의 실시목적이 지능의 평가가 아니라 문제해결에 도움이 될 정보를 얻는 데 있음을 강조한다.

K-WAIS-Ⅳ 검사시행에 관한 설명으로 옳은 것은? 14년 기출

① 언어성 검사를 먼저 실시한 후 동작성 검사를 시행한다.

② 집단적으로 시행하는 것을 원칙으로 하지만 경우에 따라 개별적으로 시행한다.

③ K-WAIS-Ⅳ는 단순히 평가뿐 아니라 교육적 성격을 가지기 때문에 검사에 대해 정답을 피드백해 주는 것이 일반적이다.

④ 검사수행 시의 세밀한 행동관찰도 검사결과를 해석하는 데 중요한 자료가 된다.

답 ④

심리검사의 시행에 관한 설명으로 옳은 것은? 17년 기출

① 표준절차 외에 자신만의 효과적인 절차를 사용한다.

② 중립적 검사시행을 위해 라포형성은 가급적 배제되어야 한다.

③ 표준절차 외의 부가적 절차로 산출된 결과는 규준에 의거하여 해석하지 않는다.

④ 검사를 자동화된 컴퓨터검사로 전환한 경우 원검사에 대한 전문적 훈련은 요구되지 않는다.

답 ③

047

길포드(Guilford)의 지능구조 입체모형에서 조작(Operation) 요인에 해당하는 것은?

① 표정, 동작 등의 행동적 정보

② 사고결과의 적절성을 판단하는 평가

③ 의미 있는 단어나 개념의 의미적 정보

④ 어떤 정보에서 생기는 예상이나 기대들의 합

핵심 키워드	• 길포드 • 지능구조 • 조 작
기출 데이터	15, 21년 기출

답 ②

과락을 피하는 해설

사고결과의 적절성을 판단하고 평가하는 것은 조작의 '평가'에 해당된다.

조작(Operation)

• 평가 : 사고결과의 적절성을 판단하는 평가

• 수렴적 사고(조작) : 이미 알고 있는 지식이나 기억된 정보에서 어떤 지식을 도출해 내는 능력

• 확산적 사고(조작) : 이미 알고 있거나 기억된 지식 위에 전혀 새로운 지식을 창출해 내는 능력

• 기억파지 : 정보의 파지

• 기억저장 : 정보의 저장

• 인지 : 여러 가지 지식과 정보의 발견 및 인지와 관련된 사고력

048

주제통각검사(TAT)에 관한 설명으로 옳지 않은 것은?

① TAT 성인용 도판은 남성용, 여성용, 남녀공용으로 나누어진다.

② TAT는 대인관계상의 역동적인 측면을 파악하는 데 유용하다.

③ TAT는 준거조율전략(Criterion Keying Strategy)을 통해 개발되었다.

④ TAT 반응은 순수한 지각반응이 아닌 개인의 선행경험과 공상적 체험이 혼합된 통각적 과정이다.

핵심 키워드	• 주제통각 • TAT • 성격검사
기출 데이터	17년 기출

답 ③

과락을 피하는 해설

③ 준거조율전략(Criterion Keying Strategy)은 먼저 검사에서 준거로 사용할 집단을 구성해 놓고 어떤 문항에서 다른 집단보다 더 유의미하게 높은 점수를 받았는지 위주로 검사를 개발하는 접근법으로, 대표적인 검사로는 MMPI, MMPI-2가 있다.

① TAT는 30장의 흑백그림카드와 1장의 백지카드 등 총 31장으로 구성되어 있다. 그림카드 뒷면에는 공용도판, 남성공용도판(BM), 여성공용도판(GF), 성인공용도판(MF), 미성인공용도판(BG), 성인남성전용도판(M), 성인여성전용도판(12F), 소년전용도판(B), 소녀전용도판(G)으로 구분되어 있다.

② TAT는 투사적 검사로 자아와 환경관계 및 대인관계의 역동적 측면 등을 평가한다.

④ '통각(Apperception)'이란 '투사(Projection)'와 유사하지만 보다 포괄적인 의미를 가지며, '지각에 대한 의미 있는 해석'을 말한다. 즉, 통각은 지각에 의미가 부가되는 것으로, 외부세계에 대한 객관적인 지각과정에 주관적인 요소가 개입된 통합적인 인식과정으로 볼 수 있다.

유사문제 · 관련문제

주제통각검사(Thematic Apperception Test ; TAT)의 실시에 관한 설명으로 옳은 것은?   12, 18년 기출

① 수검자가 "이 사람은 남자인가요? 여자인가요?"라고 묻는 경우, 검사요강을 참고하여 성별을 알려준다.

② 자연스러운 반응을 위해, 수검자의 반응이 지나치게 피상적이고 기술적인 경우(예 소년이 바이올린 앞에 있다)라도 검사자가 개입해서는 안 되며, 다음 반응으로 넘어가야 한다.

③ 카드를 보여주고, 각 그림을 보면서 될 수 있는 대로 연극적인 장면을 만들어 보라고 지시한다.

④ 모든 수검자에게 24장의 카드를 전부 실시한다.

답 ③

049

MMPI-2의 타당도척도에 해당되지 않는 것은?

① S척도

② D척도

③ F(B)척도

④ 무응답척도

핵심 키워드	• MMPI • 타당도척도 • 임상척도
기출 데이터	17년 기출

답 ②

과락을 피하는 해설

MMPI-2의 타당도척도

• 응답태도를 평가하는 척도 : ?(무응답척도), VRIN, TRIN

• 비전형성을 평가하는 척도 : F, F(B), F(P)

• 방어성을 평가하는 척도 : L, K, S

더 알아두기

MMPI-2 타당도척도의 의미

구 분	척 도	내 용
무효반응	?(무응답)	피검자가 빠짐없이 문항에 응답을 했는지, 문장을 제대로 읽고 일관성 있게 응답하였는지를 탐지
	VRIN(무선반응 비일관성)	
	TRIN(고정반응 비일관성)	
과잉보고	F(비전형)	• 사람들이 일반적으로 반응하지 않는 방식으로 응답했는지에 대한 정보제공 • 과잉보고(Over-Reporting)의 경향성 탐색(증상인정)
	F(B) (비전형-후반부)	
	F(P) (비전형-정신병리)	
	FBS(증상타당도)	
과소보고	L(부인)	• 자신의 모습을 과도하게 긍정적으로 제시하고자 했는지에 대한 정보제공 • 과소보고(Under-Reporting)의 경향성 탐색(증상부인)
	K(교정)	
	S(과장된 자기제시)	

유사문제 · 관련문제

MMPI-2의 타당성척도에 대한 해석으로 옳지 않은 것은?　　　　　　　　　　　　　　　　16년 기출

① ? 점수가 100 이상일 때는 채점에서 제외시킨다.

② 방어성척도 중 L점수가 높으면 사소한 결점이나 약점을 인정하는 태도를 보인다.

③ 비전형척도 중 F점수는 보통 사람들과는 다른 생각(예 정신병을 가진 사람), 이상한 태도, 이상한 경험을 가진 사람에게서 낮아지는 경향이 있다.

④ 방어성척도 중 K점수가 낮으면 방어적 태도가 낮아져 과도하게 솔직하고 자기비판적임을 나타낸다.

답 ②,③

유사문제 · 관련문제

MMPI-2에서 타당성을 고려할 때 '?' 지표에 대한 설명으로 옳지 않은 것은?　　　　17, 19, 22, 23년 기출

① 각 척도별 '?' 반응의 비율을 확인해 보는 것은 유용할 수 있다.

② '?' 반응이 300번 이내의 문항에서만 발견되었다면 L, F, K척도는 표준적인 해석이 가능하다.

③ '?' 반응이 3개 미만인 경우에도 해당문항에 대한 재반응을 요청하는 등의 사전검토 작업이 필요하다.

④ '?' 반응은 수검자가 질문에 대해 답변을 하지 않을 경우뿐만 아니라 '그렇다'와 '아니다'에 모두 응답했을 경우에도 해당된다.

답 ②

유사문제 · 관련문제

MMPI-2의 타당도척도 중 비전형성을 측정하는 척도에서 증상타당성을 의미하는 척도는?　　17, 21년 기출

① TRIN

② FBS

③ F(P)

④ F

답 ②

050

다음 중 MMPI 코드쌍의 해석적 의미로 옳지 않은 것은?

① 4-9 - 행동화적 경향이 높다.

② 1-2 - 다양한 신체적 증상에 대한 호소와 염려를 보인다.

③ 2-6 - 전환증상을 나타낼 경우가 많다.

④ 3-8 - 사고가 본질적으로 망상적일 수 있다.

핵심 키워드	• MMPI • 코드쌍 • 해석적 의미
기출 데이터	11, 13, 16, 22, 24년 기출

답 ③

과락을 피하는 해설

'전환(Conversion)'은 개인의 무의식적 · 심리적 갈등이 신체증상으로 나타나는 경향을 말하는 것으로, 특히 신체형장애 (Somatoform Disorders)의 하위분류 중 전환장애(Conversion Disorder)와 연관된다. MMPI의 임상척도에서는 심기증척 도에 해당하는 척도 1 Hs(Hypochondriasis)와 결부되며, 특히 1-2 또는 1-3의 코드쌍에서 나타난다.

더 알아두기

MMPI 코드쌍의 해석적 의미

코드쌍	해석적 의미
1-2 또는 2-1 (Hs & D)	• 신체기능에 몰두함으로써 수반되는 다양한 신체적 증상에 대한 호소와 염려를 보인다. • 정서적으로 불안감과 긴장감을 느끼며 감정표현에 어려움이 있다. • 보통 내향적인 성격을 가지고 있으며, 다른 사람과의 관계에 있어서 수동적 · 의존적인 양상을 보인다. • 사소한 자극에도 쉽게 안정을 잃고, 의심과 경계심을 품는다. • 억압과 신체화 방어를 통해 스스로 신체적 불편함을 견디려 하므로 정신적 치료를 통한 변화에의 동기가 부족하다. • 신체형장애(Somatoform Disorders), 불안장애(Anxiety Disorders)의 진단이 가능하다.
2-6 또는 6-2 (D & Pa)	• 심각한 정서적 어려움을 겪고 있는 정신병 초기의 환자에게서 종종 나타난다. • 평소 우울한 상태에 있으며, 그러한 우울한 감정에는 분노와 적개심이 내재해 있다. • 보통의 우울증 환자와 달리 자신의 공격성을 공공연하게 드러낸다. • 타인의 친절을 거부하고 곧잘 시비를 걸며, 보통의 상황에 대해 악의적인 해석을 내린다. • 편집증적 경향이 현저하게 나타나기도 한다.
3-8 또는 8-3 (Hy & Sc)	• 심각한 불안과 긴장, 우울감과 무기력감을 호소한다. • 주의력장애 및 집중력장애, 지남력 상실, 망상 및 환각 등의 사고장애를 보인다. • 정서적으로 취약하고 다른 사람에 대해 애정과 관심의 욕구를 가진다. • 자신의 욕구가 좌절되는 경우 자기 처벌적인 양상을 보이며, 상동증적 방식으로 문제에 접근한다. • 과도한 정신적 고통이 두통이나 현기증, 흉통, 위장장애 등의 신체적 증상으로 나타나기도 한다. • 정신분열증(Schizophrenia), 신체형장애(Somatoform Disorders)의 진단이 가능하다.

4-9 또는 9-4 (Pd & Ma)	• 재범 우려가 있는 범죄자나 신체노출 · 강간 등의 성적 행동화를 보이는 사람, 결혼문제나 법적 문제 등에 연루된 사람에게서 종종 나타난다. • 충동적 · 반항적 성격과 함께 과격하고 공격적인 행동을 특징으로 한다. • 일시적으로 다른 사람에게 좋은 인상을 주기도 하지만, 자기중심적 성향과 다른 사람에 대한 불신으로 대 인관계가 피상적이다. • 자신의 행동에 대해 무책임하여 신뢰감을 주지 못하며, 사회적 가치를 무시하여 반사회적 범죄행위를 저 지르기도 한다. • 합리화의 방어기제를 사용하여 자신의 문제를 외면하며, 실패의 원인을 다른 사람에게 전가하기도 한다. • 반사회성성격장애(Antisocial Personality Disorder)의 진단이 가능하다.

유사문제 · 관련문제

다면적인성검사(MMPI)의 임상척도 중 0(Si)척도가 상승한 경우 함께 상승할 가능성이 높은 척도들로 짝지어진 것은? 12년 기출

① 2(D), 7(Pt)
② 9(Ma), 4(Pd)
③ 1(Hs), 3(Hy)
④ 6(Pa), 8(Sc)

답 ①

유사문제 · 관련문제

MMPI-2에서 89/98 상승척도쌍을 보이는 사람들의 특징이 아닌 것은? 17년 기출

① 과잉활동적이고 정서적으로 불안정하다.
② 사회적인 기준이나 가치를 지나치게 무시하고, 자신의 이익을 위해 사람들을 이용하는 경향이 있다.
③ 다른 사람들에게 다소 자기중심적이고 유아적인 기대를 한다.
④ 성취 욕구가 강하고 성취에 대한 압박감을 느끼지만, 그들의 실제 수행은 기껏해야 평범한 수준인 경우가 많다.

답 ②

지능에 대한 설명으로 옳지 않은 것은?

① 비네(A. Binet)는 정신연령(Mental Age)이라는 용어를 사용하였다.

② 지능이란 인지적, 지적 기능의 특성을 나타내는 불변개념이다.

③ 새로운 환경 및 다양한 상황을 다루는 적응과 순응에 관한 능력이다.

④ 결정화된 지능은 문화적, 교육적 경험에 따라 영향을 받는다.

핵심 키워드	• 지 능 • 적응능력 • 학습능력 • 종합적 능력
기출 데이터	20, 24년 기출

답 ②

과락을 피하는 해설

지능의 정의

• 적응능력
  - 지능은 전체 환경에 대한 적응력이자, 생활상의 새로운 문제와 상황에 대처하는 정신적 적응력이다.
  - 지능이 높은 사람은 새로운 환경의 변화에 비교적 잘 적응하는 반면, 지능이 낮은 사람은 잘 적응하지 못하는 양상을 보인다.
  - 주요학자 : 피아제(Piaget), 스턴(Stern), 핀트너(Pintner) 등

• 학습능력
  - 지능은 교육을 받을 수 있는 능력 또는 유익한 것을 학습할 수 있는 능력이다.
  - 지능이 높은 사람은 학습할 수 있는 능력이 높은 반면, 지능이 낮은 사람은 학습할 수 있는 능력이 낮다.
  - 주요학자 : 게이츠(Gates), 디어본(Dearborn) 등

• 총합적 · 전체적 능력
  - 지능은 어떠한 목적을 향해 합리적으로 행동하고 체계적으로 사고하며, 환경을 효과적으로 다루는 유기체의 종합적인 능력이다.
  - 지능이 높은 사람은 학습능력, 적응능력, 추상적 사고능력 등을 통해 성공적인 생활을 영위할 수 있다.
  - 주요학자 : 웩슬러(Wechsler) 등

유사문제 · 관련문제

다음 중 웩슬러(Wechsler)가 제시한 지능의 정의에 해당되는 것은?   11년 기출

① 지능은 판단하고 이해하고 추론하는 능력이다.

② 지능은 목표를 가지고 행동하고 합리적으로 사고하며, 환경을 효과적으로 다룰 수 있는 능력의 집합이다.

③ 지능은 유전자에 의해 전수되는 타고난 능력이다.

④ 사회문화적 경험이나 조건형성된 능력으로서 적응능력을 말한다.

답 ②

유사문제 · 관련문제

지능이론가와 그 주장이 잘못 짝지어진 것은?   15년 기출

① 스피어만(Spearman) – 지능의 일반요인과 특수요인

② 써스톤(Thurstone) – 지능은 인지, 정서, 의의적 측면을 모두 포함하는 전체적인 능력

③ 길포드(Guilford) – 지능구조의 3차원모델

④ 카텔(Cattell) – 유동적 지능과 결정적 지능

답 ②

MMPI 타당도척도 중 L과 K척도는 T점수로 50에서 60 사이이고, F척도는 70 이상인 점수를 얻은 사람의 특징으로 적합한 것은?

① 지나친 방어적 태도 때문에 면담하기 어려운 사람이다.

② 감정을 억제하고 있으며, 행동을 적절하게 통제하고 있다.

③ 경험하는 스트레스의 정도가 미미하며, 사회적 상황에 효율적으로 대처하는 사람이다.

④ 자신의 문제를 인정하는 동시에 그런 문제와 관련하여 자신을 방어하려고 애쓰는 사람이다.

핵심 키워드	• MMPI • 타당도척도 • 삿갓형
기출 데이터	17년 기출

답 ④

과락을 피하는 해설

④ 삿갓형(L, K = 50~60, F ≥ 70) : 자신의 문제를 인정하지만, 이러한 문제에 대해 자신을 방어한다.

더 알아두기

삿갓형 타당도척도의 해석

• F척도(비전형척도, Infrequency)는 비전형적인 방식으로 응답하는 사람들을 탐지하기 위한 것으로서, 어떠한 생각이나 경험이 일반 대중의 그것과 다른 정도를 측정한다. F척도 점수가 높을수록 수검자는 대부분의 정상적인 사람들이 하는 것처럼 반응하지 않으며 그가 가지고 있는 문제영역이 많고 문제의 정도가 심각한 것을 나타낸다.

• K척도(교정척도, Correction)는 수검자가 자신을 바람직한 방향으로 왜곡하여 좋은 인상을 주려고 하는지 혹은 검사에 대한 저항의 표시로 나쁜 인상을 주려고 하는지 파악하는 데 유효하다. K척도 점수가 높을수록 수검자의 정신병리에 대한 방어 또는 억압 성향을 나타내며, 평균 수준으로 낮은 경우 솔직하고 자기 비판적인 성향을 나타낸다. 다만, K척도가 35T(또는 40T) 이하로 과도하게 낮은 경우 자신의 단점을 과장하거나 심각한 정서적 장애를 가지고 있는 것으로 왜곡하려는 성향을 의심할 수 있다.

• 임상장면에서는 L척도와 K척도가 50T 이하, F척도가 60T 이상인 타당도척도 형태를 자주 보게 되는데, 이는 수검자가 자신의 신체적 · 정서적 곤란을 인정하는 한편, 이를 자신의 능력만으로 해결하기 어려운 상태임을 반영한다.

MMPI 타당도척도가 정적기울기(L척도는 F척도보다 낮고, F척도는 K척도보다 낮음)를 그릴 때 적절하지 못한 해석은?

07년 기출

① 현재 어떤 심한 갈등이나 스트레스 같은 것을 겪고 있지 않는 정상적인 사람에게서 전형적으로 볼 수 있는 형태이다.

② 이 형태에서 K척도의 높이는 그 사람이 속하는 참조집단에 따라 올라가거나 내려갈 수 있다.

③ 이 형태의 경우 임상척도들은 정상범위 내에서 모두 높아지는 경향이 있다.

④ 입사지원자, 상담직 종사자, 교도소 재소자 등에서 이 같은 타당도척도 형태를 보이는 경우가 많다.

답 ③

MMPI 타당도척도에서 F척도는 상승해 있고, L척도는 보통 수준이며, K척도가 낮은 경우의 피검자 특성과 가장 거리가 먼 것은?

12년 기출

① 피검자는 솔직하고 자기 비판적이다.

② 심리적으로 단순하여 상황에 지나치게 감정적으로 대응하는 편이다.

③ 다소 도덕적으로 엄격하고 심리적으로 융통성이 없다.

④ 혼자 있기를 좋아하는 편으로 많은 심리적 문제를 인정하고 있다.

답 ②

80세 이상의 노인집단용 규준이 마련되어 있는 심리검사는?

① K-WAIS

② K-WAIS-IV

③ K-Vineland-II

④ SMS(Social Maturity Scale)

핵심 키워드	• 80세 이상 • 노인집단용 규준 • 심리검사
기출 데이터	17, 21년 기출

답 ③

과락을 피하는 해설

K-Vineland-II

• 사회적응행동을 평가하는 검사이다.

• 검사대상 : 0세~99세

• 미국의 'Vineland Maturity'를 1985년 국내 실정에 맞게 표준화한 사회성숙도(SMS) 검사의 제한점을 개선하기 위해 새로운 규준을 마련하고 문항이 다시 수정된 검사이다.

• 적응행동이란 일상적인 활동의 수행에 요구되는 개인적 · 사회적 능력 또는 타인의 요구에 적절히 대처하고 일상생활에 책임을 다할 수 있는 능력으로 정의, 적응행동에 결함이 있으면 개인의 전반적인 기능과 학습, 행동이 제한되고 해당연령에 사회문화적으로 기대되는 성숙, 학습, 독립성, 사회적 책임감 등을 발휘하는 데 제한이 생긴다.

• 적응행동 평가는 장애인(특히 지적장애인)과 같은 적응행동에 상당한 제한이 있는 사람들뿐만 아니라 다양한 장애(발달장애, 학습장애, 청각 및 시각장애, ADHD, 정서 및 행동장애, 다양한 유전적 장애 등)의 임상적 진단에 사용될 수 있고, 장애가 없는 개인의 적응수준을 평가하는 데 도움이 된다.

유사문제 · 관련문제

시각-운동통합검사(K-VMI-6)에 관한 설명으로 가장 적합한 것은?   17년 기출

① BGT에 비해 전반적으로 문항의 난이도가 높다.

② BGT에 비해 전반적으로 문항의 난이도가 낮다.

③ 사용대상 연령은 만 2~5세까지로 대상연령의 폭이 비교적 좁다.

④ 만 2세에서부터 노인에 이르기까지 폭넓은 연령에서 실시할 수 있다.

답 ④

MMPI에서 2, 7 척도가 상승한 패턴을 가진 피검자의 특성으로 옳지 않은 것은?

① 행동화(Acting-out) 성향이 강하다.

② 정신치료에 대한 동기는 높은 편이다.

③ 자기비판 혹은 자기처벌적인 성향이 강하다.

④ 불안, 긴장, 과민성 등 정서적 불안 상태에 놓여 있다.

핵심 키워드	• MMPI • 2, 7 척도 상승 • 7, 2 척도 상승
기출 데이터	17, 22, 23년 기출

답 ①

과락을 피하는 해설

'2-7' 상승척도쌍 피검자의 특성

• 불안하고 초조하고 긴장, 걱정을 많이 하며, 일이 일어나기도 전에 미리 염려

• 사소한 스트레스에도 과도하게 반응

• 강박사고와 강박행동을 보고

• 피로감, 피곤함, 소진감

• 비관적이고 희망이 없다고 느끼며, 미성숙하며 성취하고 싶은 욕구 및 그런 성취를 통해 인정받고 싶은 강한 욕구

• 자신에게 상당히 많은 것을 기대하며 목표 달성에 실패하면 죄책감을 느낌

• 수동-의존적이며 자기주장을 내세우는 것도 힘들어함

• 불안장애, 우울증, 강박장애 진단

MMPI-2에서 4-6척도가 상승한 사람의 특징일 가능성이 가장 적은 것은?   16년 기출

① 항상 긴장되어 있고 다양한 신체적 증상을 나타낼 가능성이 높다.

② 분노와 적개심이 억제되어 있을 가능성이 높다.

③ 타인에 대한 불신감이 많을 가능성이 높다.

④ 권위적 대상(Authority Figure)과의 관계에서 문제가 발생할 가능성이 높다.

답 ①

MMPI-2에서 89/98 상승척도쌍을 보이는 사람들의 특징이 아닌 것은?   17년 기출

① 과잉활동적이고 정서적으로 불안정하다.

② 사회적인 기준이나 가치를 지나치게 무시하고, 자신의 이익을 위해 사람들을 이용하는 경향이 있다.

③ 다른 사람들에게 다소 자기중심적이고 유아적인 기대를 한다.

④ 성취욕구가 강하고 성취에 대한 압박감을 느끼지만, 그들의 실제수행은 기껏해야 평범한 수준인 경우가 많다.

답 ②

055

신경심리검사에 대한 설명으로 옳은 것은?

① 브로카(Broca)와 베르니케(Wernicke)는 실행증 연구에 뛰어난 업적을 남겼으며, 벤톤(Benton)은 임상신경심리학의 창시자라고 할 수 있다.

② X레이, MRI 등 의료적 검사결과가 정상으로 나온 경우에는 신경심리검사보다는 의료적 검사결과를 신뢰하는 것이 타당하다.

③ 신경심리검사는 고정식(Fixed) Battery와 융통식(Flexible) Battery 접근이 있는데, 두 가지 접근 모두 하위검사들이 독립적인 검사들은 아니다.

④ 신경심리검사는 환자에 대한 진단, 환자의 강점과 약점, 향후 직업능력의 판단, 치료계획, 법의학적 판단, 연구 등에 널리 활용된다.

핵심 키워드	• 신경심리학 • 신경심리검사 • 인구통계 및 심리사회적 배경
기출 데이터	21, 23, 24년 기출

🔳 ④

과락을 피하는 해설

④ 신경심리검사는 일차적 진단도구로 사용하는 데는 한계가 있지만, 환자의 상태를 예측하고 진단하는 데 도움을 주며 널리 활용될 수 있다.

① 브로카와 베르니케(Broca & Wernicke)는 실어증 연구에 뛰어난 업적을 남겼다. 또한 임상신경심리학은 1936년 라슐리(Lashley)가 심리학에 도입하여 사용하기 시작하였고, 이후 미국의 할스테드와 라이탄(Halstead & Reitan), 구소련의 루리아(Luria) 등이 발전시켰다.

② 신경심리검사는 신경영상기법의 첨단장비로 탐지해 낼 수 없는 미세한 초기의 장애를 탐지해 낼 수 있고, 뇌 행동관계의 기능적 측면에 대한 세부적 정보를 평가할 수 있도록 하므로 의료적 검사와 함께 유효하게 사용된다.

③ 융통식(Flexible) 배터리 접근은 검사 조건에 따라 총집 형태로 사용할 수도 있고, 각 검사를 독립적인 개별 검사로도 사용할 수 있다.

유사문제 · 관련문제

신경심리평가 시 고려해야 할 사항과 가장 거리가 먼 것은?   12, 19, 24년 기출

① 손상 후 경과시간
② 교육수준
③ 연 령
④ 성 별

답 ④

유사문제 · 관련문제

다음 중 신경심리검사에 관한 설명으로 옳지 않은 것은?   12년 기출

① 가벼운 초기 뇌손상의 진단에는 효과적이지 못하다.
② 치료효과 및 회복과정을 진단해 줄 수 있다.
③ 우울장애와 치매상태를 감별해 줄 수 있다.
④ 특정 인지기능평가를 위한 단일 신경심리검사가 선호되는 추세이다.

답 ①

유사문제 · 관련문제

신경심리검사의 목적에 관한 설명으로 옳지 않은 것은?   13, 18년 기출

① 기질적, 기능적 장애의 감별진단에 유용하다.
② 재활과 치료평가 및 연구에 유용하다.
③ CT나 MRI와 같은 뇌영상기법에서 이상소견이 나타나지 않을 때 유용할 수 있다.
④ 기능적 장애의 원인을 판단하는 데 도움이 된다.

답 ④

유사문제 · 관련문제

신경심리검사의 해석에 관한 설명으로 옳은 것은?   17년 기출

① 반응의 질적 측면은 해석에서 배제된다.
② 피검사자의 정서적 및 성격적 특징은 해석에서 고려되지 않는다.
③ 과제에 접근하는 방식과 검사자와의 상호작용 양상도 해석적 자료가 된다.
④ 과거의 기능에 관한 정보는 배제하고 현재의 기능에 초점을 맞추어 평가한다.

답 ③

056

MMPI에 관한 설명으로 옳지 않은 것은?

① 수검자에 대한 행동평가가 가능하다.
② 수검자의 방어기제를 잘 알 수 있다.
③ 결과에 대한 정신역동적 해석이 가능하다.
④ 수검자의 성격 전반에 대한 이해가 가능하다.

핵심 키워드	• MMPI • 방어기제 • 성격검사
기출 데이터	17, 24년 기출

답 ①

과락을 피하는 해설

MMPI(Minnesota Multiphastic Personality Inventory)

• 세계적으로 가장 널리 쓰이고 가장 많은 연구가 진행된 객관적 성격검사도구이다.
• 1943년 하더웨이와 매킨리(Hathaway & McKinley)에 의해, 비정상적인 행동과 증상을 객관적으로 측정하여 임상진단에 관한 정보를 제공해 주는 것을 목적으로 개발되었다.
• 이후 진단적 · 병리적 분류의 개념이 정상인의 행동을 설명하는 데에도 유효하다는 전제하에 일반적 성격특성을 유추하기 위한 용도로도 사용된다.
• 수검자의 성격적 특징을 보다 정확히 반영하기 위해 수검자가 검사 문항에 솔직하게 반응하는지, 의도적으로 좋게 또는 나쁘게 보이려고 하는지 파악한다.

더 알아두기

검사 실시상의 유의사항

• 수검자가 MMPI에 제대로 응답할 수 있는가의 여부를 결정해야 하며, 수검자의 독해력, 연령, 지능수준, 임상적인 상태 등을 고려해야 한다.
• 검사 소요시간은 보통 60~90분 정도이다.
• 검사는 가급적 검사자가 지정하는 곳에서 검사자의 감독하에 실시하는 것이 바람직하다.
• 검사 실시 전 검사의 목적, 결과의 용도, 누가 이 결과를 보게 되는가, 그리고 결과의 비밀보장 등에 대해 솔직하고 성실하게 설명해 준다.
• 수검자의 검사에 대한 제반 질문에 친절하게 답변함으로써 수검자의 협조를 얻도록 노력한다.
• 검사 도중 검사자는 수검자에게 방해되지 않도록 한두 번 정도 검사진행을 확인할 필요가 있다.
• 검사 실시와 함께 보호자나 주변인물과의 면접을 실시함으로써 수검자에 대한 생활사적 정보와 수검자의 현 상태에 대한 객관적인 정보를 얻는 것이 필요하다.
• 마지막으로 실시한 검사를 채점한 후에 다시 수검자와 면접을 실시해야 한다.

유사문제 · 관련문제

MMPI에서는 검사의 신뢰성과 타당성을 높여주기 위한 통계적 조작으로 몇몇 척도에 대해 K원점수 비율을 더해주는데, 다음 중 K교정점수를 더해주는 척도는 무엇인가?   14년 기출

① L척도
② D척도
③ Si척도
④ Pt척도

답 ④

유사문제 · 관련문제

MMPI와 같은 임상성격검사를 실시하고 해석할 때 고려할 사항으로 가장 거리가 먼 것은?   15년 기출

① 검사를 실시하기 전에 충분한 관계형성을 시도해야 한다.
② 보호자나 주변인물과의 면접을 통한 정보를 획득해야 한다.
③ 실시한 검사를 채점한 후에 다시 수검자면접을 실시해야 한다.
④ 검사의 지시는 가능하면 간결할수록 좋다.

답 ④

유사문제 · 관련문제

MMPI를 실시하고 해석할 때 주의해야 할 점으로 가장 적합한 것은?   15년 기출

① 피검자의 독해력, 학력수준 혹은 지능수준을 사전에 알고 있어야 한다.
② 응답하지 않은 문항도 채점되므로, 사전에 "가급적 모든 문항에 다 응답하라"고 지시해서는 안 된다.
③ 피검자가 문항의 의미에 관해 주관적인 기준에 의해 판단하지 않도록 모호한 문항내용에 대해서는 사전에 명확한 기준을 제시해 주어야 한다.
④ MMPI는 성격특성을 평가하는 인성검사이므로 성별에 관한 정보는 그리 중요하지 않다.

답 ①

057

두정엽의 병변과 가장 관련이 있는 장애는?

① 구성장애
② 시각양식의 장애
③ 청각기능의 장애
④ 고차적인 인지적 추론의 장애

핵심 키워드	• 두정엽 • 구성장애
기출 데이터	13, 17, 22, 23년 기출

답 ①

과락을 피하는 해설

구성장애(또는 구성실행증, Constructional Apraxia)

• 두정엽 또는 마루엽(Parietal Lobe)은 대뇌피질의 윗부분 중앙에 위치하며, 이해의 영역으로서 공간지각, 운동지각, 신체의 위치판단 등을 담당한다. 특히 신체 각 부위의 개별적인 신체표상을 비롯하여 입체적·공간적 사고, 수학적 계산 및 연상기능 등을 수행한다.

• '구성장애 또는 구성실행증'은 1차원 및 2차원의 자극을 토대로 2차원 또는 3차원으로 된 대상이나 형태를 구성하는 능력에서 결함을 나타내는 장애이다.

• 지각적 결함과도 밀접하게 연관되어 있는 것으로 알려져 있다. 특히 우측 두정엽에 병변이 있는 환자의 경우 지형학적 사고와 기억손상 등의 시공간적 장애를 보이기도 하며, 개별적 특징들을 전체로 통합하여 재인하지 못하는 지각적 단편화와 함께 특이한 각도로 제시되는 대상을 재인하지 못하는 지각적 분류장해를 보이기도 한다.

• 수학적 개념과 문제풀이 능력을 보유하고 있음에도 불구하고 공간적 관계에 따라 수를 조작하는 데 어려움을 보이는 '계산부전증 또는 난산증(Dyscalculia)'을 보이기도 한다. 이와 같은 장해 및 증상들은 구성적 결함 또는 구성능력의 손상과 밀접하게 연관되어 있다.

유사문제·관련문제

다음 중 뇌손상 환자의 병전 지능수준을 추정하기 위한 자료와 가장 거리가 먼 것은?　13, 19, 21년 기출

① 교육수준, 연령, 성별과 같은 인구학적 자료
② 웩슬러지능검사에서 상황적 요인에 의해 잘 변화하지 않는 소검사 점수
③ 이전의 암기력 수준, 혹은 웩슬러지능검사에서 기억능력을 평가하는 소검사 점수
④ 이전의 직업기능 수준 및 학업성취도

답 ③

유사문제·관련문제

다음 중 뇌손상으로 인해 기능이 떨어진 환자를 평가하고자 할 때 흔히 부딪힐 수 있는 환자의 문제와 가장 거리가 먼 것은?

11, 13, 20년 기출

① 시력장애
② 주의력 저하
③ 동기 저하
④ 피 로

답 ①

058

집단용지능검사의 특징으로 옳은 것은?

① 개인용검사에 비해 임상적인 유용성이 높다.

② 선별검사(Screening Test)로 사용하기에 적합하다.

③ 대규모 실시로 실시와 채점, 해석이 상대적으로 어렵다.

④ 개인용검사에 비해 지적 기능을 보다 신뢰성 있게 파악할 수 있다.

핵심 키워드	• 집단용 • 지능검사 • 시간 · 비용절감
기출 데이터	05, 07, 10, 17년 기출

답 ②

과락을 피하는 해설

① 개인용검사에 비해 임상적인 유용성이 낮다.

③ 검사의 실시와 채점, 해석이 간편하며, 상대적으로 시간 및 비용을 절감할 수 있다.

④ 개인용검사에 비해 지적 기능을 보다 신뢰성 있게 파악할 수 없다.

개인용지능검사와 집단용지능검사

구 분	항 목
개인용지능검사	• 수검자 한 사람을 대상으로 검사를 실시하도록 되어 있는 검사를 말한다. • 개인용지능검사에서는 수검자의 행동을 빠짐없이 관찰할 수 있으므로 수검자의 심리상태나 결함 혹은 장점을 파악하는 데 도움이 된다. • 상대적으로 높은 신뢰성과 타당성, 임상적인 유용성을 기대할 수 있다. • 실시의 복잡성, 검사자를 위한 고도의 훈련과 기술의 요구, 오랜 검사시간 등의 단점이 있다.
집단용지능검사	• 한 번에 여러 사람에게 동시에 실시할 수 있도록 구성되어 있는 검사를 말한다. • 검사의 실시와 채점, 해석이 간편하며, 상대적으로 시간 및 비용을 절감할 수 있다. • 선별검사로 사용하기에 적합하다. • 검사장면에서 발생할 수 있는 여러 가지 오차요인을 통제하기 곤란하므로 신뢰성이 떨어지며, 개인용지능검사에 비해 임상적인 유용성이 낮다는 단점이 있다.

유사문제 · 관련문제

지능검사를 집단으로 실시하는 경우에 관한 설명으로 옳지 않은 것은?   16년 기출

① 전산화심리검사로 개발되어 사용될 수 있다.

② 검사실시자의 훈련이 쉽다.

③ 개인의 특수한 행동에 관한 정보를 수집하기 쉽다.

④ 수검자의 일시적인 상태를 충분히 고려하지 못한다.

답 ③

059

검사자가 지켜야 할 윤리적 의무로 옳지 않은 것은?

① 검사과정에서 피검자에게 얻은 정보에 대해 비밀을 보장할 의무가 있다.

② 자신이 다루기 곤란한 어려움이 있을 때는 적절한 전문가에게 의뢰하여야 한다.

③ 자신이 받은 학문적인 훈련이나 지도받은 경험의 범위를 벗어난 평가를 해서는 안 된다.

④ 피검자가 자해행위를 할 위험성이 있어도 비밀보장의 의무를 지켜야 하므로 누구에게도 알려서는 안 된다.

핵심 키워드	• 검사윤리 • 검사자의 윤리 • 비밀유지
기출 데이터	14, 22년 기출

답 ④

과락을 피하는 해설

검사의 적절한 활용을 위한 윤리

• 검사자는 자신의 능력 범위 안에서 사용할 수 있는 검사만을 사용해야 한다.

• 자신의 능력 범위를 벗어난다고 판단되면, 다른 전문가의 의견을 구하거나 의뢰하여야 한다.

• 피검자는 검사를 받을 때, 어떤 검사를 어떤 목적으로 받고 있고, 이 결과가 어떻게 사용될 것인지에 대해 설명을 들을 권리가 있다. 이에 검사자는 피검자에게 검사를 받거나 거부할 권리가 있음을 알려야 하고 검사실시에 대한 동의를 받아야 한다.

• 검사를 평가하는 평가자는 부족한 능력을 보완하기 위해 세미나나 워크숍에 참석해야 한다.

• 심리검사 결과가 피검자 자신이나 타인, 의뢰기관 등에 불리한 결과를 초래할 수 있을 경우, 이에 대해 검사자는 전문가의 양심과 윤리규정에 입각하여 정확하고 공정한 판단을 내려야 한다.

유사문제 · 관련문제

다음 중 검사윤리에 관한 설명으로 옳지 않은 것은?　　　　　13년 기출

① 제대로 자격을 갖춘 검사자만이 검사를 사용해야 한다.

② 일정한 자격을 갖춘 사람만이 심리검사를 구매할 수 있다.

③ 쉽게 이해할 수 있고 검사 목적에 맞는 용어로 검사결과를 제시하는 것이 좋다.

④ 검사결과는 어떠한 경우라도 사생활보장과 비밀유지를 위해 수검자 본인에게만 전달되어야 한다.

답 ④

유사문제 · 관련문제

심리평가와 관련된 윤리로 보기 어려운 것은?　　　　　17, 24년 기출

① 가능하면 최근에 제작된 검사를 사용해야 한다.

② 심리검사를 구매하는 데도 일정한 자격이 필요하다.

③ 수검자 외의 어떠한 사람에게도 검사결과를 알려서는 안 된다.

④ 검사결과는 수검자가 이해할 수 있는 방식으로 설명해야 한다.

답 ③

060

특정 학업과정이나 직업에 대한 앞으로의 수행능력이나 적응을 예측하는 검사는?

① 적성검사   ② 지능검사

③ 성격검사   ④ 능력검사

핵심 키워드	• 적성검사 • 수행능력 및 적응 • 잠재력
기출 데이터	17, 22년 기출

답 ①

과락을 피하는 해설

적성검사

- 적성은 일반적 지식이나 특수한 기술을 습득하고 숙달할 수 있는 개인의 잠재력을 의미한다.
- 적성검사는 학업성취와 관련된 학업적성, 직업활동과 관련된 직업적성/사무적성, 기계적성, 음악적성, 미술적성, 언어적성, 수공적성, 수리적성 등의 특수적성으로 세분된다.
- 적성검사는 인지적 검사로 개인의 특수한 능력 또는 잠재력을 발견하도록 하여 학업이나 취업 등의 진로결정에 대한 정보 및 미래 성공가능성을 예측한다.
- 지능보다 특수하고 광범위한 능력을 측정한다.
- 일반적성검사(GATB), 차이적성검사(DAT)

유사문제 · 관련문제

다음 (   ) 안에 들어갈 알맞은 것은?　　　　　　　　　　　　　　　　　　　　　　08, 11년 기출

지능검사가 개인의 일반적인 능력을 측정하는 것이라면, (   )는 특정 학업과정이나 직업에 대한 앞으로의 수행능력과 적응도를 예측하는 검사를 말한다.

① 창의성검사　　　　　② 성취도검사　　　　　③ 적성검사　　　　　④ 발달검사

답 ③

유사문제 · 관련문제

적성검사에 대한 설명으로 옳지 않은 것은?　　　　　　　　　　　　　　　　　　　　17년 기출

① GATB는 대표적인 진로적성검사이다.
② 적성검사는 개인의 직업선택에도 활용된다.
③ 적성과 지능은 측정하는 구성요인이 서로 겹치지 않는다.
④ 적성검사는 하나의 검사로 다양한 능력영역을 측정할 수 있는 이점이 있다.

답 ③

제4과목　**임상심리학**

061

인지치료에 대한 설명으로 옳지 않은 것은?

① 개인의 문제는 잘못된 전제나 가정에 바탕을 둔 현실왜곡에서 비롯된다.

② 개인이 지닌 왜곡된 인지는 학습상의 결함에 근거를 둔다.

③ 부정적인 자기개념에서 비롯된 자동적 사고들은 대부분 합리적인 사고들이다.

④ 치료자는 왜곡된 사고를 풀어주고 보다 현실적인 방식들을 학습하도록 도와준다.

핵심 키워드	• 인지치료 • 잘못된 전제나 가정 • 현실왜곡 • 자동적 사고
기출 데이터	14, 17년 기출

답 ③

과락을 피하는 해설

자동적 사고(Automatic Thoughts)

정서적 반응으로 이끄는 특별한 자극에 의해 유발된 개인화된 생각으로, 노력 혹은 선택 없이 자발적으로 일어나며, 사람들이 자신의 경험으로부터 생성한 신념과 가정을 반영하고 있다. 이에 심리적 장애를 가진 사람들의 자동적 사고는 흔히 왜곡되거나 극단적이거나 부정확하다.

자동적 사고의 식별방법

• 감정변화 인식하기(감정변화 즉시 질문하기)

• 심리교육하기

• 안내에 따른 발견

• 사고기록지 작성하기

• 심상(Imagery) 활용하기(생활사건 생생하게 떠올리기)

• 역할극 활용하기

• 체크리스트 활용하기

인지치료에서 강조하는 내용과 가장 거리가 먼 것은?   11년 기출

① 내담자로 하여금 자신의 신념들을 파악하게 한다.

② 내담자의 비합리적 생각을 변화시키기 위하여 논리적인 분석을 한다.

③ 내담자의 미해결된 과제를 '지금-여기'서 해결하도록 조력한다.

④ 내담자는 자기의 문제를 이해하고 해결할 수 있는 자각능력과 의식기능을 가지고 있으므로 지시적이고 능동적이며 구조적 접근을 실시한다.

답 ③

다음 보기에서 설명하고 있는 치료법은?   15년 기출

> 적정 체중에 미달되는데도 자신이 과체중이고 비만이라고 생각해서 음식을 거부하는 사람에 대해, 극단적인 흑백사고와 파국적 사고 등의 인지왜곡에 대한 접근을 시도하고 문제해결접근, 그리고 체계적 둔감화와 같은 방법을 포함하는 치료방법이다.

① 정신분석
② 인간중심치료
③ DBT
④ 인지행동치료

답 ④

062

임상심리학자로서 지켜야 할 내담자에 대한 비밀보장에 관한 설명으로 옳지 않은 것은?

① 일반적으로 상담과정에서 내담자에 대해 알게 된 사실을 다른 사람들에게 말하면 안 된다.

② 아동 내담자의 경우에도 아동에 관한 정보를 부모에게 알려서는 안 된다.

③ 자살 우려가 있는 경우 내담자의 비밀을 지키는 것보다는 가족에게 알려 자살예방조치를 취하는 것이 더 중요하다.

④ 상담 도중 알게 된 내담자의 중요한 범죄사실에 대해서는 비밀을 지킬 필요가 없다.

핵심 키워드	• 치료관계 • 내담자 정보 • 비밀보장
기출 데이터	11, 21년 기출

답 ②

과락을 피하는 해설

비밀보장 예외규정(한국심리학회 윤리강령 규정)
• 필요한 전문적 서비스를 제공하기 위한 경우
• 적절한 전문적 자문을 구하기 위한 경우
• 내담자, 심리학자 또는 그 밖의 사람들을 상해로부터 보호하기 위한 경우
• 내담자로부터 서비스에 대한 비용을 받기 위한 경우

유사문제 · 관련문제

치료관계에서 얻은 내담자의 정보에 대한 비밀보장의 예외적인 경우에 해당하지 않는 것은?　　17년 기출

① 자해의 위험성이 있는 경우

② 제3자에게 위해가 가해질 우려가 있는 경우

③ 감염성 질병이 있는 경우

④ 내담자에게 알리지 않고 내담자의 정보를 책에 인용한 경우

답 ④

유사문제 · 관련문제

임상심리학자의 법적 · 윤리적 책임에 관한 설명으로 옳지 않은 것은?　　12, 20년 기출

① 임상심리학자의 직업수행에는 공적인 책임이 따른다.

② 어떠한 경우에도 내담자의 비밀은 보장해야 한다.

③ 내담자 사생활의 부당한 침해를 방지하기 위해 노력해야 한다.

④ 내담자, 피감독자, 학생, 연구참여자들을 성적으로 악용해서는 안 된다.

답 ②

정신상태검사(Mental Status Examination) 면접에서 환자를 통해 평가하는 항목이 아닌 것은?

① 외모와 태도
② 지남력
③ 정서의 유형과 적절성
④ 가족관계

핵심 키워드	• 정신상태검사 • 면 접 • 평가항목
기출 데이터	17, 24년 기출

目 ④

과락을 피하는 해설

정신상태검사는 용모 및 외모, 면담태도, 정신운동활동, 정서적 반응, 언어와 사고, 감각과 지능, 기억력과 지남력 등을 평가한다.

더 알아두기

정신상태검사(MSE ; Mental Status Examination)에 포함되는 기술 내용

구 분	내 용
일반적 기술 (General Description)	외양, 행동, 정신활동, 검사자에 대한 태도 등
기분 및 정서 (Mood and Affect)	기분, 감정반응성, 정서의 적절성 등
말 (Speech)	말의 양과 질, 속도, 발음 등
지각 (Perception)	환각 및 착각, 관련 감각기관의 내용 및 특징 등
사고 (Thought)	사고의 과정 또는 형태, 사고의 내용 등
감각 및 인지 (Sensorium and Cognition)	각성 및 의식수준, 지남력, 기억, 주의집중, 읽기·쓰기 능력, 시공간능력, 추상적 사고, 상식과 지능 등
충동조절 (Impulse Control)	성적·공격적 및 기타 충동의 조절능력 등
판단 및 병식(통찰) (Judgment and Insight)	사회적 판단능력, 자신이 병들었다는 사실에 대한 인식 정도 등
신뢰도 (Reliability)	환자의 신뢰도, 자신의 상황에 대한 정확한 보고능력 등

정신병리가 의심될 때 주로 사용하는 구조화된 정신의학적 면접법은?   03, 12년 기출

① 정신역동적 면담

② 개인력 청취

③ 가계력 조사

④ 정신상태평가

cf. 정신상태평가 = 정신상태검사

답 ④

다음 보기의 내용이 설명하는 면접의 유형은?   15, 24년 기출

이 면접은 전형적으로 인지, 정서 혹은 행동에 문제가 있는지 여부를 신속히 평가하고, 흔히 비구조적으로 행해졌기 때문에 신뢰도가 다소 낮은 한계점이 있었다. 이 문제를 보완하기 위해 구조적 면접이 고안되었고, 다양한 영역에서 보이는 행동을 포함하기 위해 특별한 질문이 보완되고 있다. 다양한 정신건강전문가들을 위한 중요한 임상면접 중 하나이다.

① 개인적면접

② 접수면접

③ 진단적면접

④ 정신상태검사면접

답 ④

인간중심치료에서 자기와 경험 간의 일치를 촉진시키고, 자기실현을 하도록 치료자가 지녀야 할 특성과 가장 거리가 먼 것은?

① 공 감
② 진실성
③ 객관적인 이해
④ 무조건적 긍정적 존중

핵심 키워드	• 인간중심치료 • 로저스 • 치료자의 특성
기출 데이터	17년 기출

답 ③

과락을 피하는 해설

③ 로저스(Rogers)가 주장한 촉진적 치료관계를 위한 상담자와 내담자의 관계의 3요소에 해당되지 않는다.

더 알아두기

인간중심상담에서 상담자가 갖추어야 할 바람직한 태도

• 공감적 이해와 경청
  - 동정이나 동일시로써 내담자의 감정에 빠져드는 것이 아닌 객관적인 입장에서 내담자를 깊이 있게 이해하는 것을 의미한다.
  - 상담자는 내담자의 주관적인 경험을 감지하고 내담자의 마음속에 들어감으로써 내담자가 자신의 감정을 더욱 강렬하게 경험하는 동시에 내부의 불일치를 인식하도록 도와야 한다.
• 일치성과 진실성(솔직성)
  - 상담자의 내적인 경험과 외적인 표현이 일치되며, 내담자와의 관계에서 개방적인 표현이 이루어지도록 노력하는 것을 의미한다.
  - 상담자는 자신의 감정을 솔직하게 인정하고 내담자의 진솔한 감정 표현을 유도함으로써 진솔한 의사소통이 이루어지도록 노력해야 한다.
• 무조건적인 긍정적 수용(관심) 또는 존중
  - 상담자가 아무런 조건 없이 수용적인 태도로써 내담자를 존중하며, 따뜻하게 수용하는 것을 의미한다.
  - 상담자는 내담자의 사고나 감정, 행동에 대한 옳고 그름, 좋고 나쁨을 평가 또는 판단해서는 안 된다.

인간중심치료에 대한 설명으로 적합하지 않은 것은? 15, 21년 기출

① 인간중심접근은 개인의 독립과 통합을 목표로 삼는다.

② 인간중심적 상담(치료)은 치료과정과 결과에 대한 연구관심사를 포괄하면서 개발되었다.

③ 치료자는 주로 내담자의 자기와 세계에 대한 인식에 주로 관심을 가진다.

④ 내담자가 정상인가, 신경증 환자인가, 정신병 환자인가에 따라 각기 다른 치료원리가 적용된다.

답 ④

로저스(Rogers)의 인간중심접근에 대한 설명으로 옳지 않은 것은? 17년 기출

① 자기개념을 확장하도록 돕는 것이 치료의 목표이다.

② 자기-경험의 불일치가 불안의 원인이라고 본다.

③ 부모의 조건적 애정과 가치가 문제의 근원이 될 수 있다.

④ 치료자는 때에 따라 자신의 감정을 숨기거나 왜곡해야 한다.

답 ④

065

심리평가에 관한 설명과 가장 거리가 먼 것은?

① 심리평가는 심리학자들이 진단을 내리고, 치료를 계획하고, 행동을 예측하기 위하여 정보를 수집하고 평가하는 과정이다.

② 심리평가의 자료로는 환자에 대한 면접자료, 과거기록, 행동관찰사항, 심리검사에 관한 결과들이 포함된다.

③ 제1, 2차 세계대전 당시 신병들에 대한 심리평가의 요구는 임상심리학에서 심리평가의 중요성과 심리검사 제작의 필요성을 촉진시켰다.

④ 임상장면에서 심리검사를 실시할 때 자주 사용하는 MMPI, K-WAIS, Rorschach, TAT와 같은 검사들은 반드시 포함되어야 한다.

핵심 키워드	• 심리평가 • 진 단 • 심리평가 자료
기출 데이터	14, 17년 기출

답 ④

과락을 피하는 해설

심리검사를 실시할 때 반드시 포함되어야 하는 특정검사가 있는 것이 아니라, 임상심리전문가가 각 사례에 적절하고 유용한 심리검사를 선정하는 것이 바람직하다. 풀 배터리(Full Battery) 검사를 실시할 때에는 일반적으로 인지적 기능, 정서상태, 성격적 특성, 대인관계양식 등을 종합적으로 파악하기 위해 여러 가지 검사를 함께 실시한다.

더 알아두기

심리검사 선정의 원칙
• 심리검사의 목적을 분명히 하고 그러한 목적달성에 적절한 검사를 선정해야 한다.
• 표준화된 검사를 사용하는 경우 검사의 신뢰도를 검토해 보아야 한다.
• 타당도가 검증된 심리검사를 선택한다.
• 심리검사의 실용성을 고려하여 선정한다.

심리검사를 실시하거나 면접을 시행하는 동안 임상심리학자가 취해야 할 태도와 가장 거리가 먼 것은?   04, 11, 13년 기출

① 행동관찰에서는 다른 사람 또는 다른 장면에서는 관찰할 수 없는 비일상적 행동이나 그 환자만의 특징적인 행동을 주로 기술한다.

② 관찰된 행동을 기술할 때에는 어떤 상황에서 어떤 방식으로 불안을 나타내는지를 구체적 용어로 설명하는 것이 바람직하다.

③ 정상적인 적응을 하고 있는 사람들도 심리검사와 같은 생소한 상황에 직면할 때는 여러 가지 특징적인 행동을 나타내게 되는데, 이러한 일반적인 행동까지 평가보고서에 포함시키는 것이 좋다.

④ 평가보고서에는 주로 환자의 특징적인 행동과 심리검사 결과뿐만 아니라 외모나 면접자에 대한 태도, 의사소통방식, 사고, 감정 및 과제에 대한 반응에서 특징적인 내용까지 포함시키는 것이 좋다.

답 ③

심리평가 결과에 관한 설명으로 옳은 것은?   12, 15년 기출

① 검사결과의 유용성은 평가대상(Target)의 기저율(Base Rate)과는 무관하게 결정된다.

② 정신분열증 유무검사의 경우 일반전집에서 오경보(Fales Positive)의 가능성이 거의 없다.

③ 전문가에 의한 임상적 판단은 대개 통계적 판단보다 일관되게 우월하게 나타난다.

④ 범주적 진단분류와 차원적 진단분류 중 어느 하나만을 선택할 필요는 없다.

답 ④

066

알코올중독 환자에게 술을 마시면 구토를 유발하는 약을 투약하여 치료하는 기법은?

① 행동조성   ② 혐오치료

③ 자기표현훈련   ④ 이완훈련

핵심 키워드	• 알코올중독 • 치료기법 • 고전적 조건형성 기법 • 혐오자극
기출 데이터	17, 20, 21, 23, 24년 기출

답 ②

과락을 피하는 해설

② 혐오치료(Aversion Therapy) : 고전적 조건형성의 기법으로, 바람직하지 못한 행동에 혐오자극을 제시하여 부적응적인 행동을 제거하는 방법이다. 주로 흡연, 음주문제, 과식 등의 문제를 해결하기 위해 사용되며, 부적응적이고 지나친 탐닉이나 선호를 제거하는 데 효과적이다.

① 행동조성 또는 조형(Shaping) : 내담자가 원하는 방향 안에서 일어나는 다양한 반응들만을 강화하고, 원하지 않는 방향의 행동에 대해 강화받지 못하도록 하여 결국 원하는 방향의 행동을 할 수 있도록 하는 것이다. 행동을 구체적으로 세분화하여 단계별로 구분한 후 각 단계마다 강화를 제공함으로써 내담자가 단번에 수행하기 어렵거나 그 반응을 촉진하기 어려운 행동 또는 복잡한 행동 등을 학습하도록 하는 데 유용하다.

③ 자기표현훈련(Self-Expression Training) : 자기표현을 통해 다른 사람과 상호작용하는 방법을 습득하도록 하는 기법으로, 대인관계에서 비롯되는 불안요인을 제거하기 위한 것이다.

④ 이완훈련(Relaxation Training) : 행동주의상담기법의 일종으로, 본래 일상생활에서 스트레스에 대처하기 위한 방법이 보편화된 것이다. 조용한 환경에서 근육을 이완하고 깊고 규칙적인 호흡을 함으로써 긴장과 이완에 따른 차이를 경험하도록 한다. 특히 점진적 이완훈련은 특히 최면, 명상은 물론 체계적 둔감화의 행동기법과 연결된다.

유사문제 · 관련문제

다음 중 고전적 조건형성의 원리를 응용한 치료기법은?   05, 07, 13년 기출

① 혐오치료   ② 토큰경제

③ 타임아웃(Time-out) 기법   ④ 부적 강화

답 ①

유사문제 · 관련문제

주로 흡연, 음주문제, 과식 등의 문제를 해결하기 위해 사용되며, 부적응적이고 지나친 탐닉이나 선호를 제거하는 데 사용되는 행동치료방법은?   15년 기출

① 체계적 둔감화   ② 혐오치료   ③ 토큰경제   ④ 조 성

답 ②

067

임상심리학자의 교육수련과 관련된 설명으로 적절하지 않은 것은?

① 1949년 Boulder 회의에서 과학자−전문가수련모형이 채택되었다.

② 과학자−전문가모형은 과학적 연구자나 임상적 실무자 중 어느 하나의 역할에 충실할 것을 강조한다.

③ 심리학 박사(Ph.D)는 과학자−전문가모형을 따른다.

④ 한국심리학회에서는 자질 있는 임상심리학자를 양성하기 위하여 임상심리전문가 제도를 두고 있다.

핵심 키워드	• 임상심리학자 • 교육수련 • 임상심리학자 수련모형
기출 데이터	17년 기출

답 ②

과락을 피하는 해설

과학자−전문가모형(Scientist−Practitioner Model)은 기본적으로 과학과 임상실습의 통합적 접근을 통해 임상심리학자가 과학자이자 서비스제공자로서의 역할을 동시에 수행할 것을 강조하며, 이와 관련하여 대학원 과정에서 두 가지 역할에 대한 결합을 주장하였다. 인간행동을 이해하기 위해 연구자로서 끊임없이 연구하는 동시에 전문가로서 그 과정을 통해 발견한 지식을 인간행동의 변화를 위해 실천한다는 것이다.

유사문제 · 관련문제

Boulder 모델에서 제시한 임상심리학자의 주요역할로 가장 적합한 것은?　　　　15년 기출

① 치료, 평가, 자문　　　　　　　　　　　② 치료, 평가, 연구

③ 치료, 평가, 행정　　　　　　　　　　　④ 평가, 교육, 행정

답 ②

유사문제 · 관련문제

심리검사를 실시하거나 면접을 시행하는 동안 임상심리학자가 취해야 할 태도와 가장 거리가 먼 것은?　　04, 11, 13년 기출

① 행동관찰에서는 다른 사람 또는 다른 장면에서는 관찰할 수 없는 비일상적 행동이나 그 환자만의 특징적인 행동을 주로 기술한다.

② 관찰된 행동을 기술할 때에는 어떤 상황에서 어떤 방식으로 불안을 나타내는지를 구체적 용어로 설명하는 것이 바람직하다.

③ 정상적인 적응을 하고 있는 사람들도 심리검사와 같은 생소한 상황에 직면할 때는 여러 가지 특징적인 행동을 나타내게 되는데, 이러한 일반적인 행동까지 평가보고서에 포함시키는 것이 좋다.

④ 평가보고서에는 주로 환자의 특징적인 행동과 심리검사 결과뿐만 아니라 외모나 면접자에 대한 태도, 의사소통방식, 사고, 감정 및 과제에 대한 반응에서 특징적인 내용까지 포함시키는 것이 좋다.

답 ③

068

Pennsylvania 대학교에 첫 심리진료소를 개설하고 임상심리학의 탄생에 크게 기여한 학자는?

① 제임스(James)

② 위트머(Witmer)

③ 크래펄린(Kraepelin)

④ 분트(Wundt)

핵심 키워드	• 임상심리학의 역사 • 첫 심리진료소 • 임상심리학의 탄생
기출 데이터	03, 12, 15, 17, 21년 기출

답 ②

과락을 피하는 해설

② 위트머(Witmer) : 1896년 미국 펜실베니아 대학에 세계 최초의 심리진료소(Psychological Clinic)를 세우고, 1904년 임상심리학 강좌를 개설하였다.

① 제임스(James) : 의식경험의 기본요소보다는 마음의 사용 또는 기능을 강조하는 기능주의(Functionalism)학파의 대표적인 학자이다.

③ 크래펄린(Kraepelin) : 현대 정신의학의 기틀을 정립하였다. 정신장애에 신체질병과 동일한 방식을 적용하여 임상적 관찰과 질병 경과를 조사하고, 그 특징에 따라 진단명을 붙이고 체계적으로 분류하였다.

④ 분트(Wundt) : 1879년 독일 라이프치히에 심리학연구를 위해 최초의 심리학실험실을 설립하였다.

유사문제·관련문제

임상심리학의 역사에 관한 내용으로 옳지 않은 것은?　　　　　　　　　　　　　　11년 기출

① Pennsylvania 대학교에 심리진료소를 설립한 것이 임상심리학의 탄생에 결정적 역할을 하였다.

② 1차 세계대전 당시 군인선발을 위한 심리검사의 개발은 임상심리학의 발전에 크게 기여하였다.

③ 임상심리학의 임상수련 모델인 과학자-전문가 모형은 Boulder 회의에서 채택되었다.

④ 1950년대 이후 항정신병 약물치료제 개발은 가정에 있던 많은 환자들을 정신병원으로 입원시키는 계기가 되었다.

답 ④

유사문제·관련문제

임상심리학의 발전에 영향을 준 인물과 사건에 관한 연결이 올바른 것은?　　　　　　12년 기출

① Kraepelin - 정신병리의 유형에 관한 분류

② Terman - TAT와 같은 투사법 심리검사의 개발

③ Levy - 제1차 세계대전 당시 사용되었던 집단성격검사인 Army 알파 개발

④ Wilhelm Wundt - 의식에 관한 연구를 무의식의 영역까지 확대하여 연구함

답 ①

069

심리치료 과정에서 저항이 일어나는 일반적인 이유와 가장 거리가 먼 것은?

① 환자가 변화를 원하더라도 환자의 삶에 중요한 영향을 미치는 타인들이 현 상태를 유지하도록 방해할 수 있기 때문이다.

② 부적응적 행동을 유지함으로써 얻는 이차적 이득을 환자가 포기하기 어렵기 때문이다.

③ 익숙한 행동을 변화시키려는 시도가 환자에게 위협을 주기 때문이다.

④ 치료자가 가진 가치나 태도가 환자에게 위협적이기 때문이다.

핵심 키워드	• 심리치료 과정 • 저 항 • 저항의 이유
기출 데이터	05, 10, 13, 17년 기출

답 ④

과락을 피하는 해설

개인 및 집단치료과정에서 상담자는 대체로 자신의 태도, 가치, 감정 등을 내보이지 않는 중립적인 상태로 임한다.

심리치료 과정에서 저항의 이유

• 환자는 자신의 익숙한 행동을 변화시키는 데 대해 불안과 위압감을 느낀다.

• 환자가 문제증상으로 인해 주변의 도움을 받으며 자신의 행동에 제지를 덜 받는 등의 이차적 이득을 포기하기 어렵다.

• 환자가 자신의 변화로 인해 주변 사람들의 시선이나 태도가 부정적으로 변할 수 있다는 생각에 두려움을 느낀다.

• 환자가 변화를 원하더라도 주변의 중요 인물들이 현 상태를 유지하기를 원한다.

유사문제 · 관련문제

정신분석적 상담에서 내적 위험으로부터 아이를 보호하고 안정시켜주는 어머니의 역할처럼, 내담자가 막연하게 느끼지만 스스로는 직면할 수 없는 불안과 두려움에 대해 상담자의 이해를 적절한 순간에 적합한 방법으로 전해주면서 내담자에게 의지가 되어주고 따뜻한 배려로 마음을 녹여주는 활동을 무엇이라고 하는가?   16, 20년 기출

① 버텨주기(Holding)   ② 역전이(Counter Transference)

③ 현실검증(Reality Testing)   ④ 해석(Interpretation)

답 ①

유사문제 · 관련문제

정신분석적 상담기법 중 상담진행을 방해하고 현재 상태를 유지하려는 의식적 · 무의식적 생각, 태도, 감정, 행동을 의미하는 것은?

16, 21년 기출

① 전 이   ② 저 항   ③ 해 석   ④ 훈 습

답 ②

행동평가에 관한 설명으로 가장 적합한 것은?

① 자연적인 상황에서 실제 발생한 것만을 대상으로 평가한다.

② 행동표본은 내면심리를 반영한 것으로 해석된다.

③ 특정 표적행동의 조작적 정의가 상이할 수 있음을 고려해야 한다.

④ 관찰결과는 요구특성이나 피험자의 반응성 요인과는 무관하다.

핵심 키워드	• 행동평가 • 조작적 정의 • 행동평가 특성
기출 데이터	17, 21년 기출

답 ③

과락을 피하는 해설

③ 연구자들은 같은 변인에 대하여 서로 다른 조작적 정의를 사용할 수 있다.

① 자연관찰법에 해당하는 내용이며 행동평가는 관찰법 이외에도 조사법, 실험법 등 다양하다.

② 행동표본은 면담이나 심리검사 장면에서 내담자가 드러내 보이는 행동은 내담자의 일상적인 생활 상황에서의 행동을 반영한다.

④ 관찰의 결과는 관찰자의 요구특성, 피험자의 반응편향 등의 영향을 받을 수 있다.

유사문제 · 관련문제

행동평가에 관한 설명으로 옳지 않은 것은?　　　　　　　　　　　　　　　12, 19년 기출

① 목표행동을 정확히 기술한다.

② 행동의 선행조건과 결과를 확인한다.

③ 법칙정립적(Nomothetic) 접근에 기초한다.

④ 특정상황에 대한 개인의 행동에 초점을 맞춘다.

답 ③

유사문제 · 관련문제

다음 중 행동적 평가요소에 관한 설명으로 옳은 것은?　　　　　　　　　13, 17년 기출

① 목적 - 병인론적 요인을 확인하기 위해 강조된다.

② 과거력의 역할 - 현재 상태가 과거의 산물이라 생각하기 때문에 중시된다.

③ 행동의 역할 - 특정한 상황에서 사람의 행동목록의 표본으로 중시된다.

④ 도구의 구성 - 상황적 특성보다는 초맥락적 일관성을 강조한다.

답 ③

개방형 질문 시행 시 일반적인 지침과 가장 거리가 먼 것은?

① 지적으로 심사숙고하여 반응하기 쉬운 '왜'로 시작하는 질문은 삼간다.

② 연관된 영역을 부연하여 회상할 수 있도록 질문한다.

③ 정확하고 구체적인 사실여부 확인을 위한 질문을 한다.

④ 너무 많은 질문을 하지 않는다.

핵심 키워드	• 개방형 질문 • 질문시행 지침 • 질문의 범위
기출 데이터	17년 기출

답 ③

과락을 피하는 해설

개방형 질문

• 질문의 범위가 포괄적이다.

• 내담자에게 가능한 많은 대답을 선택할 기회를 제공한다.

• 내담자로 하여금 시야를 보다 넓히도록 유도한다.

• 바람직한 촉진관계를 열어 놓는다.

• 상담자와 내담자 간의 바람직한 촉진관계를 형성하여 내담자로부터 보다 많은 정보를 얻어내기 위해서는 개방형 질문이 더 효과적이다.

• 상담 초기에 유용하게 사용될 수 있으나 익숙지 않은 내담자에게 오히려 답변에 대한 부담감을 줄 수 있다.

폐쇄형 질문

• 질문의 범위가 매우 좁고 한정되어 있다.

• 위기상황에서의 신속한 대응에 유리한 측면이 있으나 내담자의 시야를 좁게 만든다.

• 바람직한 촉진관계를 닫아 놓을 수 있다.

유사문제 · 관련문제

면접 시 임상가가 어떻게 질문을 하느냐에 따라 내담자로부터 유용한 정보를 얻을 수 있느냐가 결정된다. 다음의 질문형태 중 내담자로부터 많은 정보를 얻어내는 데 효과적인 질문방식으로만 짝지어진 것은? 11년 기출

A. 개방형 질문
B. 폐쇄형 질문
C. 간접형 질문
D. 직접적 질문

① A, B
② A, C
③ B, C
④ B, D

답 ②

유사문제 · 관련문제

임상적 면접에서 사용되는 바람직한 의사소통기술에 해당하는 것은? 16, 20, 23년 기출

① 면접자 자신의 사적인 이야기를 꺼내는 데 주저하지 않는다.
② 침묵이 길어지지 않게 하기 위해, 면접자는 즉각 개입할 준비를 한다.
③ 폐쇄형보다는 개방형 질문을 주로 사용한다.
④ 내담자의 감정보다는 얻고자 하는 정보에 주목한다.

답 ③

072

다음은 행동치료의 어떤 기법에 해당하는가?

> 수영하기를 두려워하는 어린 딸에게 수영을 가르치기 위해 아버지가 직접 수영하는 것을 보여주었다.

① 역조건화

② 혐오치료

③ 모델링

④ 체계적 둔감화

핵심 키워드	• 행동치료 • 치료기법 • 시범보이기
기출 데이터	03, 08, 17년 기출

답 ③

과락을 피하는 해설

① **역조건화** : 조건자극과 새로운 자극을 함께 제시함으로써 불안을 감소시키는 기법(예 엘리베이터와 같이 밀폐된 공간 안에서 공포감을 느끼는 아이에게 장난감, 인형 등의 유쾌 자극을 제시하여 밀폐된 공간에서의 공포감을 소거시키는 것)이다.

② **혐오치료** : 고전적 조건형성 기법으로, 바람직하지 못한 행동에 혐오자극을 제시하여 부적응적인 행동을 제거하는 방법이다.

④ **체계적 둔감화** : 심리적 불안과 신체적 이완은 병존할 수 없다는 것을 전제로 하는 상호억제(Reciprocal Inhibition)의 원리를 이용하는 기법이다.

유사문제 · 관련문제

골수이식을 받아야 하는 아동에게 불안과 고통에 대처하도록 돕기 위하여 교육용 비디오를 보게 하는 치료법은?

16, 20, 23년 기출

① 유관관리기법

② 역조건형성

③ 행동시연을 통한 노출

④ 사회학습법

답 ④

치료장면에서의 효과적인 경청과 가장 거리가 먼 것은?

① 내담자가 자신의 문제를 심각하게 얘기하지만 치료자가 보기에는 그렇지 않을 때에는 중단시킨다.

② 치료자는 반응을 보이기에 앞서 내담자가 스스로 말할 시간을 충분히 주려고 한다.

③ 치료자는 내담자에게 주의를 많이 기울인다.

④ 내담자가 문제점을 피력할 때 가로막지 않는다.

핵심 키워드	• 치료장면 • 효과적인 경청 • 수 용
기출 데이터	10, 13, 17년 기출

답 ①

과락을 피하는 해설

경 청

• 상대방의 감정과 생각을 이해하기 위해 그의 말을 주의 깊게 듣는 것이다.

• 상담장면에서는 상담자가 관심의 초점을 내담자에게 두며, 내담자의 말에 주의를 기울이는 것이다.

• 내담자의 입장을 고려하는 공감적 이해, 자신의 고정관념에서 벗어나 내담자의 태도를 받아들이는 수용의 정신, 자신의 감정을 솔직하게 전달하는 성실한 태도가 필수적이다.

• 적극적 경청을 위한 지침

  – 내담자가 말하는 것에 수용의 태도를 취한다.

  – 내담자의 음조를 경청한다.

  – 내담자의 감정에 대한 단서를 경청한다.

  – 비언어적 내용과 방식을 경청한다.

  – 내담자가 자연스럽게 얘기하도록 적절한 침묵 및 정지를 유지한다.

  – 내담자의 얘기 중에 가능하면 끼어들지 않는다.

유사문제 · 관련문제

Cormier와 Cormier가 제시한 적극적 경청기술에 해당하지 않는 것은? 09년 기출

① 질 문
② 요 약
③ 반 영
④ 명료화

답 ①

유사문제 · 관련문제

내담자와의 면접에서 중요한 기법 중 하나인 경청에 대한 설명과 가장 거리가 먼 것은? 16년 기출

① 반응하기에 앞서 내담자가 말할 충분한 시간을 준다.
② 대수롭지 않은 내용을 말할 때는 도움이 될 만한 충고를 생각하며 듣는다.
③ 내담자와 자주 눈을 맞추고 주의를 기울인다.
④ 가능한 한 내담자의 말을 끊고 반응하는 행동을 하지 않는다.

답 ②

프로이트(Freud)의 정신분석적 심리치료에 대한 비판을 토대로 발전한 신정신분석 학파의 주요인물 및 치료접근법에 해당하지 않는 것은?

① 아들러(Adler)의 개인심리학
② 설리반(Sullivan)의 대인관계이론
③ 페어베인(Fairbairn)의 대상관계이론
④ 글래서(Glasser)의 통제이론

핵심 키워드	• 프로이트 • 정신분석적 심리치료 • 신정신분석 학파
기출 데이터	17, 24년 기출

답 ④

과락을 피하는 해설

- 프로이트(Freud) 사후에 정신분석 학파는 크게 2가지 흐름으로 발전하였다.
- 하나는 프로이트의 이론과 기법을 더 정교하게 발전시킨 것으로, 안나 프로이트, 하이즈 하트만의 자아심리학, 로널드 페어베인과 위니콧의 대상관계이론, 하인즈 코헛의 자기심리학 등을 들 수 있다.
- 다른 흐름은 무의식의 존재는 인정하지만 프로이트가 주장한 이론들을 비판하며 독자적인 이론체계를 발전시킨 신프로이트 학파로 에릭슨, 융, 아들러, 라캉, 설리반, 호나이, 프롬 등이 이에 해당된다.

유사문제 · 관련문제

자신의 초기 경험이 타인에 대한 확장된 인식과 관계를 맺는다는 가정을 강조하는 치료적 접근은?　　16, 20, 23년 기출

① 심리사회적 발달이론
② 자기심리학
③ 대상관계이론
④ 인본주의

답 ③

075

문장완성검사에 관한 설명으로 옳지 않은 것은?

① 수검자의 자기개념, 가족관계 등을 파악할 수 있다.

② 수검자가 검사자극의 내용을 감지할 수 없도록 구성되어 있다.

③ 수검자에 따라 각 문항의 모호함 정도는 달라질 수 있다.

④ 개인과 집단 모두에게 실시될 수 있다.

핵심 키워드	• 문장완성검사 • 모호성 • 방 어
기출 데이터	17, 21년 기출

답 ②

과락을 피하는 해설

문장완성검사(SSCT)의 특징

• 소요시간이 적으며, 검사를 실시하기가 간편하다.

• 피검자의 언어능력 및 현실검증능력 등을 확인할 수 있다.

• 표현의 욕구가 자유롭다.

• 나이가 어릴수록 문장이해가 어려워 적용이 힘들 수 있다.

• 피검자의 의식적인 통제나 방어가 쉽게 이루어진다.

• 지나친 긍정적 감정은 부인(Denial) 방어기제의 결과일 수도 있다.

문장완성검사(SSCT) 실시방법

• 문장의 첫 부분을 제시하고 미완성인 뒷부분을 자유롭게 완성하도록 한다.

• 시간은 보통 30분 정도 소요된다.

• 검사지 작성 시에는 주어진 문장에는 정답이 없으므로 옳고, 그름을 생각해 문장을 완성시키기보다는 문장을 보았을 때 가장 먼저 떠오르는 것을 적는 것이 중요하다.

• 정해진 시간은 없으나 주어진 문장을 보고 오래 고민하여 작성하지 않도록 하여야 한다.

문장완성검사(SSCT)의 4가지 주요 반응영역

• 가족 : 어머니, 아버지 등 가족에 대한 태도를 측정한다.

• 성 : 남성, 여성, 결혼, 성적 관계 등 이성관계에 대한 태도를 측정한다.

• 대인관계 : 가족 외의 사람, 즉 친구와 지인, 권위자 등에 대한 태도를 측정한다.

• 자아개념 : 자신의 능력, 목표, 과거와 미래, 두려움과 죄책감 등에 대한 태도를 측정한다.

문장완성검사(SSCT) 반응유형

• 고집형 : 내용의 변화가 적고, 특정의 대상이나 욕구를 고집하며 반복이 많은 사람들은 인성의 경직성, 흥미가 거짓임을 나타낸다.

• 감정단(短)반응형 : 짧막한 감정적 어휘로 반응하는 사람들은 저지능이거나 감정통제가 되지 않는다.

• 장황형 : 장황하게 빽빽하게 적어 넣는 사람들은 신경증적인 사람이나 강박 경향이 있다.

• 자기중심형 : 어느 문항이고 자기중심의 주제로 바꿔버리는 사람들은 미숙한 사람에게 잘 나타난다.

• 허위반응형 : 도전적인 반응으로 시종하는 사람들은 자기를 잘 보이게 하려는 방어태도의 출현으로 볼 수 있다.

- 공상반응형 : 비현실적인 생각이나 공상을 말하는 사람들은 도피적인 인성이거나 검사에 대한 방어적 태도를 나타낸다.
- 모순형 : 검사 전체에 모순이 보이는 사람들은 무의식적인 갈등을 나타낸다.
- 반문(反問)형 : 확실히 결정짓지 못하는 사람들은 권위에 대한 반항의 표현일 수 있다.
- 은닉형 : "말할 수 없다"와 같은 반응을 나타내는 사람들은 자기방어적인 태도를 나타낸다.
- 거부형 : 반발하는 태도를 보이는 사람들은 방어적 태도를 가지고 있다.
- 병적 반응형 : 망상과 같은 태도를 보이는 사람들은 정신분열증 증세를 가지고 있을 수 있다.

문장완성검사(SSCT) 해석요인 분류

- 성격적 요인 : 지적 능력, 정의적 측면, 가치지향적 측면, 정신역동적 측면
- 결정적 요인 : 신체적 요인, 가정적 · 성장적 요인, 대인적 · 사회적 요인

유사문제 · 관련문제

삭스(J. Sacks)의 문장완성검사(SSCT)에서 자기개념 영역에 포함되지 않는 태도는?   18년 기출

① 죄의식(죄책감)
② 이성관계
③ 목 표
④ 두려움

답 ②

심리사회적 또는 환경적 스트레스와 조합된 생물학적 또는 기타 취약성이 질병을 일으킨다는 것은?

① 상호적 유전-환경 조망

② 병적 소질-스트레스 조망

③ 사회적 조망

④ 생물학적 조망

핵심 키워드	• 심리사회적 스트레스 • 환경적 스트레스 • 취약성
기출 데이터	11, 14년 기출

답 ②

과락을 피하는 해설

임상심리학의 통합주의적 접근

1980년대 이전까지 심리학자들은 행동주의, 인지주의, 실존주의 등 각자 자신에게 적합한 이론적 접근방법을 통해 내담자나 환자의 심리적인 문제를 해결하고자 하였다. 그러나 각 이론들의 기법 및 접근법상의 차이에도 불구하고 치료적 개입의 공통적인 목표에 따라 다양한 기법들을 조합하는 것이 치료에 효과적이라는 사실이 경험적으로 입증되기에 이르렀다. 이러한 과정에서 임상심리학의 통합주의적 접근이 이루어졌으며, 최근에는 환자의 임상적·병리적 문제에 대해 생물학적·심리학적·사회학적 요인들을 통합한 접근방법이 부각되고 있다.

유사문제·관련문제

취약성-스트레스 접근에 관한 설명과 가장 거리가 먼 것은?   15, 24년 기출

① 스트레스와 생물학적 취약성이 질병발생의 필요조건이다.

② 정신장애의 발병에 생물학적 취약성을 우선시하는 접근이다.

③ 정신장애의 발병요인의 상호작용을 주장하는 접근이다.

④ 생물학적 두 부모가 고혈압을 가진 경우 자녀의 고혈압 발병 가능성이 매우 높게 나타난다.

답 ②

임상심리사가 개인적인 심리적 문제를 갖고 있다든지, 너무 많은 부담 때문에 지쳐있다든지, 교만하여 더 이상 배우지 않고 배울 필요가 없다고 생각하거나, 해당되는 특정 전문교육수련을 받지 않고도 특정 내담자군을 잘 다룰 수 있다고 여긴다면, 이는 다음 중 어느 항목의 윤리적 원칙에 위배되는 것인가?

① 유능성
② 성실성
③ 권리의 존엄성
④ 사회적 책임

핵심 키워드	• 임상심리사의 윤리원칙 • 유능성 • 전문교육수련 소홀
기출 데이터	04, 11, 18, 24년 기출

답 ①

과락을 피하는 해설

① **유능성** : 임상심리학자가 자신의 강점과 약점, 자신이 가지고 있는 기술과 그것의 한계에 대해 자각해야 한다는 것이다. 그리하여 지속적인 교육수련으로 최신의 기술을 습득하며, 이를 통해 사회의 변화에 민첩하게 대응해야 한다는 점을 강조한다.

② **성실성** : 임상심리학자가 성실하고 정직한 자세로 내담자에게 자신의 서비스로부터 기대할 수 있는 바를 설명하며, 자신의 작업과 관련하여 스스로의 욕구 및 가치가 어떠한 영향을 미치는지 알고 있어야 한다는 것이다. 특히 성실성에서는 환자나 내담자, 학생들과의 부적절한 이중관계나 착취관계, 성적 관계를 금한다.

③ **권리의 존엄성** : 임상심리학자가 각 개인의 개성과 문화의 차이에 대해 민감해야 하며, 자신의 일방적인 지식과 편견을 다른 사람에게 강요하는 것을 금한다.

④ **사회적 책임** : 임상심리학자가 자신의 개인적·금전적 이득을 떠나 자신의 전문적인 지식과 기술을 이용하여 타인을 도움으로써 사회구성원으로서의 책임을 완수해야 한다는 점을 강조한다.

유사문제·관련문제

임상심리학자의 법적·윤리적 책임에 관한 설명으로 옳지 않은 것은?　12, 20년 기출

① 임상심리학자의 직업수행에는 공적인 책임이 따른다.

② 어떠한 경우에도 내담자의 비밀은 보장해야 한다.

③ 내담자 사생활의 부당한 침해를 방지하기 위해 노력해야 한다.

④ 내담자, 피감독자, 학생, 연구참여자들을 성적으로 악용해서는 안 된다.

답 ②

유사문제·관련문제

캐나다윤리규약(Canadian Psychological Association, 1995)에서 제시한 심리학자의 윤리원칙에 해당하지 않는 것은?

14년 기출

① 개인의 존엄성에 대한 존중

② 관계에서의 성실성

③ 환자와 심리전문가 간의 관계적 융통성

④ 사회에 대한 책임성

답 ③

내담자의 말과 행동에서 표현된 기본적인 감정, 생각 및 태도를 상담자가 다른 참신한 말로 부연해주는 것은?

① 해 석
② 반 영
③ 직 면
④ 명료화

핵심 키워드	• 적극적 경청 • 반 영
기출 데이터	03, 08, 10, 22, 23년 기출

답 ②

과락을 피하는 해설

적극적 경청 기술(Cormier & Cormier)

• 부연 : 말한 내용에 대해 알기 쉽게 다른 표현으로 말하는 것이다.

• 반영 : 개인이 자신의 느낌을 더 잘 표현하고 이해하도록 격려하기 위해 말하고 있는 것에 대한 느낌을 이해하기 쉽게 바꾸어 말하는 것을 포함한다.

• 요약 : 부연과 반영을 모두 포함하는 것으로, 몇 가지 논점들을 조리 있고 간단한 메시지로 묶기 위한 시도이다.

• 명료화 : 메시지가 완전히 이해되고 있음을 확실히 하기 위해 질문하는 것이다.

유사문제 · 관련문제

환자에게 자신의 메시지를 정교화하도록 도울 뿐만 아니라 면접자가 그 메시지를 이해하고 있다는 것을 확실히 하기 위하여 사용되는 의사소통기법은?

06, 12, 17년 기출

① 요 약
② 명료화
③ 직 면
④ 부연설명

답 ②

불안을 유발하는 특정한 대상이나 상황이 불안하지 않은 상황으로 변화하도록 돕는 행동치료법은?

① 역조건형성
② 혐오치료
③ 토큰경제
④ 인지치료

핵심 키워드	• 불안유발 대상 • 불안유발 상황 • 역조건형성
기출 데이터	17년 기출

답 ①

과락을 피하는 해설

역조건형성

조건자극과 새로운 자극을 함께 제시함으로써 불안을 감소시키는 기법이다.

예 엘리베이터와 같이 밀폐된 공간 안에서 공포감을 느끼는 아이에게 장난감, 인형 등의 유쾌자극을 제시하여 밀폐된 공간에서의 공포감을 소거시키는 것

더 알아두기

혐오치료
역조건형성의 일종으로, 바람직하지 못한 행동에 혐오 자극을 제시하여 부적응적인 행동을 제거하는 기법이다.

토큰경제
행동치료에서 널리 사용되는 조작적 조건형성의 기법으로서, 바람직한 행동들에 대한 체계적인 목록을 정해 놓은 후 그러한 행동이 이루어질 때 그에 상응하는 보상을 하는 기법이다.

인지치료
벡(Beck)이 개인의 정보 수용 및 처리 그리고 그에 대한 적절한 반응으로서 지적능력의 개발을 위해 고안한 인지행동 치료기술이다. 개인의 역기능적이고 자동적인 사고 및 도식, 신념, 가정의 대인관계행동에서의 영향력을 강조하며, 이를 수정하여 내담자의 정서나 행동을 변화시키는 데 역점을 두었다.

유사문제 · 관련문제

정신건강의학과 병동에 입원한 환자들 중 단체생활의 규칙을 잘 지키지 않는 환자들의 행동문제들을 개선하는 데 가장 효과적인 치료적 접근은?   16, 19년 기출

① 정신분석
② 체계적 둔감법
③ 토큰경제
④ 현실치료

답 ③

Rorschach 검사의 실시에 관한 설명으로 옳은 것은?

① 수검자가 질문을 할 경우 검사자는 지시적으로 반응해야 한다.

② 일반적으로 수검자와 마주 보는 좌석배치가 표준적인 절차이다.

③ 질문단계에서는 추가적인 반응을 확인하기 위해 주의를 기울여야 한다.

④ 수검자가 카드 Ⅰ에서 5개를 넘겨 반응을 할 때는 중단시킨다.

핵심 키워드	• 로샤검사 • 검사실시 • 비지시적 질문
기출 데이터	17년 기출

답 ④

과락을 피하는 해설

로샤검사(Rorschach Test)

• 수검자가 검사자의 얼굴을 마주 볼 수 있는 위치는 검사자의 비언어적 행동이 수검자의 반응에 영향을 미칠 수 있기에 바람직하지 않다.

• 피검자들의 모호한 보고에 대해서는 추가적인 질문을 할 수 있다. 단 질문은 비지시적이어야 하며 피검자가 반응단계에서 했던 내용 이외에 다른 새로운 반응을 하도록 유도해서는 안 된다.

• 카드 Ⅰ에 대해 5개의 반응을 한 후 더 많은 반응을 하려고 하면 다음 카드로 넘어가도 된다.

유사문제·관련문제

자기보고형 성격검사를 실시한 결과 의도적 왜곡 가능성이 높아 결과해석에 어려움이 있다. 다음 중 이러한 의도적 왜곡을 최소화 할 수 있는 검사는?

09, 13년 기출

① 지능검사

② 신경심리검사

③ MBTI

④ 로샤검사

답 ④

제 5 과목 심리상담

081

교류분석에서 치료의 바람직한 목표인 치유의 4단계에 해당되지 않는 것은?

① 계약의 설정
② 증상의 경감
③ 전이의 치유
④ 각본의 치유

핵심 키워드	• 교류분석 • 바람직한 목표 • 치유의 4단계
기출 데이터	17, 21년 기출

답 ①

과락을 피하는 해설

교류분석치료 치유의 4단계

• 사회의 통제(Social Control) : 타인과의 상호작용에 있어 개인은 스스로의 행동의 통제를 발달시킨다.
• 증상의 경감 혹은 완화(Symptomatic Relief) : 개인이 불안과 같은 자신의 증세의 완화를 주관적으로 느끼는 것을 포함한다.
• 전이의 치유(Transference Cure) : 내담자는 치료사를 하나의 내사물(Introject)로 자신의 머릿속에 보유하여 건강을 유지할 수 있게 된다. 즉, 중요한 심리적 내사물을 보유하는 동안 내담자의 치유상태가 유지된다는 것이다.
• 각본의 치유(Script Cure) : 내담자는 각본에서 완전히 벗어나 제한적 각본결단을 재결단하여, 자율적인 사람이 되는 것을 포함한다.

유사문제 · 관련문제

교류분석상담에서 성격이나 일련의 교류들을 자아상태모델의 관점에서 분석하는 것은?   16, 20, 22, 23년 기출

① 구조분석
② 기능분석
③ 교류패턴분석
④ 각본분석

답 ①

인지행동적 상담이론의 특징과 가장 거리가 먼 것은?

① 인지적 재구성에 초점을 둔 이론

② 선천적으로 진화적인 성장지향 접근

③ 문제해결 및 대처기술접근

④ 기술에 대한 훈련을 강조하는 접근

핵심 키워드	• 인지행동적 • 상담이론 • 인지적 재구성
기출 데이터	17년 기출

답 ②

과락을 피하는 해설

② 인간은 선천적으로 성장가능성을 갖고 태어난 것으로 가정하는 인본주의상담이론에 해당된다. 인지행동치료는 인지, 행동, 정서 모두에 관심을 두는 상담이론으로, 인지에 초점을 두면서 인지변화를 통해 문제행동과 부정적 정서를 적응적 행동과 적절한 정서로 변화시키는 것을 목표로 한다.

유사문제 · 관련문제

인지행동치료의 기본가정에 속하지 않는 것은?   15년 기출

① 인지매개가설을 전제로 한다.

② 단시간의 상담을 지향한다.

③ 감정과 행동의 이면에 있는 인지를 대상으로만 치료를 시행한다.

④ 내담자의 왜곡되고 경직된 생각을 찾아내어 이를 현실적으로 타당한 생각으로 바꾸어 준다.

답 ③

유사문제 · 관련문제

인지행동상담에서 사용하는 스트레스접종방법이 아닌 것은?   16년 기출

① 재구조화 연습

② 이완훈련

③ 심호흡연습

④ 인지재교육

답 ④

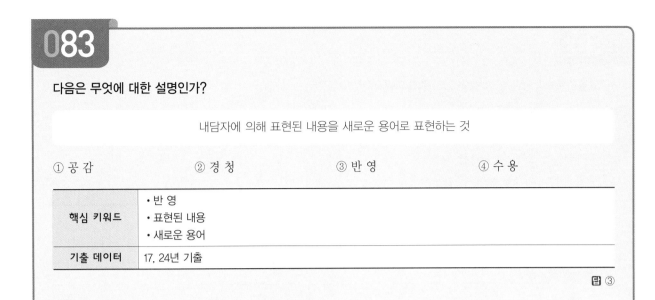

083

다음은 무엇에 대한 설명인가?

내담자에 의해 표현된 내용을 새로운 용어로 표현하는 것

① 공 감　　　　② 경 청　　　　③ 반 영　　　　④ 수 용

핵심 키워드	• 반 영 • 표현된 내용 • 새로운 용어
기출 데이터	17, 24년 기출

답 ③

과락을 피하는 해설

① **공감** : 내담자가 전달하려는 내용에서 한 걸음 더 나아가 그 내면적 감정에 대해 반영하는 것이다.

② **경청** : 상대방의 감정과 생각을 이해하기 위해 그의 말을 주의 깊게 듣는 것이다. 상담 장면에서는 상담자가 관심의 초점을 내담자에게 두며, 내담자의 말에 주의를 기울이는 것이다.

④ **수용** : 내담자의 장 · 단점, 바람직성 · 비바람직성, 긍정적 · 부정적 감정 등을 있는 그대로 받아들이는 것이다.

유사문제 · 관련문제

다음 상담과정에서 사용된 상담기술은?　　　　　　　　　　　　　　15년 기출

> 내담자 : 정말 믿을 수 없어요. 엄마랑 전화했는데 이제 내가 대학에 들어갔으니 엄마, 아빠는 이혼하시겠대요.
> 상담자 : 당신의 부모님이 곧 이혼하실거라는 소식을 지금 들었군요.

① 재진술　　　　② 통 찰　　　　③ 감정반영　　　　④ 해 석

답 ①

유사문제 · 관련문제

다음 상담치료에서 사용된 상담기술은?　　　　　　　　　　　　　16년 기출

> 내담자 : 당신은 나에 대해 모든 것을 아는 것처럼 행동하지만, 당신은 아무것도 몰라요.
> 상담자 : 내가 당신의 아버지를 기억나게 하는 것은 아닌지 의문스럽군요. 당신은 아버지가 모든 것을 아는 것처럼 행동한다고 말했었지요.

① 재진술　　　　② 직면(도전)　　　　③ 해 석　　　　④ 감정반영

답 ③

알코올중독자상담에 관한 설명으로 옳지 않은 것은?

① 가족을 포함하여 타인의 방해를 받지 않기 위하여 비밀리에 상담한다.

② 치료 초기단계에서 술과 관련된 치료적 계약을 분명히 한다.

③ 문제행동에 대한 행동치료를 병행할 수 있다.

④ 치료 후기에는 재발가능성을 언급한다.

핵심 키워드	• 알코올중독자 • 중독자상담 • 심리치료
기출 데이터	03, 11, 13, 18년 기출

답 ①

과락을 피하는 해설

알코올중독자를 대상으로 한 심리적 치료에는 알코올중독이 심각한 질병에 해당한다는 사실을 환자에게 인식시키고 이를 해결하기 위해 변화의 의지를 강조하는 동기강화치료와, 알코올중독을 학습된 것으로 간주하여 학습 이전의 정상적인 상태로 회복시키고자 하는 인지행동치료가 있다. 또한 알코올중독이 개인의 기질이나 환경 등에서 비롯된 것으로 간주하여 그 원인에 해당하는 심리적 취약성을 극복하도록 유도하는 개인상담치료, 그리고 알코올중독이 개인은 물론 가족체계 내에서의 부부갈등, 가정폭력 등의 문제들과 연계된 것으로 간주하여 가족체계에의 개입을 강조하는 가족상담치료가 있다.

유사문제 · 관련문제

다음 중 알코올중독치료에 관한 설명으로 옳은 것은?　　　　12년 기출

① 알코올중독치료에는 집단상담이나 자조집단보다는 개인상담이 더 많이 활용된다.

② 정신역동적 관점에서는 의존욕구와 관련된 갈등이 알코올중독을 일으키는 중요한 요인이라고 간주한다.

③ 알코올남용은 알코올의존과 달리 알코올에 대해 생리적으로 의존하고 있는 경우로 내성이나 금단증상이 있다.

④ 알코올중독에 대한 심리치료에서 치료 초기에 무의식적 사고와 감정에 대한 해석을 자주 사용한다.

답 ②

게슈탈트심리치료에서 알아차림–접촉주기 단계의 진행순서로 옳은 것은?

① 배경 → 알아차림 → 감각 → 에너지동원 → 행동 → 접촉 → 배경

② 배경 → 에너지동원 → 감각 → 알아차림 → 접촉 → 행동 → 배경

③ 배경 → 감각 → 알아차림 → 에너지동원 → 행동 → 접촉 → 배경

④ 배경 → 감각 → 알아차림 → 행동 → 에너지동원 → 접촉 → 배경

핵심 키워드	• 게슈탈트 • 심리치료 • 알아차림–접촉주기
기출 데이터	13, 16년 기출

답 ③

과락을 피하는 해설

게슈탈트 심리치료에서의 '알아차림–접촉주기 단계(7단계)'

• 1단계(배경단계) : 배경으로 존재

• 2단계(감각단계) : 유기체의 욕구가 신체감각의 형태로 나타남

• 3단계(알아차림단계) : 이를 알아차려 게슈탈트 형성

• 4단계(에너지동원단계) : 게슈탈트 해소를 위한 에너지동원, 흥분경험

• 5단계(행동단계) : 적절한 행동선택 및 실행

• 6단계(접촉단계) : 환경과의 접촉을 통한 게슈탈트의 해소

• 7단계(휴식) : 게슈탈트가 사라지고 휴식을 취함. 이후 계속하여 1단계부터 반복

유사문제 · 관련문제

다음 중 게슈탈트심리치료에서 강조하는 것이 아닌 것은?   09, 12, 18년 기출

① 지금–여기

② 내담자의 억압된 감정에 대한 해석

③ 미해결과제 또는 회피

④ 환경과의 접촉

답 ②

유사문제 · 관련문제

게슈탈트상담기법에 해당하지 않는 것은?   14, 18년 기출

① 신체자각   ② 환경자각

③ 행동자각   ④ 언어자각

답 ③

086

상담 및 심리치료의 발달사에 관한 설명으로 옳지 않은 것은?

① 글래서(William Glasser)는 1960년대에 현실치료를 제시하였다.

② 가족치료 및 체계치료는 1970년대부터 본격적으로 등장하였다.

③ 메이(Rollo May)와 프랭클(Victor Frankl)의 영향으로 게슈탈트 상담이 발전하였다.

④ 위트머(Witmer)는 임상심리학이라는 용어를 최초로 사용했으며, 치료적 목적을 위해 심리학의 지식과 방법을 활용하였다.

핵심 키워드	• 상담의 역사 • 심리치료의 역사 • 심리학의 역사
기출 데이터	17, 20, 23년 기출

답 ③

과락을 피하는 해설

게슈탈트 상담은 펄스(Perls)에 의해 개발되었으며 상담목표를 개인의 성숙 및 성장에 두고 있다. 롤로 메이(Rollo May)와 빅터 프랭클(Viktor Frankl)은 의미치료(Logotherapy)라는 실존주의적 상담접근을 발전시켰다.

더 알아두기

게슈탈트치료

• 자신의 욕구와 감정을 알아차리고 수용하며, 환경과의 접촉을 통해 문제를 해결함으로써 성숙하고 성장하도록 도우며, 지금–여기의 삶을 살도록 하는 치료이론

• 게슈탈트 상담은 경험적이며, 실존적이며, 실험적인 접근

• 언어를 통해 정신적 조작을 하는 것보다 행동을 강조한다는 점에서 경험적, 개인의 독립적인 선택과 책임을 강조한다는 점에서 실존적, 개인이 매 순간에 느끼는 감정을 표현하도록 촉진한다는 점에서 실험적

유사문제 · 관련문제

상담심리학의 역사에서 상담심리학의 기반형성에 근원이 된 주요영향이 아닌 것은?   17, 24년 기출

① 의학적 관점으로부터의 상담과 심리치료의 발달

② Parsons의 업적과 직업운동의 성숙

③ 정신건강에 대한 관심

④ 심리측정적 경향의 발달과 개인차 연구

답 ①

087

정신분석상담에서 말하는 불안의 종류에 해당하는 것은?

① 구체적 불안

② 특성적 불안

③ 도덕적 불안

④ 실존적 불안

핵심 키워드	• 정신분석상담 • 현실불안 • 신경증적 불안 • 도덕적 불안
기출 데이터	17년 기출

답 ③

과락을 피하는 해설

정신분석상담 – 불안의 종류

• 현실불안(Reality Anxiety)

 – '객관적 불안(Objective Anxiety)'이라고도 하며, 외부세계에서의 실제적인 위협을 지각함으로써 발생하는 감정적 체험이다.

• 신경증적 불안(Neurotic Anxiety)

 – 자아(Ego)가 본능적 충동인 원초아(Id)를 통제하지 못할 경우 발생할 수 있는 불상사에 대해 위협을 느낌으로써 나타난다.

 – 신경증적 불안의 근본적인 원인은 원초아의 쾌락을 탐닉하는 경우 처벌을 받을 수 있다는 불안감에서 비롯된다.

• 도덕적 불안(Moral Anxiety)

 – 원초아와 초자아(Superego) 간의 갈등에 의해 야기되는 불안으로, 본질적 자기양심에 대한 두려움과 연관된다.

 – 원초아의 충동을 외부로 표출하는 것이 도덕적 원칙에 위배될 수 있다는 인식하에 이를 외부로 표출하는 것에 거부감을 느끼며, 경우에 따라 수치심과 죄의식에 사로잡힌다.

유사문제 · 관련문제

세 자아 간의 갈등으로 인해 야기되는 불안 중 원초아와 초자아 간의 갈등에서 비롯된 불안은?　　15, 18년 기출

① 현실불안

② 신경증적 불안

③ 도덕적 불안

④ 무의식적 불안

답 ③

088

체계적 둔감법(Systematic Desensitization)의 기초가 되는 학습원리는?

① 혐오조건형성
② 고전적 조건형성
③ 조작적 조건형성
④ 고차적 조건형성

핵심 키워드	• 체계적 둔감법 • 상호제지이론 • 고전적 조건형성
기출 데이터	05, 17년 기출

답 ②

과락을 피하는 해설

파블로프(Pavlov)의 고전적 조건형성의 원리에 입각하여 볼프(Wolpe)가 확립한 이론으로, '상호제지이론' 또는 '역제지이론'이라고도 한다.

유사문제 · 관련문제

학생의 시험불안을 감소시키는 데 적용할 수 있는 상담기법은?　　　　　　　06년 기출

① 가치명료화 집단상담
② 혐오치료
③ 체계적 둔감법 또는 이완법
④ 주장훈련

답 ③

유사문제 · 관련문제

체계적 둔감절차의 핵심적인 요소는?　　　　　　　16, 24년 기출

① 이 완
② 공 감
③ 해 석
④ 인지의 재구조화

답 ①

청소년비행의 원인을 사회학적 관점에서 설명하는 이론이 아닌 것은?

① 아노미이론
② 사회통제이론
③ 욕구실현이론
④ 하위문화이론

핵심 키워드	• 청소년비행 • 비행의 원인 • 사회학적 관점
기출 데이터	17, 21, 23, 24년 기출

답 ③

과락을 피하는 해설

아노미이론
• 문화적 가치를 획득할 합법적인 수단이 없다고 판단될 때 아노미상태(예 혼란, 무규범)가 일어나고 범죄로 이어진다는 이론이다.
• 사회적으로 중요시되는 가치를 획득하고 싶은데, 이러한 가치를 획득할 수 있는 기회가 제한되어 있어 성공하기 어렵다는 좌절감을 느낄 경우 비행을 저지르게 된다는 것이다.
• 성공할 수 있는 기회의 제약 → 좌절감 → 비행의 발생

사회통제이론
• 사회통제력이 약화되어 범죄로 이어진다는 이론이다(사회적 연대를 중요시).
• 비행성향을 통제해 줄 수 있는 사회와의 유대가 약화될 때 비행에 빠지게 된다는 것이다.
• 가정, 학교 등의 애착, 참여 및 관여가 강하면 강할수록 비행이 적고, 약하면 약할수록 비행에 빠진다는 것이다.
• 사회적 유대약화 → 통제력약화 → 비행발생

비행하위문화이론
• 비행을 하위문화를 형성하고 있는 집단의 관습적 문제로 보는 이론이다.

더 알아두기

그 외 비행의 원인을 설명하는 이론적 관점
• 생태학적 비행이론 : 하류층 주거지역에서 비행이 발생할 확률이 높다는 이론이다.
• 사회해체이론 : 핵가족화, 결손가정, 거주불안정 등의 사회해체가 사회통제를 약화시켜 범죄와 일탈을 발생시킨다는 이론이다.
• 사회학습이론 : 간접학습을 통해 비행을 배워 행하게 된다는 이론이다(예 난폭한 환경이 사람을 난폭하게 한다).
• 차별적 교제이론 : 비슷한 무리끼리 어울리면서 서로 학습하고 상호작용한다는 이론이다.
• 낙인이론 : 사회적 낙인이 이차적 일탈을 불러일으킨다는 이론이다.
• 합리적 선택이론 : 비행으로 인한 손실보다 보상이 클 때 비행이 발생한다는 이론이다.

유사문제 · 관련문제

와이너(Weiner)의 비행분류에 관한 설명으로 옳지 않은 것은?   13, 16, 20년 기출

① 비행자의 심리적인 특징에 따라서 사회적 비행과 심리적 비행을 구분한다.

② 심리적 비행에는 성격적 비행, 신경증적 비행, 정신병적(기질적) 비행이 속한다.

③ 신경증적 비행은 행위자가 타인의 주목을 끌 수 있는 방식으로 비행을 저지르는 경우가 많다.

④ 소속된 비행하위집단 내에서 통용되는 삶의 방식들은 자존감과 소속감을 가져다주므로 장기적으로 적응적이라고 할 수 있다.

답 ④

유사문제 · 관련문제

청소년비행의 원인에 관한 설명으로 옳지 않은 것은?   18, 24년 기출

① 생물학적 접근 – 매우 심각한 비행청소년집단에서 측두엽간질이 유의미하게 발견되기도 한다.

② 사회학습이론 – 청소년의 역할모형이 바람직하지 못한 반사회적 행동이었을 경우에는 그 행동패턴이 비행적으로 나타나게 된다.

③ 문화전달이론 – 빈민가나 우범지대와 같은 사회해체지역에서 성장하는 청소년은 각종 비행을 배우고 또 직접 행동으로 실행하기도 한다.

④ 아노미이론 – 비행행동도 개인과 사회 간 상호행위과정의 산물로 이해한다.

답 ④

090

개인의 성장과 발달뿐만 아니라 성장에 방해요소를 제거시키거나 자기인식에 초점을 두는 집단상담의 유형은?

① 치료집단

② 지도 및 교육집단

③ 상담집단

④ 구조화집단

핵심 키워드	• 개인의 성장 및 발달 • 성장 방해요소, 자기인식 • 집단상담의 유형
기출 데이터	15년 기출

답 ③

과락을 피하는 해설

③ **상담집단** : 개인적 · 사회적 · 직업적 문제에 초점을 맞추며, 치료적 · 예방적 · 교육적 목표 달성을 위해 집단역동과 과정을 활용하는 집단이다.

① **치료집단** : 상담집단에 비해 보다 심각한 정도의 정서행동문제나 정신장애를 치료하기 위한 목적으로 구성되어 입원이나 외래의 형태로 이루어지는 집단이다.

② **교육집단** : 치료적 측면보다는 정의적 · 인지적 측면의 정신건강교육과 이와 관련된 다양한 주제에 대한 정보를 제공하기 위해 구성되는 집단이다.

④ **구조화집단** : 사전에 설정된 특정주제와 목표를 달성하기 위해 일련의 구체적인 활동으로 구성되고, 정해진 계획과 절차에 따라 진행되는 집단이다.

유사문제 · 관련문제

집단상담의 유형이 아닌 것은?   15년 기출

① 지도집단

② 치료집단

③ 자조집단

④ 전문집단

답 ④

현실치료에서 글래서(Glasser)가 제시한 8가지 원리에 해당되지 않는 것은?

① 감정보다 행동에 중점을 둔다.

② 현재보다 미래에 초점을 맞춘다.

③ 계획을 세워 계획에 따라 반드시 실천하겠다는 약속을 다짐 받는다.

④ 변명은 금물이다.

핵심 키워드	• 현실치료 • 글래서 • 현재에 초점
기출 데이터	12, 15년 기출

답 ②

과락을 피하는 해설

글래서(Glasser)는 현실치료자가 과거나 미래보다 현재에 초점을 두며, 무의식적 행동보다 행동선택에 대한 평가에 초점을 두어야 한다고 주장하였다.

현실치료의 8가지 원리(단계)

• 제1단계 : 관계형성단계
• 제2단계 : 현재 행동에 대한 초점화단계
• 제3단계 : 자기행동평가를 위한 내담자초청단계
• 제4단계 : 내담자의 행동계획발달을 위한 원조단계
• 제5단계 : 내담자의 의무수행단계
• 제6단계 : 변명거부단계
• 제7단계 : 처벌금지단계
• 제8단계 : 포기거절단계

유사문제 · 관련문제

현실치료의 인간관으로 가장 적합한 것은? 14년 기출

① 인간의 행동은 유전과 환경의 상호작용에 의해 형성된다.

② 인간의 삶은 개인의 자유로운 능동적 선택의 결과이다.

③ 인간은 자신의 자유로운 선택에 의해 잠재력을 각성할 수 있는 존재이다.

④ 인간은 기본적으로 자유롭고 자신의 목표를 스스로 선택하고자 하는 욕구를 가진 존재이다.

답 ④

유사문제 · 관련문제

Glasser의 현실요법상담이론에서 가정하는 기본적인 욕구가 아닌 것은? 16, 21년 기출

① 생존의 욕구

② 권력에 대한 욕구

③ 자존감의 욕구

④ 재미에 대한 욕구

답 ③

자신조차 승인할 수 없는 욕구나 인격특성을 타인이나 사물로 전환시킴으로써 자신의 바람직하지 않은 욕구를 무의식적으로 감추려는 방어기제는?

① 동일화

② 합리화

③ 투 사

④ 승 화

핵심 키워드	• 승인할 수 없는 욕구 • 타인이나 사물로 전환 • 방어기제 • 투 사
기출 데이터	11, 14, 17년 기출

답 ③

과락을 피하는 해설

③ 투사(Projection) : 자신이 갖고 있는 좋지 않은 충동을 다른 사람이 가지고 있다고 원인을 돌리는 것이다.

① 동일시 또는 동일화(Identification) : 자신보다 더 훌륭하다고 판단되는 인물 혹은 집단과 강한 정서적 유대를 형성하여 그들의 행동을 모방하는 것이다.

② 합리화(Raitonalization) : 자신의 행동을 그럴듯한, 그러나 부정확한 핑계를 사용하여 받아들여질 수 있게끔 재해석하는 것이다.

④ 승화(Sublimation) : 수용될 수 없는 충동을 사회적으로 용납되는 건설적이고 유익한 목적으로 표출시키는 것이다.

유사문제 · 관련문제

인간의 심리적 방어기제에 대한 설명으로 바르지 않은 것은?   07년 기출

① 방어기제는 인간발달에 필요한 기제이다.

② 방어기제는 인간이 경험하는 다양한 불안에서 자아를 보호하려는 심리적 기제이다.

③ 방어기제는 부적응적인 것이 대부분인 것으로 병리적인 관점에서 관찰을 해야 한다.

④ 상담자는 내담자가 자신의 방어기제에 대해 통찰하도록 함으로써 자신의 불안 및 우울에 직면하여 새롭게 처리하는 대안적이며 적응적인 방식을 채택하도록 도울 수 있다.

답 ③

유사문제 · 관련문제

자기가 화가 난 것을 의식하지 못하고 상대방이 자기에게 화를 냈다고 생각하는 것은?   04, 12년 기출

① 승 화

② 투 사

③ 부 정

④ 퇴 행

답 ②

093

집단상담에서 집단응집력에 관한 설명으로 옳지 않은 것은?

① 응집력이 높은 집단은 자기개방을 많이 한다.

② 응집력은 집단상담의 성공에 매우 중요한 요소가 된다.

③ 응집력이 낮은 집단은 '지금—여기'에서의 사건이나 일에 초점을 맞춘다.

④ 응집력이 높은 집단은 집단의 규범이나 규칙을 지키지 않는 다른 집단성원을 제지한다.

핵심 키워드	• 집단상담 • 집단응집력 • 집단상담 특성
기출 데이터	12, 16년 기출

답 ③

과락을 피하는 해설

③ '지금—여기'에 초점을 맞추는 집단의 경우 활기차고 응집력이 높은 경향이 있다.

① 응집력이 높은 집단은 자기개방과 집단갈등의 표출을 통해 문제를 건설적인 방법으로 해결하고자 하는 경향이 있다.

② 얄롬(Yalom)은 응집력을 집단의 성공에 강력한 영향을 미치는 결정요인으로 보았다.

④ 응집력이 높은 집단은 성원들 간에 친밀감과 결속력이 높으며, 공유된 태도 및 가치관, 집단문화를 가진다. 그들은 집단의 규범이나 규칙을 준수하며, 이를 지키지 않는 다른 집단성원을 제지한다.

더 알아두기

응집력이 높은 집단의 특징

• 자기 자신을 개방하며, 자기 탐색에 집중한다.

• 다른 성원들과 고통을 함께 나누며, 이를 해결해 나간다.

• 자유로운 분위기에서 집단활동에 적극적으로 동참한다.

• 자신의 생각과 느낌을 즉각적으로 표현한다.

• 서로를 보살피며, 있는 그대로 수용한다.

• 보다 진실되고 정직한 피드백을 교환한다.

• 건강한 유머를 통해 친밀감을 느끼며, 기쁨을 함께 한다.

• 깊은 인간관계를 맺으므로 중도이탈자가 적다.

• 집단의 규범이나 규칙을 준수하며, 이를 지키지 않는 다른 집단성원을 제지한다.

• '지금—여기'에 초점을 맞추는 경우 활기차고 응집력이 높은 경향이 있다.

집단상담자는 집단성원이 비생산적 행위를 할 때 이러한 행위를 저지 또는 제한할 수 있다. 집단성원의 비생산적 행위에 해당 하지 않는 것은?

11년 기출

① 여러명이 한 명에게 계속 감정을 표출한다.
② 특정집단성원에게 개인적 정보를 캐묻는다.
③ 자기-드러내기를 시도한다.
④ 사회현상에 대한 자신의 의견을 늘어놓는다.

답 ③

집단상담에 대한 설명으로 가장 적합한 것은?

16, 24년 기출

① 집단 크기, 기간, 집단성격, 프로그램 등을 미리 결정해야 한다.
② 집단상담에서는 개인상담에 있는 접수면접과 같은 단계는 생략된다.
③ 집단상담에서 상담자는 조언을 사용해서는 안 된다.
④ 만성적 우울증을 가진 내담자로 이루어진 집단은 자조집단에 어울린다.

답 ①

상담의 구조화에 관한 설명으로 옳지 않은 것은?

① 상담의 다음 진행과정에 대한 내담자의 두려움이나 궁금증을 줄일 수 있다.

② 구조화는 상담초기뿐만 아니라 전체과정에서 진행될 수 있다.

③ 상담의 효과를 최대한으로 높이기 위해 행해진다.

④ 상담에서 다루려는 내용을 구체적으로 정의하는 작업이다.

핵심 키워드	• 상담의 구조화 • 상담의 진행과정 • 상담의 특성
기출 데이터	17, 24년 기출

답 ④

과락을 피하는 해설

상담의 구조화

• 구조화는 상담과정의 본질, 제한조건과 방향에 대해 상담자가 내담자에게 정의를 내려주는 것. 즉 상담자가 내담자에게 상담과정의 바람직한 체계와 방향을 알려주는 것이다.

• 구조화는 그 자체가 상담의 목적이 아니라 상담관계를 바람직한 방향으로 안정시키는 중요한 수단으로 기능한다.

• 구조화는 필요에 따라 상담과정 중에 언제나 일어날 수 있지만, 특히 상담초기에 적절한 구조화가 이루어지는 게 필요하다.

• 구조화를 통해 상담시간, 내담자의 행동, 상담자의 역할, 내담자의 역할 및 과정목표, 비밀유지, 상담회기의 길이와 빈도, 상담의 계획된 지속기간, 내담자와 상담자의 책임, 가능한 상담성과 및 상담 시의 행동제한 등을 설정한다.

상담구조화의 종류

• 암시적 구조화 : 이미 알려진 상담자의 역할과 내담자가 처해 있는 상황이 자동적으로 상담관계에 어떤 구조를 가하게 되는 것이다.

• 정규적 구조화 : 내담자에게 상담과정에 대해 의도적으로 설명하고 제약을 가하는 것이다.

상담구조화의 원칙

• 상담자와 내담자가 서로 편안히 느끼도록 구조화가 최소한으로 설정되어야 한다.

• 구조화는 적절한 시점에서 이루어지되 결코 내담자를 처벌하는 식으로 되어서는 안 된다.

• 면담시간의 약속과 내담자의 행동규범에 관해서는 구체적으로 정해야 한다.

유사문제 · 관련문제

다음 보기에서 상담자가 소홀히 하고 있는 것은?   15, 24년 기출

> 내담자가 심리상담실에 찾아와서 자신이 어떻게 행동해야 할지(예를 들면, 무슨 말을 해야 하는지, 휴대폰을 어떻게 해야 하는지, 오늘은 언제까지 심리상담이 진행되는 것인지 등)를 모르고 불안해한다.

① 수 용   ② 해 석   ③ 구조화   ④ 경 청

답 ③

아들러(Adler)의 개인심리학적 상담에 대한 설명으로 옳지 않은 것은?

① 아들러(Adler)는 일반적으로 인간이 열등감을 갖는 것은 필요하고 바람직하기까지 하다고 보았다.

② 프로이트(Freud)와 마찬가지로 아들러(Adler)도 인간의 목표를 중시하면서 주관적 요인을 강조하였다.

③ 아들러(Adler)는 신경증, 정신병, 범죄 등 모든 문제의 원인은 사회적 관심의 부재라고 보았다.

④ 아들러(Adler)는 생활양식을 개인 및 사회의 정신병리를 일으키는 주요 요인으로 보았다.

핵심 키워드	• 아들러 • 개인심리학 • 열등감 극복
기출 데이터	17년 기출

정답 ②

과락을 피하는 해설

아들러(Adler)의 개인심리이론

• 아들러는 한 개인을 나누어질 수 없는 전체이며, 목표달성을 위해 끊임없이 노력하는 존재로 보면서, 개인심리학(Individual Psychology)을 개발하였다.

• 아들러는 인간을 목적론적 존재로 보면서 인간으로서 누구나 느끼는 열등감을 극복하여 자기완성을 이룰 것을 강조하였다.

• 개인심리이론에서는 인간을 전체적 존재, 사회적 존재, 목표지향적이고 창조적인 존재, 주관적 존재로 보았다.

• 아들러는 '인간이 추구하는 궁극적인 목적은 무엇인가, 인간은 단지 열등감의 해소만을 추구하는가' 등의 질문에 대해 '공격성', '힘에 대한 의지', '우월성 추구'의 개념으로 설명하였다.

• 주요개념은 열등감, 우월성의 추구, 생활양식, 가족구도, 출생순위 등이 있다.

• 출생순위 : 첫째 아이(폐위된 왕, 권위의 중요성을 알고, 동정적, 과거에 관심 많음)/둘째(경쟁, 달리는 꿈)/막내(과잉보호 가능성, 문제아 또는 영웅)/독자(자신의 중요성에 대한 과장된 견해, 소심하고 의존적)

• 아들러는 사람들의 주요문제를 3가지 측면, '사회적 관심의 결여', '상식의 결여', '용기의 결여'라고 보았고, 이에 상담자들은 내담자들의 문제해결을 위해 내담자들에게 사회적 관심, 상식, 용기를 불어넣어 바람직한 삶을 영위하도록 조력해야 한다고 보았다.

• 사회적 관심과 활동수준에 따라 4가지 유형 : 지배형, 기생형, 회피형, 사회적 유용형

• 5가지 인생과제 : 영성, 자기지향, 일과 여가, 우정, 사랑

• 주요 상담기법은 즉시성, 격려, 마치 ~처럼 행동하기, 내담자의 수프에 침 뱉기, 단추누르기 등이 있다.

아들러(Adler)의 개인심리학적 접근에서 세운 치료목표가 아닌 것은?　　　　　07년 기출

① 사회적 관심을 증진시키기

② 개인 내적인 무의식적 동기를 탐색하기

③ 내담자의 생활양식 변화시키기

④ 잘못된 동기를 변화시키고 다른 사람과 동등한 감정을 갖도록 돕기

답 ②

PART 2

아들러(Adler)가 인간의 성격을 설명하면서 강조한 것이 아닌 것은?　　　　　15, 18, 24년 기출

① 열등감의 보상

② 우월성 추구

③ 힘에 대한 의지

④ 신경증 욕구

답 ④

상담자의 윤리에 관한 설명으로 옳지 않은 것은?

① 비밀보장은 상담진행과정 중 가장 근본적인 윤리기준이다.

② 내담자의 윤리는 개인상담뿐만 아니라 집단상담이나 가족상담에서도 고려되어야 한다.

③ 상담여부를 결정하는 것은 내담자이며 상담자는 내담자에게 정확한 정보를 제공해야 한다.

④ 상담이론과 기법은 반복적으로 검증된 것이므로 시대 및 사회여건과 무관하게 적용해야 한다.

핵심 키워드	• 상담자 윤리 • 윤리기준 • 윤리지침
기출 데이터	17, 21년 기출

답 ④

과락을 피하는 해설

상담자와 내담자의 상담관계에서의 일반적인 윤리지침

• 상담자는 자신이 어떠한 개인적 욕구를 가지고 있으며, 자신의 그와 같은 욕구가 내담자에게 어떤 영향을 미치는지를 명확히 자각하고 있어야 한다.

• 상담자는 치료적 관계를 명백히 해칠 수 있는 내담자와의 어떤 다른 관계를 가져서는 안 된다.

• 상담자는 내담자의 비밀을 보장해야 하며, 상담관계에 부정적인 영향을 미칠 수 있는 다른 문제들에 대해 내담자에게 이를 알려줄 책임이 있다.

• 상담자는 상담의 목표, 절차 등을 비롯하여 상담관계를 시작함으로써 내담자에게 닥칠지도 모르는 위험, 상담결정을 내리기 전에 고려해야 할 요인들에 대해 미리 내담자에게 알려주어야 한다.

• 상담자는 자신이 제공할 수 있는 전문적인 도움의 한계를 명확히 알고 있어야 하며, 내담자에게 적절한 도움을 제공하기 어렵다고 판단하는 경우, 지도감독자의 도움을 받거나 내담자를 다른 상담자에게 의뢰해야 한다.

유사문제 · 관련문제

청소년 상담사에게 요구되는 윤리적인 내용과 가장 거리가 먼 것은?　　　14년 기출

① 비밀보장에 대한 원칙을 내담자에게 알려준다.

② 청소년 내담자의 법적, 제도적 권리에 대해 알려준다.

③ 청소년 내담자에게 존중의 의미에서 경어를 사용할 수 있다.

④ 비밀보장을 위하여 내담자에 대한 기록물은 상담의 종결과 함께 폐기한다.

답 ④

유사문제 · 관련문제

상담의 일반적인 윤리적 원칙에 해당하지 않는 것은?　　　15, 19년 기출

① 자율성(Autonomy)

② 무해성(Nonmaleficence)

③ 선행(Beneficience)

④ 상호성(Mutuality)

답 ④

성폭력 피해자 심리상담 초기단계의 유의사항으로 옳지 않은 것은?

① 치료관계 형성에 힘써야 한다.

② 상담자는 상담내용의 주도권을 가져야 한다.

③ 성폭력 피해로 인한 합병증이 있는지 묻는다.

④ 성폭력 피해의 문제가 없다고 부정을 하면 일단 수용해 준다.

핵심 키워드	• 피해자 상담 • 피해자 상담 유의사항 • 상담 초기
기출 데이터	03, 09, 11, 18, 22, 23년 기출

답 ②

과락을 피하는 해설

성폭력 피해자 심리상담 초기단계의 유의사항

• 상담자는 피해자인 내담자와 신뢰할 수 있는 관계를 유지함으로써 치료관계 형성에 힘써야 한다.

• 상담자는 내담자에게 상담내용의 주도권을 줌으로써 내담자에게 현재 상황에서 표현할 수 있는 내용에 대해서만 이야기 할 수 있도록 배려해야 한다.

• 상담자는 내담자의 비언어적인 표현에 주의를 기울이며, 그에 대해 적절히 반응해야 한다.

• 상담자는 내담자의 성폭력 피해로 인한 합병증 등을 파악해야 한다.

• 상담자는 내담자가 성폭력 피해의 문제가 없다고 부인하는 경우 일단 수용하며, 언제든지 상담의 기회가 있음을 알려주 어야 한다.

성피해자에 대한 상담의 초기단계에서 상담자가 유의해야 할 사항으로 옳은 것은?　　　　　13, 17, 24년 기출

① 피해자가 첫 면접에서 성피해 사실을 부인하는 경우, 솔직한 개방을 하도록 지속적으로 유도한다.

② 가능하면 초기에 피해자의 가족상황과 성폭력 피해의 합병증 등에 관한 상세한 정보를 얻는다.

③ 성피해로 인한 내담자의 심리적 외상을 신속하게 탐색하고 치유할 수 있도록 적극적으로 개입한다.

④ 피해상황에 대한 상세한 정보수집이 중요하므로 내담자가 불편감을 표현하더라도 상담자가 주도적으로 면접을 진행한다.

답 ②

성폭력 피해자의 상담원리와 가장 거리가 먼 것은?　　　　　14년 기출

① 상담자 자신이 가진 성폭력에 대한 편견을 자각하고 올바른 태도로 수정한다.

② 위기상황에 있는 피해자의 상태를 수용하고 반영해 주며 진지한 관심을 전달한다.

③ 성폭력 피해가 내담자의 책임이 아니며, 가치가 손상된 것이 아님을 확신하도록 한다.

④ 성폭력 피해자의 고통과 공포, 분노감이 가능한 재생되지 않도록 유의한다.

답 ④

성피해자에 대한 심리치료 과정 중, 초기단계에서 상담자가 유의해야 할 사항과 가장 거리가 먼 것은?　　　　　16, 19, 24년 기출

① 치료의 관계형성을 위해 수치스럽고 창피한 감정이 정상적인 감정임을 공감한다.

② 피해상황에 대한 진술은 상담자 주도로 이루어져야 한다.

③ 성피해 사실에 대한 내담자의 부정을 허락한다.

④ 내담자에게 치료자에 대한 감정을 물어주고 치료자를 선택할 수 있도록 해준다.

답 ②

098

우울한 사람들이 보이는 체계적인 사고의 오류 중 결론을 지지하는 증거가 없거나 증거가 결론과 배치되는데도 불구하고 어떤 결론을 이끌어내는 과정을 의미하는 인지적 오류는?

① 선택적 추상화(Selective Abstraction)

② 과일반화(Overgeneralization)

③ 개인화(Personalization)

④ 임의적 추론(Arbitrary Inference)

핵심 키워드	• 우울한 사람 • 사고의 오류 • 인지적 오류 • 임의적 추론
기출 데이터	05, 11, 13, 17년 기출

답 ④

과락을 피하는 해설

① 선택적 추상화(Selective Abstraction) : 다른 중요한 요소들은 무시한 채 사소한 부분에 초점을 맞추고, 그 부분적인 것에 근거하여 전체 경험을 이해하는 것을 의미한다.

② 과일반화 또는 과도한 일반화(Overgeneralization) : 한두 개의 고립된 사건에 근거해서 일반적인 결론을 내리고 그것을 서로 관계없는 상황에 적용하는 것을 의미한다.

③ 개인화(Personalization) : 자신과 관련시킬 근거가 없는 외부사건을 자신과 관련시키는 성향으로, 실제로는 다른 것 때문에 생긴 일에 대해 자신이 원인이고 자신이 책임져야 할 것으로 받아들이는 것을 의미한다.

유사문제 · 관련문제

벡(Beck)의 인지치료에서 인지적 오류에 해당되지 않는 것은?   14년 기출

① 이분법적 사고   ② 과잉일반화
③ 의미확대   ④ 강박적 추론

답 ④

유사문제 · 관련문제

벡(Beck)이 제시하는 인지적 오류 중 '평범하다는 평가를 받는다는 것은 내가 얼마나 부족한지 증명하는 것이다'라고 생각하는 경우는?   15, 24년 기출

① 전부 아니면 전무의 사고

② 긍정적인 면의 평가절하

③ 과장/축소

④ 과잉일반화

답 ③

다음 중 특성-요인상담에 관한 설명으로 옳지 않은 것은?

① 상담자 중심의 상담방법이다.

② 사례연구를 상담의 중요한 자료로 삼는다.

③ 문제의 객관적 이해보다는 내담자에 대한 정서적 이해에 중점을 둔다.

④ 내담자에게 정보를 제공하고 학습기술과 사회적 적응기술을 알려주는 것을 중요시한다.

핵심 키워드	• 특성-요인상담 • 상담방법 • 상담이론
기출 데이터	08, 11, 13, 21, 22, 23년 기출

답 ③

과락을 피하는 해설

특성-요인상담

• 윌리암슨(Williamson)이 파슨스(Parsons)의 '개인', '직업', '개인과 직업 간의 관계'를 기본으로 하여 만든 직업이론의 원리를 토대로 발전시킨 것이다.

• '특성(Trait)'은 성격, 적성, 흥미, 가치관 등 검사에 의해 측정 가능한 개인의 특징을 의미한다. 반면, '요인(Factor)'은 책임감, 성실성, 직업성취도 등 성공적인 직업수행을 위해 요구되는 특징을 의미한다.

• 개인차심리학과 응용심리학에 근거를 두고 있으며, 개인의 특성과 직업을 구성하는 요인에 관심을 둔다. 특히 다양한 검사를 통해 개인의 특성을 밝혀내어 이를 직업의 특성에 연결시키는 것에 초점을 둔다.

• 내담자의 의사결정능력을 향상시키며, 합리적인 과정을 통해 자신의 학문적 · 직업적 능력에 부합하는 직업을 선택하도록 돕는 것을 목표로 한다.

• 상담자 중심의 상담방법으로 내담자에 대한 정서적 이해보다 문제의 객관적 이해에 중점을 둔다.

• 특성-요인상담의 기본은 변별진단이다. 변별진단이란 일련의 관련이 있거나 관련이 없는 사실들로부터 일관된 형식의 의미를 논리적으로 사고하는 과정 또는 하나씩 해결하는 과정이다.

• 내담자에게 정보를 제공하고 학습기술 및 사회적 적응기술을 알려주는 것을 중시한다.

• 내담자를 객관적으로 이해하고, 올바른 예언을 하기 위해 사례나 사례연구를 상담의 중요한 자료로 삼는다.

도박중독에 관한 설명으로 가장 적합한 것은?

① 원하는 흥분을 얻기 위해 액수를 낮추면서 도박을 한다.

② 정상적인 사회생활에는 큰 지장이 없다.

③ 도박을 중단하면 금단증상이 나타나며, 심하면 자살을 초래한다.

④ 도시보다 시골지역에 많으며, 평생 유병률은 5% 정도로 보고되고 있다.

핵심 키워드	• 도박중독 • 중독의 특성 • 금단증상
기출 데이터	06, 11, 16, 18, 20년 기출

답 ③

과락을 피하는 해설

도박중독의 특징

• 도박에 과도하게 집착하는 경향을 보인다.

• 자신이 바라는 흥분감을 얻기 위해 돈의 액수를 늘리려고 한다.

• 도박행동의 조절이나 중지에 대한 노력이 반복적으로 실패한다.

• 도박행동에 대한 제한을 시도할 때 안절부절 못하거나 과민하다.

• 무기력감이나, 우울감, 죄책감 등의 문제에서 벗어나기 위한 수단으로서 도박을 한다.

• 도박으로 돈을 잃고 나서 이를 만회하기 위해 다음날 다시 도박을 한다.

• 자신이 도박에 빠졌다는 것을 숨기기 위해 가족, 치료사, 다른 사람에게 거짓말을 한다.

• 도박자금을 마련하기 위해 도둑질, 지폐위조, 사기 등 불법행위를 시도한다.

• 도박으로 인해 중요한 대인관계가 위태로워지거나 직업 및 교육상의 기회를 잃는다.

유사문제 · 관련문제

도박중독의 심리 · 사회적 특징에 대한 설명으로 옳은 것은?   06, 11, 18, 21, 22, 23, 24년 기출

① 도박중독자들은 대체로 도박에만 집착할 뿐 다른 개인적인 문제를 가지지 않는다.

② 도박중독자들은 직장에서 도박자금을 마련하기 위해 남보다 더 열심히 노력한다.

③ 심리적 특징으로 단기적인 만족을 추구하기보다는 장기적인 만족을 추구한다.

④ 도박행위에 문제가 있음을 받아들이지 않고 변명하고 논쟁하려 든다.

답 ④

PART

3

부록편

만나면 당황하는 문제 20선

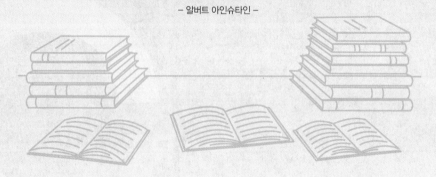

인생은 자전거를 타는 것과 같다.
균형을 잡기 위해서는 계속 움직여야 한다.

– 알버트 아인슈타인 –

끝까지 책임진다! 시대에듀!

QR코드를 통해 도서 출간 이후 발견된 오류나 개정법령, 변경된 시험 정보, 최신기출문제, 도서 업데이트 자료
등이 있는지 확인해 보세요! **시대에듀 합격 스마트 앱**을 통해서도 알려 드리고 있으니 구글 플레이나 앱 스토어
에서 다운받아 사용하세요. 또한, 파본 도서인 경우에는 구입하신 곳에서 교환해 드립니다.

제 1 과목 심리학개론

01

다음은 어떤 상담에 관한 설명인가?

> 정상적인 성격발달이 특정 발달단계의 성공적인 문제 해결과 관련 있다고 보는 상담 접근

① 가족체계상담
② 정신분석상담
③ 해결중심상담
④ 인간중심상담

관련 범주	정신분석상담
기출 데이터	22년 기출

답 ②

당황을 반감시키는 해설

정신분석상담

- 인간심리에 대한 구조적 가정 및 여러 가지 형태의 부적응행동에 대한 역동적 이해 등의 이론적 배경에 기초를 둔다.
- 인생의 초기경험을 중시하며, 무의식 혹은 심층에 숨어 있는 문제의 원인을 분석하여 의식의 세계로 노출시킴으로써 자아의 기능을 강화한다.
- 건전한 성격이란 자아(Ego)가 초자아(Superego)와 원초아(Id)의 기능을 조정할 능력이 있어서 적절한 심적 균형을 유지하는 것을 말한다.
- 정신분석상담은 무의식적 자료에 접근하기 위해 환자들의 관념이나 느낌, 환상 등을 우선 거리낌 없이 자유롭게 표현하도록 하는 방법을 사용한다.
- 최근의 정신역동(Psychodynamic)은 정신분석(Psychoanalysis)보다 넓은 의미를 포함하나 프로이트(Freud)의 정신분석이론의 주요개념에 근거하므로 사실상 정신분석과 같은 개념으로 이해하는 것이 일반적이다. 다만, 정신역동이 지금-여기(Here & Now)의 치료적 관계에서 환자의 의식과 잠재의식에 초점을 두는 반면, 정신분석은 환자의 무의식과 과거 경험에 주목하여 치료적 관계를 통한 과거의 재경험 및 재구성과정에 초점을 둔다는 점에서 차이가 있다.

다음은 무엇에 관한 설명인가?

> 방어기제 중 우리가 가진 바람직하지 않은 자질들을 과장하여 다른 사람들에게 부여함으로써 우리의 결함을 인정하지 않도록 막아주는 것

① 부 인
② 투 사
③ 전 위
④ 주지화

관련 범주	방어기제
기출 데이터	21년 기출

답 ②

당황을 반감시키는 해설

② 투사(Projection) : 사회적으로 인정받을 수 없는 자신의 행동과 생각을 마치 다른 사람의 것인 양 생각하고 남을 탓하는 것이다.
  예 자기가 화가 난 것을 의식하지 못한 채 상대방이 자기에게 화를 낸다고 생각하는 경우
① 부인 또는 부정(Denial) : 의식화되는 경우 감당하기 어려운 고통이나 욕구를 무의식적으로 부정하는 것이다.
  예 자신의 애인이 교통사고로 사망했음에도 불구하고 그의 죽음을 인정하지 않은 채 여행을 떠난 것이라고 주장하는 경우
③ 전치(전위) 또는 치환(Displacement) : 자신이 어떤 대상에 대해 느낀 감정을 보다 덜 위협적인 다른 대상에게 표출하는 것이다.
  예 아빠에게 꾸중들은 아이가 적대감을 아빠에게 표현하지 못하고 동생을 때리는 경우
④ 주지화(Intellectualization) : 불편한 감정을 조절하거나 최소화하기 위해 지나치게 추상적으로 사고하거나 일반화함으로써 감정적 갈등이나 스트레스를 처리하는 것이다.
  예 죽음에 대한 불안감을 덜기 위해 죽음의 의미와 죽음 뒤의 세계에 대해 추상적으로 사고하는 경우

표준화검사에 대한 설명으로 옳은 것은?

① 표준화검사는 검사의 제반 과정에서 검사자의 주관적인 의도나 해석이 개입될 수 있도록 한다.

② 절차의 표준화는 환경적 조건에 대한 엄격한 지침을 제공함으로써 시간 및 공간의 변화에 따라 검사 실시 절차가 달라지는 것을 의미한다.

③ 실시 및 채점의 표준화를 위해서는 그에 관한 절차를 명시해야 한다.

④ 표준화된 여러 검사에서 원점수의 의미는 서로 동등하다.

관련 범주	표준화검사
기출 데이터	20년 기출

目 ③

당황을 반감시키는 해설

표준화검사(Standardized Test)는 검사절차의 표준화를 통해 검사 실시 상황이나 환경적 조건에 대한 엄격한 지침을 제공하는 동시에 검사자의 질문 방식이나 수검자의 응답 방식까지 구체적으로 규정한다. 이와 같은 표준화 검사는 측정된 결과들을 상호 비교할 수 있도록 해 주지만, 수검자의 반응의 자유도를 좁힘으로써 독특한 반응을 제한하는 단점을 가진다.

다음이 설명하는 개념은?

학교에서 강의를 듣는 학생이 강의를 받던 곳에서 시험을 치르면 강의를 받지 않은 다른 곳에서 시험을 보는 것보다 시험결과가 좋아질 수 있다.

① 처리수준모형
② 부호화 특정원리
③ 재인기억
④ 우연학습

관련 범주	인지심리학 개념
기출 데이터	11, 19년 기출

답 ②

당황을 반감시키는 해설

② 부호화 특정원리(Encoding Specificity Principle) : 어떠한 기억 대상을 장기기억에서 인출하는 경우 그와 관련된 단서가 있을 때 보다 쉽게 기억해낼 수 있다는 원리이다. 어떠한 정보를 학습한 바로 그 장소에서 기억정보의 인출을 시도하는 경우, 부호화 당시와 동일한 생리학적 상태에서 인출을 시도하는 경우 보다 효과적으로 기억해 낼 수 있다.

① 처리수준모형(Levels of Processing Model) : 크레이크와 로크하트(Craik & Lockhart)가 주장한 기억에 대한 이론으로, 기억의 지속이 정보처리의 수준과 연관되어 있다고 보는 관점이다. 어떠한 정보에 대해 완전한 이해를 토대로 기억하는 경우 보다 오래 기억할 수 있으나, 단순 암기식으로 기억하는 경우 쉽게 잊는다.

③ 재인(Recognition) : 이전에 경험한 어떠한 대상과 다시 마주하는 경우 느끼게 되는 친근감을 통해 기억에 이르게 되는 것을 말한다. 즉, 재인기억은 친숙성(Familiarity)과 회고(Recollection)를 통해 구체화되는 것이다.

④ 우연학습(Incidental Learning) : '의도학습(Intentional Learning)'과 대비되는 개념으로, 기억의 재인 또는 재생이라는 실험의 본질적인 목적을 숨긴 채 참가자들에게 일련의 단어들을 제시한 후 본래의 목적대로 실험을 진행하는 경우, 참가자들은 예상 외의 기억검사에도 불구하고 의도학습에서와 크게 다르지 않은 결과를 나타내 보인다는 것이다.

제2과목 이상심리학

05

항정신병 약물 부작용으로서 나타나는 혀, 얼굴, 입, 턱의 불수의적 움직임 증상은?

① 무동증(Akinesia)

② 만발성운동장애(Tardive Dyskinesia)

③ 추체외로 증상(Extrapyramidal Symptoms)

④ 구역질(Nausea)

관련 범주	항정신병 약물 부작용
기출 데이터	17, 20, 23년 기출

답 ②

당황을 반감시키는 해설

② **만발성운동장애** : 장기에 걸친 항정신병제제의 복용경과 중 또는 중단이나 감량을 계기로 나타나는 것으로, 주로 입술, 혀, 아래턱 등에서 볼 수 있는 불수의적인 움직임을 말한다.

① **무동증** : 쇠약이나 마비가 없이 일어나는 신체 움직임의 감소로 습관적인 움직임(예 팔을 흔듦)이 제한되거나 없는 것이다.

③ **추체외로 증상** : 항정신병 약물 투여 후 급성으로 나타나는 다양한 종류의 운동곤란증을 말한다. 약물 투여 시 수 시간 혹은 수일 사이에 턱, 혀, 눈, 사지, 눈 및 동체근육에 나타나는 지속적인 운동곤란증이다.

④ **구역질** : 구토를 하기 전 속이 메스꺼워서 토하려고 하는 상태를 말한다.

PART 3

인간의 정신병리가 경험회피와 인지적 융합으로 인한 심리적 경직성 때문이라고 주장하며 창조적 절망감, 맥락으로서의 자기 등의 치료 요소를 강조하는 가장 대표적인 치료법은?

① 수용전념치료(ACT)

② 변증법적 행동치료(DBT)

③ 합리적 정서행동치료(REBT)

④ 마음챙김에 근거한 인지치료(MBCT)

관련 범주	수용전념치료
기출 데이터	20년 기출

目 ①

당황을 반감시키는 해설

① 수용전념치료(ACT ; Acceptance and Commitment Therapy) : 제3세대 인지행동치료로서, 내담자로 하여금 고통스러운 부정적 감정에 저항하지 말고 이를 수용하면서 자신이 원하는 가치와 목표를 실현하는 데 전념하도록 돕는다.

② 변증법적 행동치료(DBT ; Dialectical Behavior Therapy) : 본래 경계선 성격장애의 치료를 위해 개발된 것으로, 내담자의 경험에 대한 수용과 변화의 변증법적 갈등을 해결하고 균형을 이루도록 돕는다.

③ 합리적 정서행동치료(REBT ; Rational-Emotive Behavior Therapy) : 인지적 요인의 중요성을 강조한 최초의 치료이론으로, 내담자의 신념체계를 합리적인 것으로 바꿈으로써 내담자의 정서와 행동을 적응적으로 변화시키는 동시에 삶의 전반을 변화시키도록 돕는다.

④ 마음챙김에 근거한 인지치료(MBCT ; Mindfulness-Based Cognitive Therapy) : 본래 우울증의 재발 방지를 위해 개발된 것으로, 우울증을 유발하는 자동적 사고의 영향력을 약화시키도록 돕는다.

다음에서 설명하고 있는 것은?

신경성식욕부진증 환자들이 사회적 및 신체적 문제들에도 불구하고 절식행동과 과도한 운동을 하는 생물학적 이유를 설명하기 위해 제안된 것으로, 굶는 동안 엔돌핀 수준이 증가하여 긍정적 정서를 체험함으로써 신경성식욕부진증적 행동이 강화된다.

① 상호억제원리
② Premack의 원리
③ 신해리이론
④ 자가중독이론

관련 범주	신경성식욕부진증
기출 데이터	16년 기출

답 ④

당황을 반감시키는 해설

자가중독이론

• 신경성식욕부진증(거식증)에 대한 생물학적인 원인이다.
• 신경성식욕부진증 환자들은 굶는 동안 또는 운동을 하는 동안 엔돌핀 수준이 증가하고, 엔돌핀 수준 증가가 거식증 환자의 기분을 충전시킨다는 것이다.
• 이 상태를 유지하기 위해 음식을 피하고 운동을 하게 된다는 것이다.

뉴런의 전기화학적 활동에 관한 설명으로 옳지 않은 것은?

① 뉴런은 자연적으로 전하를 띠는데, 이를 활동전위라고 한다.

② 안정전위는 뉴런의 세포막 안과 밖 사이의 전하 차이를 의미한다.

③ 활동전위는 축색의 세포막 채널에 변화가 있을 경우 발생한다.

④ 활동전위는 전치 쇼크가 일정 수준, 즉 역치에 도달할 때에만 발생한다.

관련 범주	뉴 런
기출 데이터	20년 기출

답 ①

당황을 반감시키는 해설

뉴런은 자연적으로 전하를 띠는데, 이를 안정전위(Resting Potential)라고 부른다. 안정전위는 뉴런의 세포막 안과 밖 사이의 전하 차이를 의미한다. 활동전위는 뉴런의 축색을 따라 시냅스에 전달되는 전기적 신호이다.

제**3**과목 # 심리검사

09

교통사고 환자의 신경심리검사에서 꾀병을 의심할 수 있는 경우는?

① 기억과제에서 쉬운 과제에 비해 어려운 과제에서 더 나은 수행을 보일 때

② 즉각 기억과제와 지연 기억과제의 수행에서 모두 저하를 보일 때

③ 뚜렷한 병변이 드러나며 작의적인 반응을 보일 때

④ 단기기억 점수는 정상범위이나 다른 기억점수가 저하를 보일 때

관련 범주	신경심리검사
기출 데이터	16, 22, 24년 기출

답 ①

당황을 반감시키는 해설

신경심리평가 시 위장자(Faker)들을 변별하는 방법(홍경자, 1995)

• 일관성 : 위장하는 사람들은 동일한 영역을 측정하는 비슷한 검사로 재검사를 시행했을 때 같은 양상의 장애를 나타내지 않는 경우가 많고, 자신의 증상 및 병력에 대해서는 잘 기억하면서 기억력 검사에 들어가서는 장애를 보일 수 있다.

• 위장자들은 모든 검사에서 다 못하는 경우가 많은데, 실제 환자는 손상 양상에 따라 어떤 검사는 잘 수행하고 어떤 검사는 대단히 못한다. 만약 위장자가 일부 검사에서 선택적으로 장애를 보이려고 할 때는 주로 감각 및 운동기능의 장애를 보인다고 한다.

• 난이도를 살펴보면, 일반적으로 환자들은 쉬운 소검사는 잘 수행하고 어려워지면 잘 수행하지 못하는 데 비해 위장자들을 난이도가 낮은 소검사부터 잘 수행하지 못하는 경향이 있다.

• 위장자들은 검사에서 나타난 장애 정도와 손상으로부터 예측되는 장애 정도 사이에 상당한 차이를 보인다.

10

"통계적으로 유의미하다"라는 말의 뜻을 나타내는 것은?

① 실험 결과가 우연이 아닌 실험 처치에 의해서 나왔다.

② 실험 결과를 통계적 방법을 통해 분석할 수 있다.

③ 실험 결과가 통계적 분석 방법을 써서 나온 것이다.

④ 실험 결과가 통계적 혹은 확률적 현상이다.

관련 범주	실험 결과
기출 데이터	15, 20, 23, 24년 기출

답 ①

당황을 반감시키는 해설

실험 결과가 우연에 의한 것인 경우 통계적으로 유의미하다고 할 수 없다. "통계적으로 유의미하다"의 의미는 주어진 유의 수준에서 귀무가설이 틀리고 대립가설이 옳다는 뜻으로 귀무가설을 기각하고, 대립가설을 채택한다는 의미가 된다.

아래 그림은 42세 된 환자의 Rey Complex Figure Test(RCFT) 결과이다. 이에 대한 설명으로 옳지 않은 것은?

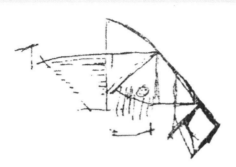

① 시각-공간이 단편화되어 있다.

② 왼쪽과 하단부의 무시현상(Neglect)이 일어나고 있다.

③ 우측 전두정골(Frontoparietal)의 문제를 의심할 수 있다.

④ 보속증 경향은 보이지 않는다.

관련 범주	레이복합도형검사
기출 데이터	15년 기출

답 ④

당황을 반감시키는 해설

위의 검사결과는 4일 전에 우측 전두정골 뇌졸중(Right Frontoparietal Stroke)이 발생한 42세 환자의 그림으로, 도형 왼쪽과 하단부의 무시(Neglect), 강한 보속증 경향, 시각-공간 단편화(Visual-Spatial Fragmentation)를 보이고 있다.

참고

레이복합도형검사(RCFT ; Rey Complex Figure Test)
• 복잡한 도형을 따라 그리게 하고 이후 회상과제를 통하여 비언어적, 시각 기억력을 측정한다.
• 구성능력을 검사하는 평가도구이다.
• 대뇌피질의 후부(Posterior Cerebral Cortex) 손상이 있을 경우 구성능력에 있어 심각한 장애가 초래되는데, 특히 좌반구 손상보다는 우반구 손상이 있을 때 구성능력의 장애가 심각해진다.

12

로렌츠바이크(Rosenzweig)의 그림좌절검사(Picture Frustration Test)에서는 표출되는 공격성의 세 방향을 구분하고 있다. 세 방향에 속하지 않는 것은?

① 투사지향형
② 내부지향형
③ 외부지향형
④ 회피지향형

관련 범주	그림좌절검사
기출 데이터	13, 16년 기출

답 ①

당황을 반감시키는 해설

로렌츠바이크(Rosenzweig)의 그림좌절검사(Picture Frustration Test)

냉장고에 넣어둔 간식은 네 언니가 다 먹었단다.

[그림좌절검사의 예]

- 그림좌절검사는 수검자로 하여금 구조화된 언어적-회화적 자극에 대해 반응하도록 한 준투사기법의 검사도구이다.
- 어떤 욕구가 좌절된 상황을 묘사하는 24개의 그림으로 구성되어 있다.
- 각 그림마다 두 사람이 등장한다. 왼쪽 사람이 오른쪽 사람에게 좌절감을 유발하는 상황을 이야기하는데, 이는 말풍선을 통해 제시된다.
- 그림 속 인물들에게서 아무런 표정을 찾아볼 수 없으며, 수검자는 좌절된 그림 속 인물의 입장에서 가장 먼저 떠오르는 생각을 오른쪽의 비어있는 말풍선에 써넣게 된다.
- 수검자로 하여금 좌절된 인물의 반응을 대신하도록 함으로써 욕구좌절 상황에서 수검자가 어떠한 반응을 나타내 보일지 평가할 수 있다.
- 그림좌절검사는 욕구좌절이 어떠한 형태로든 공격적인 반응을 유발한다는 가정에 기초한다. 그에 따라 다음과 같이 공격성의 방향 유형을 각각 3가지 요소들로 제시한다.

공격성의 방향	공격성의 유형
• 외부지향적(Extraggresive) • 내부지향적(Intraggressive) • 회피지향적(Imaggresive)	• 장애물우월(Obstacle-Dominant) • 자아방어(Ego-Defensive) • 요구지속(Need-Persistent)

제4과목 임상심리학

13

미국에서 임상심리학이 비약적으로 발전하게 된 계기가 된 것은?

① 자원봉사자들의 활동
② 루스벨트 대통령의 후원
③ 제2차 세계대전
④ 매카시즘의 등장

관련 범주	임상심리학의 역사
기출 데이터	21년 기출

답 ③

PART 3

당황을 반감시키는 해설

제2차 세계대전이 미국 임상심리학의 발전에 미친 영향

• 미국은 제2차 세계대전과 함께 신병 평가의 필요성이 절박해짐에 따라 입영대상 군인들이 가진 기술뿐만 아니라 지적 · 심리적 기능을 효율적으로 평가하는 기술들을 개발하기 위해 위원회를 구성하였다.

• 위원회는 제1차 세계대전 당시에 개발된 집단 심리검사도구인 '군대 알파(Army α)'와 '군대 베타(Army β)'보다 정교해진 '군대 일반 분류검사(Army General Classification Test)'를 개발한 것은 물론, 군 장교들과 특정 병과 집단을 평가하는 데 다양한 능력검사들을 사용하도록 권고함으로써 제2차 세계대전 동안 무려 2천만 명 이상에 대해 다양한 심리검사를 실시하게 되었다. 또한 이 시기에 MMPI와 같은 새로운 검사들도 개발되었다.

• 1945년 코네티컷(Connecticut) 주에서는 심리 자격증에 관한 법률을 통과시킴으로써 자격을 갖춘 전문자들에 의해 임상심리학 실무에 대한 체계적인 규정들이 마련되도록 하였다.

• 1946년 《American Psychologist》의 첫판이 출간되었고, 미국 전문심리학 검사위원회(ABEPP ; American Board of Examiners in Professional Psychology)가 심리학자들에게 자격증을 수여하기 위해 발족되었다.

14

다음은 어떤 치료에 관한 설명인가?

> 경계선성격장애와 감정조절의 어려움과 충동성이 문제가 되는 상태를 치료하기 위해 상대적으로 최근에 개발된 인지행동치료이다. 리네한(Linehan)은 자살행동을 보이는 여자 환자들과의 임상경험을 바탕으로 이 치료를 개발하였다.

① 현실치료
② 변증법적 행동치료
③ 의미치료
④ 게슈탈트치료

관련 범주	인지행동치료
기출 데이터	16, 19, 23년 기출

답 ②

당황을 반감시키는 해설

마샤 리네한(Marsha Linehan)의 변증법적 행동치료(DBT ; Dialectical Behavior Therapy)
- 경계선성격장애 환자들을 위해 1993년에 개발한 다면적 치료 접근이다.
- 최근에는 진단과 상관없이 강렬한 정서적 고통이나 충동을 경험하는 내담자들에게 효과적인 것으로 알려져 있다.
- DBT에서는 대인관계의 개선, 정서조절, 불쾌감정의 인내, 마음챙김 훈련이 핵심적 요소를 이룬다.
- 환자들이 자신의 감정을 잘 조절하여 좀 더 행복한 삶, 특히 좀 더 원만한 대인관계를 유지하도록 돕는 것을 목표로 한다.
- 리네한은 경계선성격장애 환자들은 감정조절에 어려움을 겪게 하는 정서적 취약성(Emotional Vulnerability)을 지닌다고 언급하였다.
- 정서적 취약성은 정서자극에 예민하고, 정서자극에 매우 강렬하게 반응하며, 평상시의 정상상태로 돌아오는 데 시간이 걸리는 특성을 의미한다.
- 변증법이란 특정한 문제에 대한 주장(정)이 있고 이에 반하는 주장(반)이 공존하고 있으며, 최종적으로 이 정과 반이 양극단의 중간지점에서 타협점을 찾으며 통합화하는 과정(합), 즉 정반합의 과정을 변증법이라고 한다.
- 삶은 일련의 타협—변증법으로 이루어져 있다. 그러나 정서적 강렬성을 가진 사람들은 변증법적 갈등을 더욱 심하게 겪고 타협형성을 이룰 때 충동적인 경향이 있다.
- DBT는 잘못된 타협형성으로 인한 긴장감을 잘 다루고 균형을 찾을 수 있게 도와주는 행동치료 접근방법이다.

15

전체 지능지수는 평균이나 상식이 부족하고, 다면적성격검사의 임상척도에서 1번과 3번 척도가 유의하게 상승하여 전환 V 형태를 나타내는 내담자에 대한 설명으로 옳은 것은?

① 구체적인 정보습득에 대한 관심이 부족하고 평소 감정적이고 스트레스 상황에서 신체증상이 나타나기 쉽다.

② 타인에 대한 신뢰와 믿음이 매우 부족해서 대인관계에 어려움을 보인다.

③ 불안수준이 매우 높아 특정대상이나 상황에 대한 공포경험이 빈번하기 쉽다.

④ 망상, 환각 등의 정신증적 증상이 나타나기 쉽다.

관련 범주	검사결과해석
기출 데이터	15년 기출

답 ①

당황을 반감시키는 해설

전환 V 프로파일

- 척도 1과 3이 65 이상 상승, 척도 2는 그보다 낮은 형태의 프로파일이다.
- 자신의 정서적 고통이나 심리적인 문제를 신체적 증상으로 전환시킴으로써 문제를 외재화시킨다.
- 심리적 갈등을 신체적 갈등으로 전환하기 때문에 불안을 거의 경험하지 않으며, 신체적 고통에 관해서만 불편감을 호소한다.
- 성격적으로 미성숙하고 자기중심적이며 이기적이고, 애정이나 주의에 대한 욕구가 강하고 의존적이다.
- 겉으로는 외향적이고 사교적인 것처럼 행동하나 대인관계가 피상적이다.
- 자신의 외현적 증상이 심리적인 요인에 의한 것임을 인정하지 않으려는 경향이 있다.

16

신경심리학적 기능을 연구하는 방법 중 비침습적인 방법에 해당하는 것은?

① 양전자방출단층촬영(PET)

② WADA 검사

③ 심전극(Depth Electrode)

④ 뇌파(EEG)

관련 범주	신경심리학적 기능 연구방법
기출 데이터	11, 17년 기출

🖹 ④

당황을 반감시키는 해설

④ 뇌파분석(EEG ; Electroencephalography) : 뇌에서 발생하는 알파파(α파), 베타파(β파) 등의 전기적 파동에 의한 주파수 상의 변화를 분석하는 방법이다. 머리 표면에 여러 개의 전극을 부착하여 여기서 얻어지는 신호를 증폭하는 방식으로, 뇌신경세포의 전위변동을 기록하여 뇌질환을 진단하는 대표적인 비침입적 방법에 해당한다.

① 양전자방출단층촬영(PET ; Positron Emission Tomography) : 양전자를 방출하는 방사성 의약품을 정맥주사로 투여한 후 일정시간이 경과한 후 단층촬영을 하여 인체의 기능적 · 생화학적 정보를 입수하는 침입적 방사선 이용 검사방법이다. 위암, 대장암, 폐암 등의 각종 암의 진단에서부터 협심증(가슴조임증), 심근경색 등의 심질환, 치매, 파킨슨병 등의 각종 뇌신경질환의 진단에 사용된다.

② WADA 검사(WADA Test) : 나트륨 아모바르비탈(Sodium Amobarbital)이나 티오펜탈(Thiopental)을 주사로 투여하여 대뇌반구의 언어기능 및 기억기능의 상태를 분석하는 방법이다. 혈관조형술에 의한 침입적 검사방법으로, 특히 난치성 간질의 수술에 앞서 시행한다.

③ 심전극 또는 심부전극(Depth Electrode) : EEG와 같이 전극을 머리 표면에 부착하는 것이 아닌, 뇌의 내부에 삽입하여 전기적 신호를 입수하는 검사방법이다. 뇌의 각부에 대한 뇌신경세포의 전위를 기록하기 위해 사용하기도 하고, 해당 부위를 자극하기 위해 사용하기도 한다.

17

생애기술상담이론에서 기술언어(Skills Language)에 해당하는 것은?

① 내담자가 어떻게 생각하고 느끼는가를 의미하는 것이다.

② 내담자가 어떤 외현적 행동을 하는가를 의미하는 것이다.

③ 내담자 자신의 책임감 있는 삶을 의미하는 것이다.

④ 내담자의 행동을 설명하고 분석하기 위해 사용하는 것을 의미하는 것이다.

관련 범주	생애기술상담이론
기출 데이터	17, 22, 23년 기출

답 ④

당황을 반감시키는 해설

생애기술상담(Lifeskill Counselling)

• 생애기술은 개인의 심리적 삶을 보장하기 위해 구체적 기술영역에서 결정하는 일련의 선택이라고 할 수 있다.

• 생애기술상담은 인지-행동적 접근의 통찰을 활용하여 사고와 행동의 변화를 유도하며, 인본주의적 실존주의의 메시지를 전달하여 현재와 미래 생활에 도움이 되는 보다 효과적인 기술들을 습득하도록 돕는 것이다.

• 개인생애기술상담은 한 개인이 보다 넓은 공동체 속에서 생애기술을 획득·유지·발달시키는 것을 중재하는 활동의 기본개념이다.

• 기술언어(Skills Language) : 생애기술 장점과 단점의 관점에서 내담자 문제에 대해 생각하고 말하는 것이다. 특히 내담자의 문제를 지속시키는 구체적인 사고기술과 행동기술상의 단점을 규명하고, 그것들을 상담목표로 전환하는 것을 포함한다.

• 내적 게임 : 내면에 어떤 일이 일어나고 있는가, 즉 당신이 어떻게 생각하고 느끼는가를 의미하는 것으로, 사고기술과 감정기술 등이 있다.

• 외적 게임 : 어떤 외현적 행동을 하는가, 즉 행동기술을 의미한다. 행동기술은 관찰가능한 행동들을 포함하는 것으로, 어떻게 느끼고 생각하는가보다는 어떻게 행동하는가와 관련된 것이다.

• 개인적 책임성 : 개인을 자신의 삶에 대한 책임감을 갖는 주체로 보는 것으로, 사람들은 자신의 삶을 창조적으로 만들 책임이 있다.

18

액슬린(Axline)의 비지시적 놀이치료에서 놀이치료자가 갖추어야 할 원칙에 포함되지 않는 것은?

① 아동을 있는 그대로 수용한다.

② 아동과 따뜻하고 친근한 관계를 가능한 빨리 형성하도록 한다.

③ 가능한 비언어적인 방법으로만 아동의 행동을 지시한다.

④ 아동이 타인과의 관계형성이 본인의 책임이라는 것을 알도록 하기 위해서는 제한을 둘 수 있다.

관련 범주	놀이치료
기출 데이터	16, 24년 기출

답 ③

당황을 반감시키는 해설

비지시적 놀이치료의 8가지 원칙(Axline)

- 치료자는 아동과 따뜻하고 친근한 관계를 형성한다. (②)
- 치료자는 아동을 있는 그대로 수용한다. (①)
- 치료자는 아동의 감정을 인식하고 반영해 주어 아동 스스로 자신의 문제에 대한 통찰을 얻도록 돕는다.
- 치료자는 아동이 자신의 감정을 자유롭고 충분히 표현할 수 있도록 허용적인 관계를 형성한다.
- 치료자는 아동이 자신의 문제를 스스로 해결할 수 있는 능력이 있음을 인정하여, 아동 스스로 선택하고 변화할 수 있도록 한다.
- 치료자는 아동의 행동이나 대화를 이끌지 않으며, 아동의 주도에 따른다.
- 치료자는 치료가 점진적인 과정임을 인식하여 서둘러 치료를 재촉하지 않는다.
- 치료자는 아동으로 하여금 책임을 받아들이도록 하기 위해 필요한 경우 제한을 둘 수 있다. (④)

만성정신질환에 대한 재활모델 단계 중 "핸디캡"의 정의로 가장 알맞은 것은?

① 원인요소에 의한 중추신경계 이상

② 생물학적 · 심리학적 구조나 기능에 이상이 있는 것

③ 개인이 사회적 상황에서 주어진 역할이나 과제를 수행하지 못하거나 수행하는 데 한계를 보이는 것

④ 장애 때문에 사회에서 다른 사람에 비해 상대적으로 불이익을 받는 것

관련 범주	만성정신질환의 재활모델
기출 데이터	15년 기출

답 ④

당황을 반감시키는 해설

핸디캡(Handicap)

• 손상이나 장애로 정상적인 역할 수행에 제한이 발생하여 불이익을 경험하는 상태를 말한다.

• '장애인'이라는 수식어가 사회적 불리조건을 형성한다.

• 일정한 거주지가 없거나 취업을 하지 못한 상태 등을 말한다.

• 사회적 재활을 통해 사회체계의 변화를 이끌어 낸다.

참고

손상(Impairment)

• 생리적 · 심리적 · 해부학적 구조 및 기능에 이상이 있는 상태

• 신체기관의 구조나 기능이 상실되는 것, 병리적 상태에 놓이는 것 등

• 환각, 망상, 우울 등

• 임상적 치료를 통해 장애를 제거 또는 경감

장애(Disability)

• 손상으로 인해 정상적인 행동을 수행할 능력의 제한 또는 결핍 상태

• 기능상의 어려움으로 일을 할 때, 의사소통이나 사회생활을 할 때 지장

• 직무능력이나 일상생활의 유지능력 부족

• 개인의 능력을 개발시키고 환경적 자원을 활용

개인의 일상적 경험구조, 특히 소속된 분야에서 특별하다고 간주되던 사람들의 임상적 경험구조를 상세하게 연구하고자 하는 목적에서 생겨난 심리상담의 핵심적인 전제조건에 해당하는 것은?

① 매순간 새로운 자아가 출현하고 새로운 경험을 할 때마다 우리는 새로운 위치에 있게 된다.

② 어린 시절의 창조적 적응은 습관적으로 알아차림을 방해한다.

③ 내담자로 하여금 문제를 해결하는 것뿐만 아니라 그 문제를 유지시키는 보다 근본적인 기술을 변화시키도록 돕는 것이 중요하다.

④ 개인은 마음, 몸, 영혼으로 이루어진 체계이며, 삶과 마음은 체계적 과정이다.

관련 범주	성공한 사람들의 심리에 대한 연구
기출 데이터	19, 22년 기출

답 ④

당황을 반감시키는 해설

Neuro Linguistic Programming(NLP) 심리치료

• 1970년대 중반 리처드 밴들러(Richard Bundler)와 존 그린다(John Grinder)에 의해 개발되었다.

• 각 분야에서 탁월성을 발휘하면서 자신의 뜻대로 자신의 꿈을 이루고 사는 성공한 사람들의 공통적인 성공심리를 연구하였다.

• 성공한 사람의 성공적인 두뇌심리 운영체계 구조와 운영원리를 파악해 낸 경험과학으로 인간에게 내재해 있는 능력의 우수성을 개발하는 새로운 접근방법이다.

• 생활 속 문제나 제한과 제동은 어떻게 일어나며 그 결과를 다르게 만드는 것은 무엇인지를 탐색한다.

2024
년

기출복원문제 및 해설

모든 전사 중 가장 강한 전사는 이 두 가지,

시간과 인내다.

– 레프 톨스토이 –

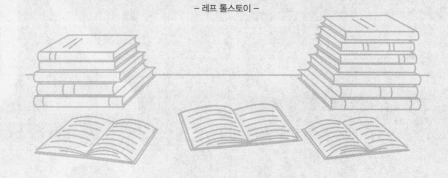

제1회 임상심리사 2급 필기 기출복원문제 및 해설

※ 2022년 제3회 시험부터 CBT로 시행되어 기출문제가 공개되지 않으므로, 응시자의 후기와 과년도 기출데이터를 통해 기출과 유사하게 복원된 문제를 제공합니다.
※ 실제 시험문제와 일부 다를 수 있습니다.

제1과목 | 심리학개론

01 피아제(Piaget)가 발달심리학에 끼친 영향과 가장 거리가 먼 것은?
20, 23년 기출

① 환경 속의 자극을 적극적으로 구축하는 가설 생성적인 개체로 아동을 보게 하였다.
② 인간 마음의 변화를 생득적 · 경험적이라는 두 대립된 시각으로 보는데 큰 기여를 했다.
③ 발달심리학에서 추구하는 학습이론이 구조와 규칙에 대한 심리학이 되는데 그 기반을 제공했다.
④ 발달심리학이 인간의 복잡한 지적능력의 변화를 탐색하는 분야가 되는데 기여했다.

해설
피아제(Piaget)는 인지구조가 생득적으로 갖춰진 것이 아니라 유기체가 환경과의 상호작용을 통해 구성해 나간다고 주장함으로써 구성주의의 토대를 이루었다. 즉, 지능이나 지식은 개인과 환경 간의 상호작용에 의해 부단히 쇄신되고 재구성된다는 것이다. 유아는 태어날 때부터 인지구조를 구성해 나갈 잠재력을 가지고 태어나지만, 주위 환경을 끊임없이 탐색하고 조절하며 이해하려는 노력을 통해 환경을 적절히 다룰 수 있는 보다 정교한 인지구조들을 능동적으로 구성해 나간다.

02 성격의 결정요인에 관한 설명으로 틀린 것은?
21년 기출

① 유전적 영향에 대한 증거는 쌍생아 연구에 근거하고 있다.
② 초기 성격이론가들은 환경적 요인을 강조하여 체형과 기질을 토대로 성격을 분류하였다.
③ 환경적 요인이 성격에 영향을 주는 방식은 학습이론의 맥락에서 이해할 수 있다.
④ 성격은 유전적 요인과 환경적 요인의 상호작용에 의하여 결정된다.

해설
초기 성격이론가들은 생물학적 요인을 강조하여 체형과 기질을 토대로 성격을 분류하였다. 이는 체형과 성격 특징을 연관시켰던 히포크라테스(Hippocrates)의 연구를 기원으로 하는 것으로, 이후 체형과 기질에 근거하여 특질(Trait)이라는 용어를 사용하여 성격을 설명한 셀든(Sheldon)의 연구를 거쳐 현대성격이론으로서 특질이론에 중요한 영향을 끼쳤다.

03 다음 보기의 사례에서 나타난 기억전략은?
21년 기출

> '곰'과 '얼음'을 기억해야 할 때, '얼음을 안고 있는 곰'을 떠올려 두 개의 항목을 기억한다.

① 정교화   ② 조직화
③ 시 연   ④ 개념도

해설
기억전략의 종류
• 정교화 : 어떤 정보에 조작을 가하여 정보가 갖는 의미의 깊이와 폭을 더욱 확장시키거나 심화하는 전략이다.
• 조직화 : 기억하려는 정보를 의미적으로 관련 있는 것끼리 묶어서 범주화함으로써 기억의 효율성을 높이는 전략이다.
• 시연 : 기억해야 할 정보를 여러 번 반복해서 암송하는 것이다.
• 심상(부호)화 : 정보를 시각적 이미지로 만들어 제공하는 전략이다.

제1회 기출복원문제

04
도박이나 복권의 경우처럼 높은 반응률로 지속적인 반응을 이끌어내는 강화계획은? 03년 기출

① 고정간격계획
② 고정비율계획
③ 변화간격계획
④ 변화비율계획

해설

④ 변화비율계획 또는 가변비율계획(Variable-ratio Schedule)은 평균적으로 몇 번의 반응행동이 나타날 때마다 강화를 부여하는 방식으로서, 이때 정확하게 몇 번째 반응에 대해 강화가 제공되는지는 알 수 없도록 설계되어 있다. 예를 들어, 카지노의 슬롯머신이나 복권 등은 강화를 받기 위해 요구되는 반응의 수가 평균적인 범위 내에서 무작위로 변한다.

① 고정간격계획(Fixed-interval Schedule)은 요구되는 행동의 발생빈도에 상관없이 일정한 시간 간격에 따라 강화를 부여한다. 주급, 월급, 일당, 정기적 시험 등을 예로 들 수 있다.

② 고정비율계획(Fixed-ratio Schedule)은 행동중심적 강화 방법으로서, 일정한 횟수의 바람직한 반응이 나타난 다음에 강화를 부여한다. 실적에 따른 성과급이나 쿠폰을 모으면 혜택을 제공하는 것 등을 예로 들 수 있다.

③ 변화간격계획 또는 가변간격계획(Variable-interval Schedule)은 일정한 시간 간격을 두지 않은 채 평균적으로 확인할 수 있는 시간 간격이 지난 후에 강화를 부여한다. 예를 들어, 1시간에 3차례의 강화를 부여할 경우, 25분, 45분, 60분으로 나누어 강화를 부여할 수 있다.

05
성인기 인지발달에 관한 설명으로 옳지 않은 것은? 16년 기출

① 지혜는 연령이 증가할수록 발달하는 경향이 있다.
② 리겔(K. Riegel)의 변증법적 사고에서는 모순과 한계를 인식하는 불평형 상태에서 인지발달이 이루어진다고 본다.
③ 후형식적 사고에서는 상황에 따라 진리가 달라질 수 있다고 가정한다.
④ 변증법적 사고는 현실적 문제해결 사고에서 가설 연역적 사고로 변화하는 것이다.

해설

변증법적 사고는 비일관성과 역설(모순)을 잘 감지하고, 정(正)과 반(反)으로부터 합(合)을 이끌어 내는 것이다. 형식적ㆍ조작적 사고를 하는 사람은 인지적 평형상태에 도달하지만, 변증법적 사고를 하는 사람은 항상 불평형 상태에 있게 된다.

06
특정 검사에 대한 반복노출로 인해 발생하는 연습효과를 줄이기 위해 이 검사와 비슷한 것을 재는 다른 검사를 이용하여 측정하는 검사의 신뢰도는? 19년 기출

① 반분신뢰도
② 동형검사 신뢰도
③ 검사-재검사 신뢰도
④ 채점자 간 신뢰도

해설

신뢰도의 측정방법

• 검사-재검사 신뢰도 : 동일한 대상에게 동일한 측정도구를 상이한 시간에 두 번 측정한 후 그 결과를 비교하는 방법
• 동형검사 신뢰도 : 동일한 표본에게 두 개 이상의 유사한 측정도구로 검사를 실시하고, 그 결과를 비교하여 신뢰도를 추정하는 방법
• 반분신뢰도 : 설문 문항을 반으로 나누고, 두 측정도구의 결과의 일관성을 측정하는 방법
• 내적 일관성 : 가능한 모든 반분신뢰도를 구한 후 그 평균값으로 신뢰도를 추정하는 방법, 동일한 개념을 측정하기 위해 여러 개의 항목으로 구성된 척도를 사용하는 경우, 신뢰도를 저해하는 항목을 찾아내어 측정도구에서 제외시킴으로써 신뢰도를 높일 수 있음
• 채점자(조사자) 간 신뢰도 : 서로 다른 채점자(조사자)가 같은 도구를 같은 대상자에게 적용하고 일관성을 측정하는 방법

07
기억에 정보를 저장하기 위해서 환경의 물리적 정보의 속성을 기억에 저장할 수 있는 속성으로 변화시키는 과정은? 21년 기출

① 주의과정
② 각성과정
③ 부호화과정
④ 인출과정

해설

기억의 과정

• 부호화(입력) : 자극정보를 선택하여 기억에 저장할 수 있는 형태로 변환한다.
• 응고화(저장) : 정보를 필요할 때까지 일정기간 동안 보관ㆍ유지한다.
• 인출 : 저장된 정보를 활용하기 위해 적극적으로 탐색ㆍ접근한다.

08 현상학적 이론에 대한 설명으로 틀린 것은?

21, 23년 기출

① 인간을 성취를 추구하는 존재로 파악한다.
② 인간을 자신의 환경에 굴복하지 않고 오히려 환경을 통제하고 조정할 수 있는 적극적인 힘을 갖고 있는 존재로 파악한다.
③ 현재 개인이 경험하고, 느끼고, 행동하는 것이 중요하며, 개인의 진정한 모습을 이해하는 것도 이를 통해 가능하다고 본다.
④ 인간은 타고난 욕구에 끌려 다니는 존재로 간주한다.

해설

현상학적 이론에서는 인간이 가지고 있는 잠재된 능력과 가능성을 존중하고 믿어주며, 개인이 자신과 주변 환경을 어떻게 인식하고 해석하는지에 따라 행동이 달라진다고 본다.

현상학적 이론
• 정신분석이론과 행동주의이론에 대한 반발로 생겨났다.
• 로저스(Rogers)는 이 세상에 개인적 현실, 즉 '현상학적 장(Phenomenal Field)'만이 존재한다고 보았다. 즉, 현상학적 이론은 개인의 주관적 경험이나 감정, 외부환경에 대한 개인의 감정과 견해를 중요시한다.
• 현상학적 성격이론에서는 '자기(Self)'의 중요성을 강조하며, 인간에 대한 전체론적인 관점으로 접근한다.
• 자기 자신에 대한 개념과 현실에서의 경험이 일치하지 않을 때 불안을 경험하고 이에 방어적 반응을 보인다고 보는 이론이다.
• 현상학적 이론의 궁극적인 목표는 내담자가 제시한 문제보다 내담자 자체, 즉 내담자를 도와 현재 직면하고 있는 문제와 미래의 문제를 잘 다룰 수 있도록 돕는 것이다.

09 처벌의 효과적인 사용방법에 대한 설명으로 틀린 것은?

19년 기출

① 처벌은 반응 이후 시간을 두고 주는 것이 효과적이다.
② 반응이 나올 때마다 매번 처벌을 주는 것이 효과적이다.
③ 처음부터 아주 강한 강도의 처벌을 주는 것이 효과적이다.
④ 처벌행동에 대해 대안적 행동이 있을 때 효과적이다.

해설

처벌 시 고려사항
• 반응이 일어난 후 즉각적으로 행해질 것
• 반응이 나올 때마다 매번 처벌이 행해질 것
• 처벌의 강도는 처음부터 아주 강하게 할 것
• 처벌받는 행동보다 대안행동을 제시할 것

10 사람들이 자기 자신의 행동을 설명할 때 현저한 상황적 원인들은 지나치게 강조하고 사적인 원인들은 미흡하게 강조하는 것은?

21년 기출

① 사회억제 효과
② 과잉정당화 효과
③ 인지부조화 현상
④ 책임감 분산 효과

해설

과잉정당화 효과(Overjustification Effect)
• 외부에서 귀인되는 요인들로 인해 내적 요인의 효과가 감소하는 것을 말한다.
• 자신이 하는 일의 원인을 어디에 두는지가 그 사람의 행동의 동기에 영향을 미치기도 한다. 예를 들어, 음악을 좋아하는 어떤 연주자가 청중 앞에서 음악을 연주하고 그 대가로 과잉보수를 받게 된다면, 그 연주자는 음악을 연주하는 이유를 외적(상황적) 원인에서 찾게 되고 정작 자기 자신은 음악에 대한 흥미를 잃게 된다.
• 이와 같이 사람들은 이미 좋아하고 있는 일에 대해 보상을 받게 될 때 그 본질적(사적) 동기보다는 외적(상황적) 동기에 의해 더 많은 행동을 하게 된다.

11 다음 중 프리맥(Premack)의 원리를 이용한 강화가 아닌 것은? 06년 기출

① 부모들이 자녀의 시험성적이 좋으면 자녀의 귀가시간 제한을 해제한다.
② 부모들은 아이가 나중에 숙제를 하겠다고 하면 먼저 놀도록 허용하기보다는 놀기 전에 숙제를 하도록 요구한다.
③ 학교에서 교사들은 학생들이 쓰기과제를 성공적으로 끝마친 후에 놀도록 허용한다.
④ 보육교사들은 원아들이 흑판을 바라보면서 가만히 앉아 있는 행동 다음에는 가끔 벨이 울림과 동시에 '뛰어놀고 떠들고 놀라'는 지시를 한다.

해설
프리맥의 원리(Premack's Principle)
프리맥에 따르면 높은 빈도의 행동(선호하는 활동)은 낮은 빈도의 행동(덜 선호하는 행동)에 대해 효과적인 강화인자가 될 수 있다.
예 아이가 숙제를 하는 것보다 TV를 보는 것을 좋아하는 경우, 부모는 아이에게 우선 숙제를 마쳐야만 TV를 볼 수 있다고 말함으로써 아이로 하여금 숙제를 하도록 유도할 수 있다.

12 다음에 제시된 아동의 사회인지능력을 측정하는 과제는? 17년 기출

> 한울이는 친구 민수가 자신과 다른 생각을 가질 수 있고, 자신이 아는 것을 민수가 모를 수 있다는 사실을 이해한다.

① 자기 인식 과제
② 정서 조절 과제
③ 심적 회전 과제
④ 틀린 믿음 과제

해설
틀린 믿음(False Belief)
• 주어진 상황에서 진실이 아닌 하나의 사건을 진실이라고 믿는 것을 일컫는다. 틀린 믿음을 이해한다는 것은 마음의 표상적 특징을 이해한다는 것이다.
• 틀린 믿음을 이해하기 위해서는 믿음이 사실에 대한 표상에 불과하므로 사실과 일치할 수도 있고 일치하지 않을 수도 있다는 믿음의 표상적 특징을 이해해야만 한다.
• 틀린 믿음 과제를 사용한 연구결과의 메타분석에 따르면, 대략 만 4세 이상 아동이 틀린 믿음 과제를 해결하며, 나이가 많을수록 틀린 믿음 과제를 더 잘 해결하는 것으로 보고되고 있다.

13 프로이트(S. Freud)의 성격 구조에 관한 설명으로 옳은 것은? 21년 기출

① 자아는 현실원리를 따르며 개인이 현실에 적응하도록 돕는다.
② 자아는 일차적 사고과정을 따른다.
③ 자아는 자아이상과 양심으로 구성되어 있다.
④ 초자아는 성적 욕구와 관련된 것으로 쾌락의 원리를 따른다.

해설
정신분석이론에서 성격의 3요소
• 원초아(Id) : 쾌락의 원리
• 자아(Ego) : 현실의 원리
• 초자아(Superego) : 도덕의 원리

14 단기기억의 기억용량을 나타내는 것은?
07, 13, 20년 기출

① 3±2개
② 5±2개
③ 7±2개
④ 9±2개

해설
단기기억 기억용량(처리할 수 있는 정보의 수) : 5~9개

15 조사연구에서, 참가자의 인지기능을 측정하기 위해 그가 가입한 정당을 묻는 것은 어떤 점에서 가장 문제가 되는가? 21년 기출

① 안면타당도
② 외적타당도
③ 공인타당도
④ 예언타당도

해설

참가자가 가입한 정당은 참가자의 인지기능과 관련이 없으므로 안면타당도 측면에서 문제가 된다.

① 안면타당도 : 검사문항들이 측정하고자 하는 내용들을 얼마나 잘 평가하는지 보기 위하여 일반인에게 묻는 방법
② 외적타당도 : 연구의 결과에 의한 인과관계가 연구대상 이외의 경우로 확대·일반화될 수 있는 정도
③ 공인타당도 : 기존에 타당도를 보장받는 검사와의 유사성이나 연관성 등을 근거로 타당도를 측정하는 것
④ 예언타당도 : 어떤 행위가 일어날 것이라고 예측한 것과 실제 대상자가 나타낸 행동 간의 관계를 측정하는 것

16 동조에 관한 설명으로 옳은 것은? 17, 22년 기출

① 집단의 크기에 비례하여 동조의 가능성이 증가한다.
② 과제가 쉬울수록 동조가 많이 일어난다.
③ 개인이 집단에 매력을 느낄수록 동조하는 경향이 더 높다.
④ 집단에 의해서 완전하게 수용받고 있다고 느낄수록 동조하는 경향이 더 크다.

해설

① 애쉬(Asch)의 실험에 의하면 집단의 크기가 3~4인일 때 동조율이 가장 높고 그보다 클 경우 떨어지는 경향을 보인다.
② 과제가 애매하거나 불확실할수록 동조가 많이 일어난다.
④ 집단에 수용되고 싶다는 욕구에 의해 동조하는 경우가 많다.

17 표본조사에 대한 설명으로 옳지 않은 것은? 15, 20, 23년 기출

① 연구자가 모집단의 모든 성원을 조사할 수 없을 때 표본을 추출한다.
② 모집단의 특성을 일반화하기 위해서는 표본은 모집단의 부분집합이어야 한다.
③ 표본의 특성을 모집단에 일반화하기 위해서 무선표집을 사용한다.
④ 표본추출에서 표본의 크기가 작을수록 표집오차도 줄어든다.

해설

표집오차는 표집하는 과정에서 발생하는 오차로, 표본의 크기가 커질수록 줄어든다.

18 성격과 환경 간의 상호작용 중 개인의 성격은 타인으로부터 독특한 반응을 이끌어낸다는 것은? 21, 22년 기출

① 유도적 상호작용
② 반응적 상호작용
③ 주도적 상호작용
④ 조건적 상호작용

해설

성격과 환경 간의 상호작용 유형(개인-상황 상호작용 유형)

유도적 상호작용	개인의 성격, 즉 기질적 차이는 타인으로부터 서로 다른 독특한 반응을 이끌어낸다. 예 신경질적인 영아는 유순한 영아보다 부모의 보살핌을 덜 이끌어낸다.
반응적 상호작용	동일한 환경을 접하더라도 개인은 환경을 다르게 해석하고 경험하며 반응한다. 예 외향적인 성격의 형과 내향적인 성격의 동생은 부모의 처벌을 다르게 받아들일 수 있다.
주도적 상호작용	개인이 자신의 환경을 선택하고 구성해 나가는 과정을 강조한다. 예 사교적인 아동은 집에 혼자 있기보다는 친구들과 어울려 놀러 다니는 경험을 많이 한다.

19 카텔(Cattell)의 성격이론에 관한 설명과 가장 거리가 먼 것은? 15, 18, 22년 기출

① 주로 요인분석을 사용하여 성격요인을 규명하였다.
② 지능을 성격의 한 요인인 능력특질로 보았다.
③ 개인의 특정 행동을 설명할 수 있느냐에 따라 특질을 표면특질과 근원특질로 구분하였다.
④ 성격특질이 서열적으로 조직화되어 있다고 보았다.

해설

역동적 특질(Dynamic Trait)
카텔(Cattell)은 성격특질이 역동적으로 조직화되어 있다고 보았다. 그는 성격체계에서 중요한 세 가지 역동적 특질로 에르그(Erg), 감정(Sentiment), 태도(Attitude)를 제시하였다.

에르그 (Erg)	• 근원특질(원천특질)이자 체질특질로서, 본능 혹은 추동과 같이 인간의 선천적이면서 원초적인 기초가 되는 특질이다. • 한 개인의 모든 행동을 일으키는 에너지의 원천 혹은 추진력으로 볼 수 있다.
감 정 (Sentiment)	• 에르그와 마찬가지로 근원특질이나 그것이 외적인 사회적 혹은 물리적 영향에서 비롯되므로 환경조형특질에 해당한다고 볼 수 있다. • 삶의 중요한 측면에 맞춰진 학습된 태도의 패턴으로서, 이와 같이 학습을 통해 생겨난 감정은 그것이 삶에서 더 이상 중요하지 않을 경우 사라지거나 바뀔 수 있다.
태 도 (Attitude)	• 역동적 양상의 표면특질로서 에르그와 감정, 그리고 그 상호관계에서 추론되는 숨은 동기의 관찰된 표현이다. • 특별한 상황에서의 개인의 태도는 특정 대상과 관련된 행동 과정으로서, 그의 높은 관심을 반영한다.

20 연구설계 시 내적 타당도를 위협하는 요인이 아닌 것은? 22년 기출

① 평균으로의 회귀
② 측정도구의 변화
③ 피험자의 반응성
④ 피험자의 학습효과

해설

피험자의 반응성, 즉 조사반응성(반응효과)은 외적 타당도를 저해하는 요인에 해당한다. 연구자가 관찰하는 동안 조사대상자가 연구자의 바람에 따라 반응하거나 스스로 조사대상임을 의식하여 평소와 다른 반응을 보이는 경우 일반화의 정도는 낮아지며, 그로 인해 외적 타당도가 저해된다.

내적 타당도를 저해하는 요인
• 성숙요인(시간의 경과)
• 역사요인(우연한 사건)
• 선별요인(선택요인)
• 상실요인(실험대상의 탈락)
• 통계적 회귀요인 (①)
• 검사요인(테스트효과) (④)
• 도구요인 (②)
• 모방(개입의 확산)
• 인과적 시간–순서(인과관계방향의 모호성)

21 MMPI-2의 각 척도에 대한 해석으로 가장 적합한 것은? 16, 21, 22, 23년 기출

① 6번 척도가 60T 내외로 약간 상승한 것은 대인관계 민감성에 대한 경험을 나타낸다.

② 2번 척도는 반응성 우울증보다는 내인성 우울증과 관련이 높다.

③ 4번 척도의 상승 시 심리치료 동기가 높고 치료의 예후가 좋음을 나타낸다.

④ 7번 척도는 불안 가운데 상태불안 증상과 연관성이 높다.

해설

② 2번 척도는 신경증적 혹은 내인성 우울증이라기보다는 반응성 혹은 외인성 우울증을 측정. 이에 2번 척도의 점수는 피검자의 기분이 변함에 따라 하루하루 변할 수 있다.

③ 4번 척도가 높은 경우 유연한 사회적 기술로 심리치료나 상담에 좋은 반응을 보일 것 같이 보이지만, 이러한 능력은 주로 사람을 착취하는 데 이용된다. 더 괴로운 결과(예 처벌이나 이혼 등)를 면하기 위해 치료에 동의하기는 하나, 자신의 문제에 대한 책임을 수용할 수 없어 되도록 빨리 치료를 종결하려 한다.

④ 척도 7번은 강박적인 성향과 특성불안이라고 할 수 있는 만성적인 불안, 삶에 대한 전반적인 불만족, 우유부단함, 주의집중 곤란, 자기의심, 자신에 대한 반추와 초조, 걱정 등을 측정(상태불안은 일시적인 불안, 즉 불안한 상태를 가리키는 반면에 특성불안은 그 사람의 성격처럼 언제나 내면에 존재하고 있는 불안을 의미)한다.

22 검사의 종류와 검사구성방법을 짝지은 것으로 가장 옳지 않은 것은? 15, 22, 23년 기출

① 16PF – 요인분석에 따른 검사구성

② CPI – 경험적 준거에 따른 검사구성

③ MMPI – 경험적 준거방법

④ MBTI – 합리적 · 경험적 검사구성의 혼용

해설

검사구성방법(척도구성방법)

• 연역적 방법

논리적–내용적 방법	안면타당도에 근거하여 측정하고자 하는 심리 특성을 가장 잘 나타내 주는 문항을 논리적으로 추론하여 기술하는 방법이다. 예 우드워스(Woodworth)의 개인자료기록지(Personal Data Sheet) 등
이론적 방법	특정의 심리학적 이론에 근거하여 문항을 선정하는 방법이다. 예 마이어스–브릭스 성격유형검사(MBTI), 에드워즈(Edwards)의 욕구진단검사(EPPS) 등

• 경험적 방법

준거집단 방법 (경험적 준거 방법)	어떤 심리 특성을 가진 준거집단과 정상적인 통제집단을 구별해 주는 문항을 선정하는 방법이다. 예 미네소타 다면적 인성검사(MMPI), 캘리포니아 성격검사(CPI) 등
요인분석 방법	요인분석을 통해 검사문항의 의미를 결정하고 이를 보다 단순한 차원으로 축소시키는 방법이다. 예 16성격 요인검사(16PF) 등

23 알츠하이머병으로 인한 신경인지장애에 관한 설명으로 틀린 것은? 19, 23년 기출

① 여성호르몬 Estrogen과 상관이 있다.

② Apo–E 유전자 형태와 관련이 있다.

③ 허혈성 혈관문제 혹은 뇌경색과 관련이 있다.

④ 노인성 반점(Senile Plaques)과 신경섬유다발(Neurofibrillary Tangle)과 관련이 있다.

해설

DSM–5 기준상 알츠하이머병으로 인한 신경인지장애의 진단을 받기 위해서는 뇌혈관질환, 다른 신경퇴행성질환, 물질의 효과, 또는 다른 정신, 신경학적, 전신질환이나 상태 등이 없어야 한다.

제1회 기출복원문제

24 불안과 관련된 장애에 관한 설명으로 옳지 않은 것은? 20, 23년 기출

① 공황장애는 광장공포증을 동반하기도 한다.
② 특정공포증 환자는 자신의 공포 반응이 비합리적임을 알고 있다.
③ 사회공포증은 주로 성인기에 발생한다.
④ 외상후스트레스장애는 외상과 관련된 자극에 대한 회피가 특징이다.

해설

사회불안장애(Social Anxiety Disorder) 또는 사회공포증(Social Phobia)은 아동과 청소년에서의 12개월 유병률이 성인의 유병률과 비슷한 수준이며, 연령이 높아질수록 떨어지는 양상을 보인다.

DSM-5 불안장애(Anxiety Disorders) 하위유형

범불안 장애	다양한 상황에서 만성적 불안과 과도한 걱정을 나타내는 경우를 말한다.
특정 공포증	• 특정한 대상이나 상황에 대한 비합리적 두려움과 회피행동을 지속적으로 나타내는 경우를 말한다. • 동물형, 자연환경형, 혈액-주사-상처형, 상황형의 4가지 하위유형이 있다.
광장 공포증	특정한 장소나 상황에 대한 공포를 나타내는 경우를 말한다.
사회불안 장애	다른 사람들과 상호작용하는 사회적 상황을 두려워하여 회피하는 장애로 사회공포증이라고 불리기도 한다.
공황장애	갑자기 엄습하는 강렬한 불안, 즉 공황발작을 반복적으로 경험하는 장애를 말한다.
분리불안 장애 (SAD)	어머니를 위시한 애착대상과 떨어지는 것에 대해 심한 불안을 나타내는 장애를 말한다.
선택적 무언증 (SM)	말을 할 수 있음에도 불구하고 특정한 상황에서 지속적으로 말을 하지 않는 장애를 말한다.

25 주의력결핍 및 과잉행동장애(ADHD)의 특징이 아닌 것은? 04년 기출

① 수업수행능력의 결핍
② 또래관계 형성의 어려움
③ 부끄러움
④ 과잉행동성

해설

주의력결핍 및 과잉행동장애(ADHD ; Attention-Deficit/ Hyperactivity Disorder)

• ADHD의 주된 특징은 부주의(주의력결핍), 충동성, 과잉행동이다.
• 뇌손상 및 기능결함, 유전, 심리적 요인 등에 의해 발병할 수 있다.
• ADHD 아동은 지능수준에 비해 학업성취도가 저조하고 또래관계에서 거부당하거나 소외될 가능성이 높다. 부모나 교사에게도 꾸중과 처벌을 받기 쉬워서 부정적 자아개념을 형성하고 정서적으로 불안정하며 공격적이고 반항적인 행동을 나타내는 경향이 있다. 이로 인해 ADHD를 지닌 아동의 40~50%가 나중에 품행장애의 진단을 받는다는 보고가 있다.
• 청소년기에 호전되는 경향이 있으나 성인기까지 지속되는 경우도 있다. 대부분 과잉행동은 개선되지만 부주의와 충동성은 오래 지속되는 경우가 흔하다.
• ADHD가 청소년기까지 지속되는 경우에는 품행장애가 발생될 가능성이 높으며, 품행장애를 나타내는 청소년의 약 50%는 성인이 되어 반사회적 성격장애를 나타낸다는 보고가 있다.
• 일반적으로 남자아동이 여자아동에 비하여 높은 발병빈도를 보인다.
• 주변 신호자극을 각성하는 데 문제가 생겨 발생할 수도 있다.

26 행동주의적 견해에 따르면 강박행동은 어떤 원리에 의해 유지되는가? 20년 기출

① 고전적 조건형성
② 부적 강화
③ 소 거
④ 모델링

해설

환자의 강박행동은 불안이나 고통을 없애거나 감소시키기 위해 강화되는 것이므로, 불쾌자극을 제거하여 반응의 확률을 높이는 것인 부적 강화 원리에 해당된다.

27 옐리네크(Jellinek)는 알코올 의존이 단계적으로 발전하는 장애라고 주장하면서 4단계의 발전과정을 제시하였다. 다음 중 4단계의 발전과정을 바르게 나열한 것은? 13년 기출

① 전알코올 증상단계 – 전조단계 – 중독단계 – 만성단계
② 전조단계 – 결정적 단계 – 남용단계 – 중독단계
③ 전알코올 증상단계 – 전조단계 – 결정적 단계 – 만성단계
④ 전조단계 – 유도단계 – 중독단계 – 만성단계

해설

알코올 중독의 4단계(Jellinek)
- 제1단계 : 전알코올 증상단계(Prealcoholic Phase)
  – 사교적 목적으로 음주를 즐기기 시작하는 단계이다.
  – 대부분의 음주자들이 경험하는 단계로서, 음주를 통해 긴장이 해소되고 대인관계가 원활해지는 등의 긍정적인 효과를 경험한다.
- 제2단계 : 전조단계(Prodromal Phase)
  – 술에 대한 매력이 상승하여 음주량 및 음주빈도가 늘어나는 단계이다.
  – 음주자는 빈번히 과음을 하며, 음주 동안 일어났던 사건을 종종 망각하게 된다.
- 제3단계 : 결정적 단계(Crucial Phase)
  – 술에 대한 자기통제력을 서서히 상실하게 되는 단계이다.
  – 술을 수시로 마심으로써 직장생활이나 대인관계에 있어서 여러 가지 부적응적인 문제들을 경험한다.
- 제4단계 : 만성단계(Chronic Phase)
  – 술에 대한 자기통제력을 완전히 상실하며, 내성과 금단 증상을 경험하는 단계이다.
  – 술을 연속해서 마심으로써 신체적 질병을 가지게 되며, 생활 전반에 있어서 심각한 부적응 상태에 놓인다.

28 우울증의 임상양상과 원인 등의 양분된 차원으로 틀린 것은? 16년 기출

① 조발성 우울/만발성 우울
② 정신병적 우울/신경증적 우울
③ 내인성 우울/반응성 우울
④ 지체성 우울/초조성 우울

해설

외부적 촉발사건 여부에 따른 분류
- 외인성(반응성) 우울증 : 가족과의 사별, 실연, 실직, 중요한 시험에서 실패, 가족불화 등과 같이 비교적 분명한 환경적 스트레스가 계기가 되어 우울증상이 나타나는 것
- 내인성 우울증 : 환경적 사건이 확인되지 않으며 흔히 유전적 요인, 호르몬 분비나 생리적 리듬 등과 같은 내부적인 생리적 요인에 의해 우울증상이 나타나는 것

우울증상의 심각성에 따른 분류
- 신경증적 우울증 : 현실판단력에 현저한 손상이 없는 상태에서 우울한 기분과 의욕상실을 나타내며 자신에 대한 부정적 생각에 몰두하지만 이러한 생각이 망상수준에 도달하지는 않는 경우, 즉 무기력하고 침울하지만 현실 판단 능력의 장애는 보이지 않음
- 정신적 우울증 : 매우 심각한 우울증상을 나타냄과 동시에 현실판단력이 손상되어 망상수준의 부정적 생각이나 죄의식을 지니게 되는 경우

표면에 나타나는 정신운동양상에 따른 분류
- 지체성 우울 : 정신운동의 지체가 심하게 나타나는 경우, 즉 정신운동활동이 매우 지연되는 모습을 보여, 말과 행동이 느려지고 생각도 둔해지며 단순해지는 경우
- 초조성 우울 : 정신운동활동이 매우 증가되는 모습을 보여 초조해하며 안절부절못해 계속 서성이거나 꼼지락거리며 긴장감과 불안한 마음을 호소하는 경우

29 공황장애를 진단하는 데 필요한 증상으로 가장 부적절한 것은? 15년 기출

① 토할 것 같은 느낌
② 감각이상증(마비감이나 찌릿찌릿한 감각)
③ 흉부통증
④ 메마른 감정표현

> **해설**
> 공황장애(Panic Disorder)는 갑자기 엄습하는 강렬한 불안, 즉 공황발작을 반복적으로 경험하는 장애를 말한다. 공황발작(Panic Attack)은 예상하지 못한 상황에서 갑작스럽게 밀려드는 극심한 공포, 곧 죽지 않을까 하는 강렬한 불안이다.
> 공황발작의 13가지 증상
> • 심장박동이 빨라지고 강렬하거나 심장박동수가 점점 더 빨라짐
> • 진땀을 흘림
> • 몸이나 손발이 떨림
> • 숨이 가쁘거나 막히는 느낌
> • 질식할 것 같은 느낌
> • 가슴의 통증이나 답답함
> • 구토감이나 복부통증
> • 어지럽고 몽롱하며 기절할 것 같은 느낌
> • 한기를 느끼거나 열감을 느낌
> • 감각이상증(마비감이나 찌릿찌릿한 감각)
> • 비현실감이나 자기 자신과 분리된 듯한 이인감
> • 자기통제를 상실하거나 미칠 것 같은 두려움
> • 죽을 것 같은 두려움

30 노출장애에 관한 설명과 가장 거리가 먼 것은? 21년 기출

① 성도착적 초점은 낯선 사람에게 성기를 노출시키는 것이다.
② 성기를 노출시켰다는 상상을 하면서 자위행위를 하기도 한다.
③ 청소년기나 성인기 초기에 시작되는 것으로 알려져 있다.
④ 노출 대상은 사춘기 이전의 아동에게 국한된다.

> **해설**
> 노출장애(Exhibitionistic Disorder)
> • 낯선 사람에게 자신의 성기를 노출시키거나 혹은 노출시켰다는 상상을 하면서 자위행위를 하는 경우이다.
> • 노출증적 행동에도 불구하고 낯선 사람과 성행위를 하려고 시도하는 경우는 거의 없다.
> • 보통 18세 이전에 발병하며, 40세 이후에는 상태가 완화되는 것으로 보인다.
> • DSM-5 진단기준에서는 "사춘기 이전의 아동에게 성기를 노출시킴으로써 성적 흥분을 일으키는 경우", "신체적으로 성숙한 개인에게 성기를 노출시킴으로써 성적 흥분을 일으키는 경우", 그리고 "사춘기 이전의 아동과 신체적으로 성숙한 개인에게 성기를 노출시킴으로써 성적 흥분을 일으키는 경우" 중 하나를 명시하도록 하고 있다.

31 조현병의 유전적 요인에 관한 설명으로 옳지 않은 것은? 20년 기출

① 친족의 근접성과 동시발병률은 관련이 없다.
② 여러 유전자 결함의 조합으로 나타나는 장애이다.
③ 일란성 쌍생아보다 이란성 쌍생아 동시발병률이 더 낮다.
④ 생물학적 가족이 입양 가족에 비해 동시발병률이 더 높다.

> **해설**
> 조현병 환자의 부모나 형제자매는 일반인의 10배, 조현병 환자의 자녀는 일반인의 15배에 이르기까지 조현병 발병률이 높으며, 3촌 이내 친족의 경우에도 일반인의 2.5~4배 가까운 발병률을 보이는 것으로 보고되고 있다.

32 친밀한 관계에서의 문제, 인지 및 지각의 왜곡, 행동의 괴이성 등을 주요특징으로 보이는 성격장애는? 19년 기출

① 조현성성격장애
② 조현형성격장애
③ 편집성성격장애
④ 회피성성격장애

해설
조현형성격장애
사회적으로 고립되어 있으며 기이한 생각이나 행동을 나타내어 사회적 부적응을 초래하는 성격장애로 조현성과 유사한 특성을 지니지만, 대인관계에 대한 불안감과 더불어 경미한 사고장애와 다소 기괴한 언행을 나타낸다는 점에서 구분된다.
진단기준
• 관계망상과 유사한 사고
• 행동에 영향을 미치는 괴이한 믿음이나 마술적 사고
• 신체적 착각을 포함한 유별난 지각 경험
• 괴이한 사고와 언어
• 의심이나 편집증적인 사고
• 부적절하거나 메마른 정동
• 괴이하고 엉뚱하거나 특이한 행동이나 외모
• 직계가족 외에는 가까운 친구나 마음을 털어놓을 수 있는 사람이 없음
• 과도한 사회적 불안

33 주요우울장애와 양극성장애의 비교설명으로 옳은 것은? 14, 20년 기출

① 주요우울장애와 양극성장애의 발병률은 비슷하다.
② 주요우울장애는 여자가 남자보다, 양극성장애는 남자가 여자보다 높은 발병률을 보인다.
③ 주요우울장애는 사회경제적으로 낮은 계층에서 발생비율이 높고, 양극성장애는 높은 계층에서 더 많이 발견된다.
④ 주요우울장애 환자는 성격적으로 자아가 약하고 의존적이며, 강박적인 사고를 보이는 경우가 많은 데 비해, 양극성장애의 경우에는 병전 성격이 히스테리성 성격장애의 특징을 보인다.

해설
① '주요우울장애'는 평생 유병률이 여자는 10~25%, 남자는 5~12%로 보고되고 있으며, 양극성장애 중 '제1형 양극성장애'는 0.4~1.6%, '제2형 양극성장애'는 0.5%, '순환성장애'는 0.4~1.0%로 보고되고 있다.
② '주요우울장애'는 여자가 남자보다 높은 발병률을 보이는 반면, '제1형 양극성장애'와 '순환성장애'는 대체로 남자와 여자에게 비슷하게 나타나고, '제2형 양극성장애'는 여성이 남성보다 높은 발병률을 보인다.
④ 주요우울장애 환자는 성격적으로 자아가 약하고 의존적이며, 강박적인 사고를 보이는 경우가 많은 데 비해, 양극성장애는 병전 성격이 유별나지 않다.

34 조현병에 관한 설명으로 옳은 것은? 22년 기출

① 망상, 환각, 와해된 언어 중 1개 증상이 반드시 포함되어야 한다.
② 양성 증상은 음성 증상보다 더 만성적으로 나타난다.
③ 2개 이상의 영역에서 기능이 저하되어야 진단될 수 있다.
④ 일반적으로 발병 연령의 성별 차이는 나타나지 않는다.

해설
① DSM-5의 진단기준에서 조현병(Schizophrenia)은 망상, 환각, 와해된(혼란스러운) 언어, 와해된 행동 또는 긴장증적 운동, 음성증상 등을 주된 증상으로 하며, 특히 망상, 환각, 와해된 언어를 핵심증상으로 간주하여 이들 중 1개의 증상이 반드시 포함되어야 진단이 가능하도록 하고 있다.
② 음성 증상이 양성 증상보다 더 만성적으로 나타난다. 정서적 둔마, 무논리증 또는 무언어증, 무욕증 등 음성 증상은 외부사건과 무관하게 서서히 발전하여 악화되는데, 특히 만성 조현병 환자들에게서 많이 나타난다.
③ 조현병은 장해가 시작된 후 상당 부분의 시간 동안 직업, 대인관계 혹은 자기관리와 같은 주요 영역 중 1개 이상의 영역에서 기능 수준이 장해 이전 성취된 수준보다 현저히 저하되어야 진단될 수 있다.
④ 일반적으로 조현병의 발병 연령 효과는 성별과 연관된다. 조현병의 일반적 발생률은 여성에게서 약간 낮은 수준을 보이는데, 특히 여성의 경우 중년기에 두 번째 정점이 있을 정도로 발병 연령이 늦고 40세 이후 발병에 따른 만발성 사례들을 쉽게 찾아볼 수 있다.

35 다음은 DSM-5에서 어떤 진단기준의 일부인가?

15년 기출

- 필요한 것에 비해서 음식섭취를 제한함으로써 나이, 성별, 발달수준과 신체건강에 비추어 현저한 저체중 상태를 초래한다.
- 심각한 저체중임에도 불구하고 체중증가와 비만에 대한 극심한 두려움을 지니거나 체중증가를 방해하는 지속적인 행동을 나타낸다.
- 체중과 체형을 왜곡하여 인식하고, 체중과 체형이 자기평가에 지나친 영향을 미치거나 현재 나타내고 있는 체중미달의 심각함을 지속적으로 부정한다.

① 신경성폭식증
② 신경성식욕부진증
③ 폭식장애
④ 이식증

해설

DSM-5 급식 및 섭식장애(Feeding and Eating Disorders)

- 개인의 건강과 심리사회적 기능을 현저히 저하시키는 부적응적인 섭식행동이 나타나는 장애
- DSM-Ⅳ의 부록목록에 포함되었던 '폭식장애'는 DSM-5에서 '급식 및 섭식장애'의 하위유형으로 분류됨
- DSM-Ⅳ의 '유아기 또는 초기 아동기의 급식 및 섭식장애'의 하위유형이었던 '이식증'과 '반추장애'는 DSM-5에서 '급식 및 섭식장애'의 하위유형에 포함됨
- 6가지 하위유형 : 신경성식욕부진증, 신경성폭식증, 폭식장애, 이식증, 반추장애, 회피적/제한적 음식섭취장애

36 주요우울장애 환자가 일반적으로 나타내는 특징적 증상이 아닌 것은?

15, 19, 21, 23년 기출

① 거절에 대한 두려움
② 불면 혹은 과다수면
③ 정신운동성 초조
④ 일상활동에서의 흥미와 즐거움의 상실

해설

주요우울장애 핵심증상

- 하루 대부분, 거의 매일 지속되는 우울한 기분이 주관적 보고나 객관적 관찰을 통해 나타남
- 거의 모든 일상활동에 대한 흥미나 즐거움이 하루의 대부분 또는 거의 매일같이 뚜렷하게 저하됨
- 체중조절을 하고 있지 않은 상태에서 현저한 체중감소나 체중증가가 나타남
- 거의 매일 불면이나 과다수면이 나타남
- 거의 매일 정신운동성 초조나 지체를 나타냄
- 거의 매일 피로감이나 활력상실을 나타냄
- 거의 매일 무가치감이나 과도하고 부적절한 죄책감을 느낌
- 거의 매일 사고력이나 집중력의 감소 또는 우유부단함이 주관적 호소나 관찰에서 나타남
- 죽음에 대한 반복적인 생각이나 특정한 계획 없이 반복적으로 자살에 대한 생각이나 자살기도를 하거나 자살하기 위한 구체적인 계획을 세움

37 소인-스트레스이론(Diathesis-stress Theory)에 대한 설명으로 가장 적합한 것은?

15, 20, 23년 기출

① 소인은 생후 발생하는 생물학적 취약성을 의미한다.
② 스트레스가 소인을 변화시킨다.
③ 소인과 스트레스는 서로 억제한다.
④ 소인은 스트레스 상황에서 발현된다.

해설

소인-스트레스이론(Diathesis-stress Theory)

- 질병소인이 있는 사람이 특정한 질병과 관련된 스트레스를 받으면 질병에 쉽게 걸린다고 가정하는 이론이다.
- 특정한 질병에 걸리기 쉬운 선천적 경향(질병소인)이 강한 사람은 특정한 스트레스를 경험할 때 선천적 경향이 약한 사람보다 스트레스에 병적으로 반응하며, 경미한 환경적 스트레스에도 질병이 보다 쉽게 유발될 수 있다.
- 소인-스트레스이론은 소인이 스트레스상황에서 발현된다고 본다. 이는 질병이 개인의 생리와 스트레스의 상호작용에 의해 유발된다고 보는 입장으로, 질병을 예측하기 위해 스트레스 생활사건과 개인의 취약성을 동시에 고려할 필요성을 제기한다.

38 특정 학습장애에 관한 설명으로 옳은 것은?

16년 기출

① 특정 학습장애의 심각한 정도는 구분하지 않는다.
② 읽기 손상 동반의 경우 읽은 내용에 대한 기억력이 포함된다.
③ 쓰기 손상 동반의 경우 작문의 명료도와 구조화가 포함된다.
④ 수학 손상 동반의 경우 수학적 추론의 정확도는 포함되지 않는다.

해설

③ 쓰기 손상 동반의 경우 철자 정확도, 문법과 구두점 정확도, 작문의 명료도와 구조화 등이 포함된다.
① 특정 학습장애의 심각도는 경도, 중등도, 고도로 나눌 수 있다.
② 읽기 손상 동반의 경우 단어 읽기 정확도, 읽기 속도 또는 유창성, 독해력 등이 포함된다.
④ 수학 손상 동반의 경우 수 감각, 단순 연산값의 암기, 계산의 정확도 또는 유창성, 수학적 추론의 정확도 등이 포함된다.

39 다음 증상이 설명하는 신경인지장애의 종류로 옳은 것은?

- 인지기능의 저하
- 다리근육이 뻣뻣해짐, 경직, 진전(떨림) 등 운동장애 증상
- 환시를 겪기도 함

① 혈관성 신경인지장애
② 약물/물질복용으로 인한 신경인지장애
③ 루이소체병으로 인한 신경인지장애
④ 파킨슨병으로 인한 신경인지장애

해설

파킨슨병으로 인한 신경인지장애는 파킨슨병 발병 이후 인지 저하가 나타나는 경우로, 파킨슨병의 제 증상과 함께 주요 또는 경도 신경인지장애의 기준을 충족시킬 때 진단된다.

40 다음 중 세 성격장애군 중 다른 하나에 속하는 것은?

① 편집성성격장애
② 조현성성격장애
③ 강박성성격장애
④ 조현형성격장애

해설

DSM-5 성격장애

A군 성격장애	사회적으로 고립되어 있고 기이한 성격특성을 나타내는 성격장애	• 편집성성격장애 • 조현성(분열성)성격장애 • 조현형(분열형)성격장애
B군 성격장애	감정적이며 변화가 많은 극적인 성격특성을 나타내는 성격장애	• 반사회성성격장애 • 연극성(히스테리성)성격장애 • 경계성(경계선)성격장애 • 자기애성성격장애
C군 성격장애	불안하고 두려움을 많이 느끼는 성격특성을 나타내는 성격장애	• 회피성성격장애 • 의존성성격장애 • 강박성성격장애

41 다음에서 설명하는 검사는? 18, 21, 23년 기출

> 유아 및 학령 전 아동의 발달과정을 체계적으로 측정하기 위한 최초의 검사로서, 표준 놀이기구와 자극 대상에 대한 유아의 반응을 직접 관찰하며, 의학적 평가나 신경학적 원인에 의한 이상을 평가하기 위해 사용된다.

① 게젤(Gesell)의 발달검사
② 베일리(Bayley)의 영아발달 척도
③ 시 · 지각 발달검사
④ 사회성숙도 검사

해설

② 베일리의 영아발달척도(BSID-Ⅱ ; Bayley Scale of Infant Development-Ⅱ)
  • 베일리(Bayley)가 1969년 생후 2개월에서 30개월까지의 영유아를 대상으로 한 발달척도(BSID)를 고안한 이후, 1993년 개정판(BSID-Ⅱ)을 통해 생후 1개월에서 42개월까지의 영유아를 대상으로 한 표준화가 이루어졌다.
  • 1969년 초판(BSID-Ⅰ)은 정신척도(Mental Scale)와 운동척도(Motor Scale)로만 구성되었으나, 1993년 개정판(BSID-Ⅱ)은 행동평정척도(Behavior Rating Scale)가 포함되었다.
  • 검사과정은 검사자와 아이가 1:1로 마주앉은 상태로 진행되며, 아이의 연령이나 기질 등의 다양한 요인을 고려하여 융통성 있게 전개된다.
③ 시 · 지각 발달검사(DTVP ; Developmental Test of Visual Perception)
  • 프로스티그(Frostig)가 1966년 개발한 것으로 3~8세의 읽고 쓰기에 문제가 있는 아동의 시지각능력을 측정하여 시지각장애를 조기발견하는 데 사용된다.
  • 시각-운동협응검사, 도형-배경지각검사, 형태항상성검사, 공간위치지각검사, 공간관계지각검사의 5개 하위검사로 구성된다.
④ 사회성숙도검사(SMS ; Social Maturity Scales)
  • 사회성이 적응행동에 미치는 영향이 크다는 것을 인식하고, 적응행동을 측정하기 위해 개발되었다.
  • 이 검사는 개인의 성장이나 변화를 측정하면서 정신지체 여부나 그 정도를 판별하는 데 이용될 수 있다.
  • 검사는 부모, 형제나 자매, 수검자를 잘 아는 친척이나 후견인 등이 실시한다(수검자가 자신에 관한 정보를 제공할 수 있을 정도로 성숙해 있어도 직접 수검자를 면접 대상으로 하지 않음).

42 교통사고 환자의 신경심리검사에서 꾀병을 의심할 수 있는 경우는? 16, 22년 기출

① 기억과제에서 쉬운 과제에 비해 어려운 과제에서 더 나은 수행을 보일 때
② 즉각 기억과제와 지연 기억과제의 수행에서 모두 저하를 보일 때
③ 뚜렷한 병변이 드러나며 작위적인 반응을 보일 때
④ 단기기억 점수는 정상범위이나 다른 기억점수가 저하를 보일 때

해설

신경심리평가 시 위장자(Faker)들을 변별하는 방법(홍경자, 1995)
  • 일관성 : 위장하는 사람들은 동일한 영역을 측정하는 비슷한 검사로 재검사를 시행했을 때 같은 양상의 장애를 나타내지 않는 경우가 많고, 자신의 증상 및 병력에 대해서는 잘 기억하면서 기억력 검사에 들어가서는 장애를 보일 수 있음
  • 위장자들은 모든 검사에서 다 못하는 경우가 많은데, 실제 환자는 손상 양상에 따라 어떤 검사는 잘 수행하고 어떤 검사는 대단히 못함. 만약 위장자가 일부 검사에서 선택적으로 장애를 보이려고 할 때는 주로 감각 및 운동기능의 장애를 보인다고 함
  • 난이도를 살펴보면, 일반적으로 환자들은 쉬운 소검사는 잘하고 어려워지면 못하는 데 비해 위장자들은 난이도가 낮은 소검사부터 못하는 경향이 있음
  • 위장자들은 검사에서 나타난 장애 정도와 손상으로부터 예측되는 장애 정도 사이에 상당한 차이를 보임

43 지능을 일반요인과 특수요인으로 구분한 학자는?

22년 기출

① 스피어만(C. Spearman)
② 서스톤(L. Thurstone)
③ 카텔(R. Cattell)
④ 길포드(J. Guilford)

해설

① 스피어만(Spearman)은 지능은 모든 개인이 공통적으로 가지고 있는 일반요인(General Factor)과 함께 언어나 숫자 등 특정한 부분에 대한 능력으로서 특수요인(Special Factor)으로 구분된다는 2요인설을 제안하였다.
② 서스톤(Thurstone)은 지능은 언어이해(Verbal Comprehension), 수(Numerical), 공간시각(Spatial Visualization), 지각속도(Perceptual Speed), 기억(Memory), 추리(Reasoning), 단어유창성(Word Fluency) 등 7가지 요인으로 구성된다는 다요인설을 제안하였다.
③ 카텔과 혼(Cattell & Horn)은 지능은 유동성 지능(Fluid Intelligence)과 결정성 지능(Crystallized Intelligence)으로 구분된다는 위계적 요인설을 제안하였다.
④ 길포드(Guilford)는 지능의 구조는 내용(Content), 조작(Operation), 결과(Product)의 3차원적 입체모형으로 이루어지며, 이들의 상호작용에 의한 180개의 조작적 지적 능력으로 구성된다는 복합요인설(입체모형설)을 제안하였다.

44 말의 유창성이 떨어지고 더듬거리는 말투, 말을 길게 하지 못하고 어조나 발음이 이상한 현상 등을 보이는 실어증은?

18, 22년 기출

① 브로카 실어증
② 전도성 실어증
③ 초피질성 감각 실어증
④ 베르니케 실어증

해설

뇌손상 부위에 따른 실어증
- 브로카 실어증(Broca's Aphasia)
  - 브로카영역을 포함한 인근 전두엽영역의 손상에 의함
  - 대화나 설명 시 표현능력이 저하되며 특히 유창성의 저하
  - 비정상적으로 단조로운 운율, 속도가 느리며 단어 사이 쉬는 것이 긴 경향
  - 청각적 이해력은 유지
  - 읽기는 말하기나 쓰기에 비해 좋은 편
- 전도성 실어증(Conduction Aphasia)
  - 브로카영역과 베르니케영역을 연결하는 활모양의 섬유 다발의 병변에 의함
  - 따라 말하기 능력 저하
  - 청각적 이해력은 유지
  - 발화는 유창한 편이나 음소착어의 잦은 출현
  - 이름대기에서 음소착어의 잦은 출현 및 여러 차례에 걸친 자기수정
- 초피질성 감각 실어증(Transcortical Sensory Aphasia)
  - 두정엽 및 베르니케영역의 심층부, 후반부의 피질하 부위 병변에 의함
  - 청각적 이해력이 저하
  - 따라 말하기 능력 저하
  - 이름대기 능력 저하

45 로샤(Rorschach) 구조변인 중 형태질에 대한 채점이 아닌 것은?

19, 22년 기출

① v
② −
③ o
④ u

해설

'v'는 발달질에 대한 채점으로 모호반응(Vague Response)을 기호화한 것이다.

Rorschach 구조변인 중 형태질
- 반응이 잉크반점의 특징에 얼마나 부합하는가?
- 검사자는 수검자가 사용한 반점 영역의 형태가 지각한 대상의 형태와 어느 정도 일치하는지를 평가한다.
- 우수−정교한(+ ; Superior−Overelaborated), 보통의(o ; Ordinary), 드문(u ; Unusual), 왜곡된(− ; Minus)으로 기호화한다.

46 노인을 대상으로 HTP검사를 실시하는 방법으로 옳은 것은? 19, 22년 기출

① 노인의 보호자가 옆에서 지켜보면서 격려하도록 한다.
② HTP를 실시할 때 각 대상은 별도의 용지를 사용하여 실시한다.
③ 그림을 그린 다음에는 수정하지 못하게 한다.
④ 그림이 완성된 후 보호자에게 사후 질문을 하는 것이 일반적이다.

> **해설**
> ② HTP를 실시할 때 집, 나무, 사람 각각에 대한 별지를 제공하여 대상자에게 그리도록 한다.
> ① HTP를 통해 가정생활이나 가족관계 등이 반영되므로, 검사자는 그림의 내용에 영향을 줄 만한 상황을 최대한 배제하도록 한다.
> ③ 수검자의 수검 태도 또한 해석적 의미를 담고 있다. 예를 들어, 그림의 수정은 지나치게 정확성을 기하려는 수검자의 강박적 성향을 반영하는 것으로 볼 수 있다.
> ④ 그림이 완성된 후 수검자에게 각각의 그림을 보여주면서 수검자의 특성에 맞는 질문을 하는 과정을 거친다.

47 다음은 서스톤(Thurstone)이 제안한 지능에 관한 다요인 중 어느 요인을 측정하는 검사인가? 13년 기출

4분 이내에 "D"로 시작되는 말을 가능한 많이 적어보시오.

① 언 어
② 단어유창성
③ 공 간
④ 기 억

> **해설**
> 서스톤(Thurstone)의 다요인설에 의한 지능의 7가지 구성요인
> • 언어이해(Verbal Comprehension) : 언어의 개념화, 추리 및 활용 등에 대한 능력이다. 어휘력 검사와 독해력 검사로 측정한다.
> • 수(Numerical) : 계산 및 추리력, 즉 수를 다루며 계산하는 능력이다. 더하기나 곱하기, 큰 숫자나 작은 숫자 찾기 등의 기초적인 산수문제로 측정한다.
> • 공간시각(Spatial Visualization) : 공간을 상상하고 물체를 시각화할 수 있는 능력이다. 상징물이나 기하학적 도형에 대한 정신적 조작을 요하는 검사로 측정한다.
> • 지각속도(Perceptual Speed) : 어떤 대상이나 현상을 빠르고 정확하며, 구체적이고 객관적으로 파악하는 능력이다. 상징들의 신속한 재인을 요하는 검사로 측정한다.
> • 기억(Memory) : 지각적 · 개념적 자료들을 명확히 기억하고 재생할 수 있는 능력이다. 단어, 문자 등을 이용한 회상 검사로 측정한다.
> • 추리(Reasoning) : 주어진 자료들로써 일반원칙을 밝히며, 목표달성을 위해 생산적으로 적용 · 추리하는 능력이다. 유추검사나 수열완성형 검사로 측정한다.
> • 단어유창성(Word Fluency) : 상황에 부합하는 유효적절한 단어를 빠르게 산출해낼 수 있는 능력이다. 제한시간 내에 특정 문자(예 '가' 또는 'A')로 시작하는 단어를 최대한 많이 제시하도록 요구하는 방식의 검사로 측정한다.

48 심리검사자가 지켜야 할 윤리적 의무와 가장 거리가 먼 것은? 20년 기출

① 심리검사 결과 해석 시 수검자의 연령과 교육수준에 맞게 설명해야 한다.
② 컴퓨터로 실시하는 심리검사는 특정한 교육과 자격이 없어도 된다.
③ 심리검사 결과가 수검자의 삶에 영향을 줄 수 있음을 인식해야 한다.
④ 검사규준 및 검사도구와 관련된 최근 동향과 연구방향을 민감하게 파악해야 한다.

> **해설**
> 채점과 관련하여 객관적 검사의 경우 자동프로그램을 널리 이용하고 있으나, 투사적 검사의 경우 검사실시는 물론 채점에 있어서 고도의 훈련이 요구된다. 한편 컴퓨터로 실시하는 검사를 실시하는 것도 수련과 자격을 갖춘 검사자가 진행하여야 하며, 검사결과의 해석은 검사자의 수련교육이나 전문가로서의 경험, 연구결과에 따라 큰 차이가 있으므로, 검사자는 결과해석의 타당성과 전문성을 높이기 위해 노력해야 한다. 따라서 교육과 자격이 꼭 필요하다.

49 다음 K-WAIS 검사 결과가 나타내는 정신장애로 가장 적합한 것은? 15, 19, 23년 기출

- 토막짜기, 바꿔쓰기, 차례맞추기, 모양맞추기 점수 낮음
- 숫자외우기 소검사에서 바로 따라 외우기와 거꾸로 따라 외우기 점수 간에 큰 차이를 보임
- 공통성 문제 점수 낮음 : 개념적 사고의 손상
- 어휘, 상식, 이해 소검사의 점수는 비교적 유지되어 있음

① 강박장애
② 기질적 뇌손상
③ 불안장애
④ 반사회성성격장애

해설

K-WAIS 검사 결과에서 나타나는 진단별 반응 특징

강박장애	• 전체 지능지수 110 이상 • 상식·어휘문제 점수가 높음(주지화) • 이해 점수가 낮음(회의적 경향이 원인) • 언어성 지능 > 동작성 지능 : 강박적인 주지화 경향을 반영
불안장애	• 숫자외우기, 산수, 바꿔쓰기, 차례맞추기 점수가 낮음 • 사고의 와해나 혼란은 없음
반사회성 성격장애	• 언어성 지능 < 동작성 지능 • 소검사 간 분산이 심한 편 • 사회적 상황에 대한 예민성 • 바꿔쓰기, 차례맞추기 점수가 높음 • 개념형성 점수가 낮음 • 되는대로 노력없이 아무렇게나 대답 • 비사회적 규준 • 지나친 관념화, 주지화, 현학적인 경향을 보일 수 있음

50 WAIS-IV의 연속적인 수준 해석절차의 2단계는? 19년 기출

① 소검사 반응내용 분석
② 전체 척도 IQ 해석
③ 소검사 변산성 해석
④ 지수점수 및 CHC 군집 해석

해설

WAIS-IV의 연속적인 수준 해석절차(Groth-Marnat & Wright)

- 1단계 : 전체 IQ(FSIQ)와 GAI 해석 (②)
- 2단계 : 지수점수 및 CHC 군집 해석 (④)
- 3단계 : 소검사 간 변산성에 대한 분석 및 해석 (③)
- 4단계 : 과정점수를 포함한 질적 분석 및 해석
- 5단계 : 소검사 내 변산성에 대한 분석 및 해석 (①)

51 신경심리검사에 대한 설명으로 옳은 것은? 21, 23년 기출

① 브로카와 베르니케(Broca & Wernicke)는 실행증 연구에 뛰어난 업적을 남겼으며, 벤톤(Benton)은 임상신경심리학의 창시자라고 할 수 있다.
② X레이, MRI 등 의료적 검사결과가 정상으로 나온 경우에는 신경심리검사보다는 의료적 검사결과를 신뢰하는 것이 타당하다.
③ 신경심리검사는 환자에 대한 진단, 환자의 강점과 약점, 향후 직업능력의 판단, 치료계획, 법의학적 판단, 연구 등에 널리 활용된다.
④ 신경심리검사는 고정식(Fixed) 배터리와 융통식(Flexible) 배터리 접근이 있는데, 두 가지 접근 모두 하위검사들이 독립적인 검사들은 아니다.

해설

③ 신경심리검사는 1차적 진단도구로 사용하는 데는 한계가 있지만, 환자의 상태를 예측하고 진단하는 데 도움을 주며 널리 활용될 수 있다.
① 브로카와 베르니케(Broca & Wernicke)는 실어증 연구에 뛰어난 업적을 남겼다. 또한 임상신경심리학은 1936년 라슐리(Lashley)가 심리학에 도입하여 사용하기 시작하였고, 이후 미국의 할스테드와 라이탄(Halstead & Reitan), 구소련의 루리아(Luria) 등이 발전시켰다.
② 신경심리검사는 신경영상기법의 첨단장비로 탐지해 낼 수 없는 미세한 초기의 장애를 탐지해 낼 수 있고, 뇌 행동관계의 기능적 측면에 대한 세부적 정보를 평가할 수 있도록 하므로 의료적 검사와 함께 유효하게 사용된다.
④ 융통식(Flexible) 배터리 접근은 검사 조건에 따라 총집 형태로 사용할 수도 있고, 각 검사를 독립적인 개별 검사로도 사용할 수 있다.

52 신뢰도의 추정방법 중 반분신뢰도의 장점은?

13, 18년 기출

① 검사의 문항 수가 적어도 된다.
② 반분된 검사가 동형일 필요가 없다.
③ 단 1회의 시행으로 신뢰도를 구할 수 있다.
④ 속도검사의 신뢰도를 추정하는 데 적합하다.

해설

① 검사를 양분하는 반분신뢰도의 특성상 양분된 각 측정도구의 문항 수는 그 자체가 각각 완전한 척도를 이룰 수 있도록 충분히 많아야 한다.
② 반분신뢰도는 하나의 검사를 두 부분으로 나누어 신뢰도를 추정하는 일종의 축소판 동형검사신뢰도 추정방법으로 볼 수 있다.
④ 속도검사는 제한된 시간 내에 얼마나 빠르고 정확하게 정답에 반응하는가를 측정하는 방식이다. 검사문항이 대체로 획일적이고 난이도수준이 높지 않으므로, 반분신뢰도를 사용하여 신뢰도를 추정하는 데 있어서 부적합하다.

53 다음 중 성격평가질문지(PAI)의 특징과 가장 거리가 먼 것은?

13년 기출

① 현대의 문항반응이론에 근거해서 제작되었다.
② 각 척도는 고유문항으로 구성되어 있고 문항의 중복이 없다.
③ 정상인보다는 정신병리적 특징을 가진 사람들에게 더 유용하다.
④ 각 척도는 3~4개의 하위척도로 구분되어 있어서 장애의 상대적 속성을 평가할 수 있다.

해설

성격평가질문지(PAI ; Personality Assessment Inventory)는 환자집단의 성격 및 정신병리적 특징은 물론 정상인의 성격평가에 매우 유용하다. 미네소타 다면적 인성검사(MMPI)의 경우 수검자의 비정상행동을 측정하는 데 중점을 둠으로써 정상인보다는 정신병리적 특징을 가진 사람들에게 더 유용한 반면, 성격평가질문지(PAI)는 이들 모두에게 유용한 것으로 평가되고 있다.

54 MMPI-2의 타당도척도 점수 중 과잉보고(Over Reporting)로 해석 가능한 경우는?

18년 기출

① TRIN(f방향) 82점, FBS 35점
② F 75점, F(P) 80점
③ VRIN 80점, K 72점
④ F(B) 52점, K 52점

해설

MMPI-2 타당도척도의 의미

구 분	척 도	내 용
무효 반응	?(무응답)	피검자가 빠짐없이 문항에 응답을 했는지, 문장을 제대로 읽고 일관성 있게 응답하였는지를 탐지
	VRIN(무선반응 비일관성)	
	TRIN(고정반응 비일관성)	
과잉 보고	F(비전형)	• 사람들이 일반적으로 반응하지 않는 방식으로 응답했는지에 대한 정보제공 • 과잉보고(Over-Reporting)의 경향성 탐색(증상인정)
	F(B) (비전형-후반부)	
	F(P) (비전형-정신병리)	
	FBS (증상타당도)	
과소 보고	L(부인)	• 자신의 모습을 과도하게 긍정적으로 제시하고자 했는지에 대한 정보제공 • 과소보고(Under-Reporting)의 경향성 탐색(증상부인)
	K(교정)	
	S(과장된 자기 제시)	

55 다면적 인성검사(MMPI-2)에서 개인의 전반적인 에너지와 활동수준을 평가하며 특히 정서적 흥분, 짜증스런 기분, 과장된 자기지각을 반영하는 척도는? 22년 기출

① 척도 1
② 척도 4
③ 척도 6
④ 척도 9

해설
④ 척도 9 Ma(Hypomania, 경조증)는 심리적·정신적 에너지의 수준과 관련된 것으로, 인지영역에서는 사고의 비약이나 과장을, 행동영역에서는 과잉활동적 성향을, 정서영역에서는 과도한 흥분상태, 민감성, 불안정성을 반영한다.
① 척도 1 Hs(Hypochondriasis, 건강염려증)는 수검자의 신체적 기능 및 건강에 대한 과도하고 병적인 관심과 관련된 것으로, 신체기능에 대한 과도한 불안이나 집착 같은 신경증적인 걱정의 여부를 반영한다.
② 척도 4 Pd(Psychopathic Deviate, 반사회성)는 반사회적 일탈행동, 가정이나 권위적 대상 일반에 대한 불만, 반항, 적대감, 충동성, 자신 및 사회와의 괴리, 학업이나 진로문제, 범법행위, 알코올이나 약물남용, 성적 부도덕 등을 반영한다.
③ 척도 6 Pa(Paranoia, 편집증)는 대인관계에서의 민감성, 의심증, 집착증, 피해의식, 자기 정당성 등을 반영한다.

56 MMPI-2의 임상척도 중 0번 척도가 상승한 경우 나타나는 특징은? 20년 기출

① 외향적이다.
② 소극적이다.
③ 자신감이 넘친다.
④ 관계를 맺는 데 능숙하다.

해설
척도 0 Si(Social Introversion, 내향성)
• 혼자 있는 것을 좋아하는 정도(내향성)를 반영한다.
• 높은 점수는 내성적이어서 수줍어하며 위축되어 있다.
• 높은 점수는 사회적으로 보수적이고 순응적이며, 지나치게 억제적이고 무기력하다. 또한 긴장하고 융통성이 없으며, 죄의식에 잘 빠진다.
• 원판 MMPI에서는 총 70개의 문항으로 구성되어 있으나, MMPI-2에서는 1문항이 제외되어 총 69개의 문항으로 구성되었다.

57 MMPI-2 코드 쌍의 해석적 의미로 틀린 것은?

① 4-9 – 행동화적 경향이 높다.
② 1-2 – 다양한 신체적 증상에 대한 호소와 염려를 보인다.
③ 2-6 – 전환증상을 나타낼 경우가 많다.
④ 3-8 – 사고가 본질적으로 망상적일 수 있다.

해설
전환증상을 나타내는 경우가 많은 것은 1-3 상승척도 쌍에 해당한다.
2-6 코드 쌍
• 심각한 정서적 어려움을 겪고 있는 정신병 초기의 환자에게서 종종 나타난다.
• 평소 우울한 상태에 있으며, 그러한 우울한 감정에는 분노와 적개심이 내재해 있다.
• 보통 우울증 환자와 달리 자신의 공격성을 공공연하게 드러낸다.
• 타인의 친절을 거부하고 곧잘 시비를 걸며, 보통의 상황에 대해 악의적인 해석을 내린다.
• 편집증적 경향이 현저하게 나타나기도 한다.

58 노년기 인지발달의 특징에 관한 설명으로 옳지 않은 것은? 14, 20, 23년 기출

① 일화기억보다 의미기억이 더 많이 쇠퇴한다.
② 노년기 인지기능의 저하는 처리속도의 감소와 관련이 있다.
③ 연령에 따른 지능의 변화 양상은 지능의 하위 능력에 따라 다르다.
④ 노인들은 인지기능의 쇠퇴에 직면하여 목표범위를 좁혀나가는 등의 최적화 책략을 사용한다.

해설
노년기 인지적 변화
• 다양한 측면에서 지적 능력이 쇠퇴하며, 단기기억이 장기기억보다 더욱 심하게 쇠퇴한다. 의미기억보다는 일화기억이 더 많이 쇠퇴한다.
• 연령이 증가함에 따라 정보처리속도가 감소하며, 감각기관을 통해 입수되는 정보를 운동반응으로 전환하는 능력 등이 떨어진다.
• 인지적 능력이 감소하는 경향이 있으나 추론능력 등 경험의 축적을 통해 습득된 능력은 비교적 유지된다.
• 자기중심적이고 원시적인 방법으로 문제를 해결하려는 경향을 나타내 보인다.

59 다음에서 설명하는 MBTI의 선호지표에 따른 성격유형으로 옳은 것은?

> • 지금, 현재에 초점
> • 실제 경험을 강조
> • 숲보다는 나무를 보려는 경향
> • 세부적 · 사실적 · 실리적

① 내향형(Introversion)
② 사고형(Thinking)
③ 감각형(Sensing)
④ 판단형(Judging)

해설

MBTI 감각형(Sensing)의 특징
• 지금, 현재에 초점
• 실제 경험을 강조
• 정확함, 철저한 일처리
• 일관성
• 가꾸고 추수함

60 MMPI-2의 L척도가 상승했을 때의 해석과 가장 거리가 먼 것은? `15년 기출`

① 자신의 동기에 대한 통찰력과는 부적 상관관계가 있다.
② 지능이 높고 교육수준이 높을수록 상승하는 경향이 있다.
③ 이상적으로 자신을 나타내고자 하는 경우 상승한다.
④ 억압이나 부정 방어기제가 높을수록 상승하는 경향이 있다.

해설

L척도
• 사회적으로 찬양할 만하나 실제로는 극도의 양심적인 사람에게서 발견되는 태도나 행동을 측정
• 자신을 좋은 모양으로 나타내 보이려는 다소 고의적이고도 부정직하며 세련되지 못한 시도를 측정하려는 척도
• 수검자의 지능, 교육수준, 사회경제적 위치 등과 연관이 있으며, 특히 지능 및 교육수준이 높을수록 L척도는 낮게 나옴
• 예 때로로 욕설을 퍼붓고 싶어지는 때가 있다(아니다), 가끔 화를 낸다(아니다) 등
• MMPI의 모든 척도가 경험적 방법으로 도출된 문항으로 구성된 반면, L척도만은 논리적 근거에 의해 선발된 문항으로 구성됨

제4과목 | 임상심리학

61 체계적 둔감법에 관한 설명으로 틀린 것은? `16년 기출`

① 기본 절차는 조작적 조건형성의 원리에 기초한 치료기법이다.
② 주로 불안과 관련된 부적응 행동의 치료에 사용된다.
③ 불안을 일으키는 자극들을 반복적으로 이완상태와 짝 지운다.
④ 신경성 식욕부진증, 충동적 행동, 우울증을 치료하는 데도 사용된다.

해설

체계적 둔감법은 고전적 조건형성의 원리에 기초한 치료기법이다.

체계적 둔감법(Systematic Desensitization)
• Wolpe(1958)에 의해 개발된 것으로, 불안장애 가운데 특정 상황이나 동물, 대상에 대해 공포를 느끼는 특정 공포증의 치료에 효과적이다.
• 체계적 둔감법은 심리적 불안과 신체적 이완은 병존할 수 없다는 것을 전제로 하는 상호억제(Reciprocal Inhibition)의 원리를 이용하는 기법으로, 이미 조건형성된 부적응적 반응을 해체시키는 새로운 조건형성이 이루어진다는 점에서 탈조건형성(Deconditioning)이라고 불리기도 한다.
• 시행과정은 '근육이완 → 불안위계목록 작성 → 체계적 둔감법의 시행'으로, 둔감화의 과정은 내담자가 눈을 감고 이완된 상태에서, 처음에는 불안이 없는 중립적인 장면을 상상하도록 한 후 불안위계표에 따라 가장 낮은 수준의 불안 유발 장면부터 높은 수준의 불안 유발 장면으로 점진적으로 진행한다.
• 이때 내담자가 불안을 경험하고 있다는 신호를 보내면 중단하고 다시 이완을 반복하면서 내담자가 가장 높은 수준의 불안을 나타낸 장면에서도 이완된 상태를 지속적으로 유지할 수 있도록 하는 것이다.

62 파킨슨병 및 헌팅턴병과 같은 운동장애의 발병과 관련이 가장 큰 것은? `10, 15년 기출`

① 변연계
② 기저핵
③ 시 상
④ 시상하부

기저핵은 운동을 통제하는 기능을 담당하고 있는 것으로, 기저핵이 손상되는 경우 신체 근육이 경직되어 몸을 제대로 움직이지 못하는 파킨슨병, 또는 자신의 의지와 상관없이 무의미한 상동증적 움직임을 반복하는 헌팅턴병이 발병할 수 있다.

- 변연계 : 중뇌와 전뇌 중간에 위치하며, 변연계의 한 부분인 해마는 기억 역할을 담당. 정서, 학습, 기억 등과 연관
- 시상 : 중뇌에서 앞부분으로 연결된 구조. 대뇌피질로 향하는 통로가 되는 감각 중계소로, 후각을 제외한 모든 감각기관에서부터 정보를 수용하는 기관. 감각기관을 통해 올라온 정보가 이곳에 전달되며 이곳을 거쳐 대뇌피질로 전파됨. 즉, 시상은 감각정보를 중계하는 장소
- 시상하부 : 시상 아래 부분에 위치한 조그만 조직. 신체의 내적 환경을 통제하고 조절하는 역할을 수행. 특히 뇌하수체와 상호작용하면서 호르몬 분비나 체온 및 혈당수준을 조절. 장기 및 신체기능(체온, 신진대사, 내분비선의 균형 조절)

63 다음과 같은 면접의 유형은?

15년 기출

이 면접은 전형적으로 인지, 정서 혹은 행동에 문제가 있는지 여부를 신속히 평가하고, 흔히 비구조적으로 행해졌기 때문에 신뢰도가 다소 낮은 한계점이 있었다. 이 문제를 보완하기 위해 구조적 면접이 고안되었고, 다양한 영역에서 보이는 행동을 포함하기 위해 특별한 질문이 보완되고 있다. 다양한 정신건강 전문가들을 위한 중요한 임상면접 중 하나이다.

① 개인력면접
② 접수면접
③ 진단적 면접
④ 정신상태검사면접

정신상태검사면접(Mental Status Examination Interview)
- 진단 면접 시 부수적으로 사용되기도 하는 방법으로, 환자의 인지, 정서 혹은 행동상에 문제가 있는지 여부를 신속히 평가한다.
- 환자의 행동 및 태도, 감각기능 및 사고기능, 지각장애, 기분 및 정서, 통찰력과 자아개념 등을 검진한다.
- 직접적 관찰과 질문, 간단한 형태의 검사(예 숫자를 100부터 3씩 빼기, 속담의 의미에 대한 질문 등) 등을 실시하며, 주로 정신병적 이상이나 뇌기능의 손상이 의심될 때 사용한다.
- 흔히 비구조적으로 행해졌기 때문에 신뢰도가 다소 낮은 한계점이 있었으나, 이 문제를 보완하기 위해 구조적 면접이 고안되었고, 다양한 영역에서 보이는 행동을 포함하기 위해 특별한 질문들이 보완되고 있다.

64 기억력 손상을 측정하는 검사가 아닌 것은?

20년 기출

① Wechsler Memory Scale
② Benton Visual Retention Test
③ Rey Complex Figure Test
④ Wisconsin Card Sorting Test

위스콘신 카드분류검사(WCST ; Wisconsin Card Sorting Test)
사고의 유연성을 측정하기 위해 개발된 검사도구로, 실행능력을 평가하는 대표적인 검사이다. 이 검사는 인지적인 유연성과 문제해결능력을 평가하는 데 활용할 수 있으며 이와 관련하여 전두엽의 기능을 평가할 수 있다.

65 Cormier와 Cormier가 제시한 적극적 경청 기술과 그 내용에 해당하지 않는 것은?

20년 기출

① 해석 – 당신이 그 사람과의 관계에서 재미없다고 말할 때 성적 관계에서 재미없다는 말씀으로 들립니다.
② 요약 – 이제까지의 말씀은 당신이 결혼하기에 적당한 사람인지 불확실해서 걱정하신다는 것이지요.
③ 반영 – 당신은 그 사람과의 관계에서 지루함을 느끼고 있군요.
④ 부연 – 그래서 당신은 자신의 문제 때문에 결혼이 당신에게 맞는지 확신하지 못하는군요.

해석이 아닌 명료화의 예에 해당한다. 명료화는 개인이 자신의 메시지를 정교화하도록 돕는 것은 물론 면접자가 그 메시지를 이해하고 있음을 확실히 하기 위해 필요하다.
적극적 경청 기술(Cormier & Cormier)
- 부연 : 말한 내용에 대해 알기 쉽게 다른 표현으로 말하는 것이다.
- 반영 : 개인이 자신의 느낌을 더 잘 표현하고 이해하도록 격려하기 위해 말하고 있는 것에 대한 느낌을 이해하기 쉽게 바꾸어 말하는 것을 포함한다.
- 요약 : 부연과 반영을 모두 포함하는 것으로, 몇 가지 논점들을 조리 있고 간단한 메시지로 묶기 위한 시도이다.
- 명료화 : 메시지가 완전히 이해되고 있음을 확실히 하기 위해 질문하는 것이다.

66 심리평가에서 임상적 예측을 시행할 때 자료통계적 접근법이 더욱 권장되는 경우는? _{20년 기출}

① 매우 드물게 발생하며, 비정상적인 사건으로서 지극히 개인적인 일을 예측하고 판단 내려야 하는 경우

② 다수의 이질적인 표본들을 대상으로 한 경우로 한 개인의 특성에 대한 관심은 적은 경우

③ 적절한 검사가 없는 영역이나 사건에 대한 정보가 필요한 경우

④ 예측하지 못한 상황변수가 발생하여 공식이 유용하지 않게 되는 경우

> **해설**
>
> (자료)통계적 접근의 장점
> - 임상적 예측을 시행할 때 수량적·통계적 접근을 하는 것은 결과 또는 예측되는 사건이 알려져 있거나 특정한 것일 때 효과적이다. 특히 상당히 많은 사람들을 대상으로 하거나 다수의 이질적인 표본들을 대상으로 하는 경우, 한 개인의 수행을 정확히 예측하는 것보다 정확한 예측을 한 비율이 중요한 경우 더욱 그러하다.
> - 예를 들어, 대학 신입생의 학점을 예측하는 검사를 실시할 경우 임상가는 신입생 개인의 성격요인을 탐색하기보다는 그들의 고등학교 성적과 성취검사 점수와 같은 객관적인 자료들을 참고하여 예측할 수 있다.

67 지역사회 심리학에서 강조하는 사항과 가장 거리가 먼 것은? _{20년 기출}

① 지역사회 조직과의 관계 개발을 강조한다.

② 준전문가의 역할과 자조활동을 강조한다.

③ 전통적인 입원치료에 대한 지역사회의 대안을 강조한다.

④ 유지되는 능력보다는 결손된 능력을 강조한다.

> **해설**
>
> 지역사회 심리학은 결손된 능력보다는 자원 및 강점을 파악하고 이를 개발하여 정신건강 문제 해결을 위한 대안을 마련하는 데 주력한다.
>
> 지역사회 심리학
> - 사람과 지역사회의 자원 및 강점을 파악하고 이를 개발하여 지역 내 정신건강 문제의 해결을 위한 대안을 마련하는 데 주력한다.
> - 인간자원개발, 정치활동, 과학에 관심을 가지며, 치유보다는 예방을 목표로 한다.
> - 지역사회 중심의 공공 정신보건체계를 강조하며, 정신질환자 또는 정신장애인을 기존의 병원이나 수용소가 아닌 가족, 학교, 직장, 광범위한 장소 등 지역사회 내의 다양한 사회구조로 흡수하는 것을 강조한다.
> - 전문가의 자문가로서의 역할과 함께 위기개입에 있어서 훈련된 준전문가의 역할을 강조한다.

68 비밀보장에 관한 설명으로 틀린 것은? _{16년 기출}

① 내담자에게 얻은 정보에 대한 비밀보장을 중요시해야 한다.

② 내담자 자신이나 타인에게 명백한 위험을 초래하게 되는 경우에도 비밀보장은 준수되어야 한다.

③ 적절한 시기에 내담자들에게 비밀보장의 법적인 한계에 대하여 알려주어야 한다.

④ 전문적인 관계에서 얻은 정보나 평가자료는 전문적인 목적을 위해서만 토론되어야 한다.

> **해설**
>
> 비밀보장 예외규정(한국심리학회 윤리강령 규정)
> - 필요한 전문적 서비스를 제공하기 위한 경우
> - 적절한 전문적 자문을 구하기 위한 경우
> - 내담자/환자, 심리학자 또는 그 밖의 사람들을 상해로부터 보호하기 위한 경우
> - 내담자/환자로부터 서비스에 대한 비용을 받기 위한 경우

69 아동의 바람직하지 않은 행동을 감소시키기 위해 사용할 수 있는 적합한 기법은? _{19년 기출}

① 행동연쇄(Chaining)

② 토큰경제(Token Economy)

③ 과잉교정(Overcorrection)

④ 주장훈련(Assertive Training)

과잉교정(Overcorrection)
- 잘못된 행동이 과도한 양상을 보이는 경우 또는 강화로 제공될 대안행동이 거의 없거나 효과적인 강화인자가 없는 경우 유용한 기법으로, 특히 아동의 바람직하지 않은 행동을 감소시키기 위해 사용할 수 있다.
- 예를 들어, 한 아동이 물건을 부수거나 친구를 때리는 등의 폭력적인 행동을 하는 경우 즉각적으로 자연스러운 상황을 재구성하도록 요구하면서, 그와 같은 행동을 한 것에 대해 상대방 또는 집단성원들에게 사과를 하도록 요구할 수 있다.

70 다음은 어느 항목의 윤리적 원칙에 위배되는가?

04, 11, 18년 기출

> 임상심리사가 개인적인 심리적 문제를 갖고 있다든지, 너무 많은 부담 때문에 지쳐있다든지, 교만하여 더 이상 배우지 않고 배울 필요가 없다고 생각하거나, 해당되는 특정전문교육수련을 받지 않고도 특정 내담자군을 잘 다룰 수 있다고 여긴다.

① 유능성
② 성실성
③ 권리의 존엄성
④ 사회적 책임

해설
① 유능성은 임상심리학자가 자신의 강점과 약점, 자신이 가지고 있는 기술과 그것의 한계에 대해 자각해야 한다는 것이다. 그리하여 지속적인 교육수련으로 최신의 기술을 습득하며, 이를 통해 사회의 변화에 민첩하게 대응해야 한다는 점을 강조한다.
② 성실성은 임상심리학자가 성실하고 정직한 자세로 내담자에게 자신의 서비스로부터 기대할 수 있는 바를 설명하며, 자신의 작업과 관련하여 스스로의 욕구 및 가치가 어떠한 영향을 미치는지 알고 있어야 한다는 것이다. 특히 성실성에서는 환자나 내담자, 학생들과의 부적절한 다중관계나 착취관계, 성적 관계를 금한다.
③ 권리의 존엄성은 임상심리학자가 각 개인의 개성과 문화의 차이에 대해 민감해야 하며, 자신의 일방적인 지식과 편견을 다른 사람에게 강요하는 것을 금한다.
④ 사회적 책임은 임상심리학자가 자신의 개인적·금전적 이득을 떠나 자신의 전문적인 지식과 기술을 이용하여 타인을 도움으로써 사회구성원으로서의 책임을 완수해야 한다는 점을 강조한다.

71 다음에서 보여주는 철수엄마의 행동을 가장 잘 설명한 것은?

18년 기출

> 철수의 엄마는 아침마다 철수가 심한 떼를 쓰면 기분이 상하기 때문에, 철수가 떼를 쓰기 전에 미리 깨우고, 먹여주고, 가방을 챙겨서 학교에 데려다주는 행동을 계속하고 있다.

① 정적 강화
② 처 벌
③ 행동조형
④ 회피조건형성

해설
회피조건형성
- 혐오자극이 뒤따른다는 신호를 받고 이를 회피하는 방법을 학습하는 것
- 감옥에 가지 않으려고 법을 준수하는 행동
- 선생님의 야단을 맞지 않으려고 숙제를 꼬박꼬박 하는 행동

72 프로이트(Freud)의 정신분석적 심리치료에 대한 비판을 토대로 발전한 신 프로이트학파의 주요 인물 및 치료접근법에 해당하지 않는 것은?

17년 기출

① 아들러(Adler)의 개인심리학
② 설리번(Sullivan)의 대인관계이론
③ 페어베언(Fairbairn)의 대상관계이론
④ 글래서(Glasser)의 통제이론

해설
프로이트(Freud) 사후 정신분석의 2가지 흐름(1939년 이후)
- 프로이트 사후에 정신분석학파는 크게 2가지 흐름으로 발전
- 하나는 프로이트의 이론과 기법을 더 정교하게 발전시킨 것으로, 안나 프로이트(Anna Freud), 하트만(Hartmann)의 자아심리학, 페어베언(Fairbairn)과 위니콧(Winnicott)의 대상관계이론, 코헛(Kohut)의 자기심리학 등
- 다른 흐름은 무의식의 존재는 인정하지만 프로이트가 주장한 이론들을 비판하며 독자적인 이론체계를 발전시킨 신 프로이트학파로 에릭슨(Erikson), 융(Jung), 아들러(Adler), 라캉(Lacan), 설리번(Sullivan), 호나이(Horney), 프롬(Fromm) 등이 이에 해당됨

73 암, 당뇨 등과 같은 질병을 진단받은 환자들을 위한 효과적인 집단개입으로 가장 적합한 것은?

12, 17년 기출

① 정신역동적 집단치료
② 가족치료
③ 인본주의적 집단치료
④ 심리 · 교육적 집단치료

해설

심리 · 교육적 집단치료는 환자를 교육하는 것을 목적으로 하며, 동일한 질병 혹은 문제를 가진 환자집단을 대상으로 질병에 대하여 교육하거나 관리프로그램 등을 제공하는 치료방법이다.

74 임상클리닉에 설치된 일방거울(One-way Mirror)을 통해 결혼생활에 문제가 있는 부부의 대화 및 상호작용을 관찰하여 이들의 의사소통 문제를 평가하였다면 이러한 관찰법은? 15년 기출

① 자연관찰법(Naturalistic Observation)
② 유사관찰법(Analogue Observation)
③ 자기관찰법(Self-monitoring Observation)
④ 참여관찰법(Participant Observation)

해설

관찰법의 유형

자연관찰법	관찰자가 내담자의 환경(병동, 가정, 교실, 직장 등)에 들어가서 내담자의 행동을 관찰하는 방법
유사관찰법	관찰의 효율성을 높이기 위해 제한이 가해진 체계적인 환경(면담실, 놀이실 등)에서 관찰하는 방법
자기관찰법	관찰자가 자신의 행동(주로 흡연, 음주, 음식섭취, 두통, 수면양상, 학교에서의 행동 등)을 스스로 관찰하는 방법
참여관찰법	내담자의 환경에 관여하고 있는 내담자의 주변 인물(주로 부모, 교사 등)이 내담자의 행동을 관찰하는 방법

75 건강심리학 분야의 주된 관심 영역과 가장 거리가 먼 것은? 16, 18, 19년 기출

① 흡 연
② 우울증
③ 비 만
④ 알코올 남용

해설

건강심리학(Health Psychology)
• 건강의 유지 및 증진, 질병의 예방 및 치료를 목적으로 심리학적인 이론과 방법을 동원하는 학문
• 현대인들의 주된 질병 및 사망의 원인을 심리사회적 관점에서 보는 것으로, 건강에 대한 관심이 증폭되면서 현저하게 발전하고 있음
• 신체적 질병이 특히 생활습관이나 스트레스에 대한 대처방식과 밀접한 연관을 가진다는 점을 강조
• 금연, 체중조절, 스트레스 관리 등을 위한 다양한 프로그램을 연구, 개발, 실행하고 있음

건강심리학 영역
• 스트레스에 대한 관리 및 대처
• 만성질환을 포함한 신체질병(심혈관계 질환, 면역계 질환, 암, 당뇨, 소화기 질환 등)
• 물질 및 행위중독(알코올 중독, 흡연중독, 도박중독, 인터넷 중독 등)
• 섭식문제(비만, 다이어트, 폭식, 섭식장애 등)
• 건강관리 및 증진(성행위 등에서의 위험행동 감소전략, 운동, 수면 및 섭식습관 개선 등)
• 개입 및 치료기법(행동수정, 인지치료, 명상, 이완법, 마음챙김과 수용에 기반한 인지행동적 치료기법, 바이오피드백 기법 등)
• 삶의 질, 웰빙(Well-being)

76 내담자중심치료에서 치료자의 주요 기능과 가장 거리가 먼 것은? 18년 기출

① 자유로운 분위기를 제공하는 것
② 내담자 자신과 주변세계에 대해 스스로의 지각을 높이게 하는 것
③ 충고, 제안, 해석 등을 제공하는 것
④ 내담자가 자신에 대해 더 많이 말할 수 있도록 하는 반응들을 나타내 보이는 것

해설

내담자중심치료의 특징
- 로저스는 정신분석학의 근본적인 한계성에 대한 반응으로 내담자중심요법을 개발
- 내담자중심치료는 내담자의 주관적이고 현상적인 세계, 그리고 내담자의 경험을 강조
- 로저스는 사람의 행동을 잘 이해하려면 그 사람의 내적 준거체계를 이해해야 한다고 주장
- 내담자를 변화하도록 이끄는 기본동기는 내담자의 자기실현경향이라는 점을 강조
- 상담자는 내담자가 문제를 해결하기 위한 자신의 능력을 발견하도록 도움을 주며, 내담자의 개인적 성장의 촉매로서 주로 작용
- 치료에서는 주도권을 내담자가 갖고 이끌어 나가며, 자신의 방향을 발견할 수 있다는 내담자의 능력에 큰 신뢰를 둠

77 합리적 정서치료에 대한 설명으로 틀린 것은? 18년 기출

① Aaron Beck이 개발했다.
② 환자가 사물에 대해 생각하는 방식을 바꿈으로써 행동변화를 목적으로 한다.
③ 해석은 문제가 되는 감정적, 행동적 결과(C)를 결정하는 사건과 상황(A)에 대한 믿음(B)이다.
④ 이 치료의 기본목적은 사람들이 자신이 가진 비논리적 사고에 직면하게 만드는 것이다.

해설

Albert Ellis가 개발했다.

78 K-WAIS-IV의 하위검사 중 주어진 시각적 자극의 전체를 고려하여 답을 끌어내는 능력을 측정하며, 시각적 추론의 적절성을 평가하는 검사는? 16년 기출

① 기호쓰기
② 동형찾기
③ 토막짜기
④ 행렬추리

해설

행렬추리(MR ; Matrix Reasoning)
- 그림 중 일부가 빠져 있는 미완성 행렬 매트릭스를 보고, 행렬 매트릭스를 완성할 수 있는 반응선택지를 고르는 것
- 유동적 지능, 광범위한 시각적 지능, 시공간 정보에 대한 동시적 처리능력, 분류와 공간적 능력, 부분과 전체의 관계를 파악하는 능력, 지각적 조직화 능력 등과 관련
- 유동적 추론능력을 측정하는 대표적인 검사 중 하나로, 교육 및 문화적 경험의 영향을 비교적 받지 않는 것으로 알려져 있음

79 브로카(Broca) 영역 및 그 안쪽에 있는 백질과 주변 영역이 손상되었을 때 나타나는 증상은? 16년 기출

① 언어적 표현의 장애 혹은 표현적 실어증
② 언어적 이해의 장애 혹은 수용적 실어증
③ 목표지향적 운동을 수행하지 못하는 실행증
④ 소리가 인식되거나 해석되지 못하는 실인증

해설

브로카 영역
좌측 전두엽 하부에 위치해 있으며, 이 부분에 손상을 입는 경우를 브로카 실어증(표현실어증)이라 부르며, 이해는 비교적 온전하나 말을 더듬거리거나 말소리 분절이 잘 안되며, 어조나 발음이 이상할 수 있다.

80 대뇌피질 각 영역의 기능에 관한 설명으로 옳은 것은? 16년 기출

① 측두엽 – 망막에서 들어오는 시각정보를 받아 분석하며 이 영역이 손상되면 안구가 정상적인 기능을 하더라도 시력을 상실하게 된다.

② 후두엽 – 언어를 인식하는 데 중추적인 역할을 하며 정서적 경험이나 기억에 중요한 역할을 담당한다.

③ 전두엽 – 현재의 상황을 판단하고 상황에 적절하게 행동을 계획하며 부적절한 행동을 억제하는 등 전반적으로 행동을 관리하는 역할을 한다.

④ 두정엽 – 대뇌피질의 다른 영역으로부터 모든 감각과 운동에 관한 정보를 다 받으며 이러한 정보들을 종합한다.

해설

③ 전두엽(Frontal Lobe)
- 대뇌피질의 앞부분에 위치하며, 전체의 약 40%를 차지
- 골격근의 운동을 통제하는 일차운동피질
- 창조의 영역으로, 운동기능, 자율기능, 감정조절기능, 행동계획 및 억제기능 등을 담당
- CEO의 역할을 하는 것으로서, 예지력, 판단, 지혜, 동기, 전략 세우기, 계획 등과 관련
- 전두엽의 맨 앞부분에 위치한 전전두엽은 고차적인 정신활동을 담당하는 영역으로, 인지 및 사고, 판단작용과 행동계획, 창의성 등을 관장

① 측두엽(Temporal Lobe)
- 대뇌피질의 측면에 위치, 전체의 약 21% 차지
- 일차청각피질과 연합피질로 구성
- 판단과 기억의 영역으로, 언어, 청각, 정서적 경험 등을 담당

② 후두엽(Occipital Lobe)
- 뇌의 뒷부분에 위치해 있으며, 전체의 약 17% 차지
- 일차시각피질과 시각연합피질로 구성
- 시각의 영역으로, 망막에서 들어오는 시각정보를 분석, 통합하는 역할을 담당

④ 두정엽(Parietal Lobe)
- 뇌의 윗부분 중앙 위치에 있으며, 전체의 약 21% 정도를 차지
- 일차체감각피질과 연합피질로 구성
- 이해의 영역으로, 공간지각, 운동지각, 신체의 위치판단 등을 담당
- 신체 각 부위의 개별적인 신체 표상을 비롯하여 입체적, 공간적 사고, 수학적 계산 및 연상기능 등을 수행

제5과목 | 심리상담

81 다음은 어떤 상담에 관한 설명인가? 22년 기출

> 정상적인 성격발달이 특정 발달단계의 성공적인 문제 해결과 관련 있다고 보는 상담 접근

① 가족체계상담

② 정신분석상담

③ 해결중심상담

④ 인간중심상담

해설

정신분석이론의 인간발달에 대한 이해
- 프로이트(Freud)는 인간발달을 성적 추동 에너지인 리비도(Libido)로써 설명하였다. 즉, 쾌락을 주는 성적 추동 에너지의 집중이 신체의 어느 부위에서 나타나느냐에 따라 발달단계를 설명한 것이다.
- 발달단계는 '구강기', '항문기', '남근기', '잠복기', '생식기'로 이어지게 되며, 각 발달단계에서 추구하는 욕구가 적절히 충족되면 다음 단계로의 이행이 자연스럽게 이루어지고 건강한 성격을 형성하게 된다.
- 그러나 각 시기에 리비도가 충분히 만족되지 못하거나 과잉충족이 일어나면 고착현상이 나타나게 되어 다음 단계로의 이행을 어렵게 만든다.
- 이와 같이 정신분석이론은 각 발달단계에서의 적절한 욕구만족, 즉 성공적인 문제해결이 정상적인 성격발달에 필수적임을 강조한다.

82 로저스(Rogers)의 인간중심상담이론의 기본명제에 관한 설명으로 틀린 것은? 17년 기출

① 모든 개인은 본인이 중심이 되고 끊임없이 변화하는 경험의 세계에 존재한다.

② 유기체는 경험하고 지각하는 대로 장(Field)에 반응한다.

③ 행동이해를 위한 가장 좋은 관점은 개인의 외적 참조준거에서 나온다.

④ 유기체에 의해 선택된 대부분의 행동방식은 자기개념과 일치하는 것이다.

해설

인간의 주관적 경험을 존중·강조하는 접근법으로 인간행동은 세상을 지각하는 방식에 따라 달라진다고 가정한다.

83 약물중독의 진행 단계로 옳은 것은? 13, 18년 기출

① 실험적 사용단계 → 사회적 사용단계 → 의존단계 → 남용단계

② 실험적 사용단계 → 사회적 사용단계 → 남용단계 → 의존단계

③ 사회적 사용단계 → 실험적 사용단계 → 남용단계 → 의존단계

④ 사회적 사용단계 → 실험적 사용단계 → 의존단계 → 남용단계

해설

약물중독(물질중독)의 진행 단계

실험적 사용단계 (제1단계)	• 호기심 혹은 모험심의 일차적인 동기에서 물질을 실험적으로 사용한다. • 약물의 정서적 영향에 대해 별다른 관심이나 주의를 기울이지 않는다.
사회적 사용단계 (제2단계)	• 사회적 상황에서 이루어지는 물질사용으로, 특히 청소년의 경우 또래집단이 사회적 사용을 용이하게 한다. • 약물에 의해 기분전환이나 행동적 효과를 경험하지만, 대부분 약물사용 후 정상적이라고 느끼므로 이를 위기로 인식하는 경우는 드물다.
도구적 사용단계/ 남용단계 (제3단계)	• 약물의 영향은 물론 약물에 의해 유발되는 기분전환에 익숙해지므로 감정을 억제하거나 강화하기 위해 의도적으로 약물을 사용하기 시작한다. • 호기심과 쾌락을 추구하기 위해 약물을 사용하는 '쾌락적 약물사용', 스트레스와 불편한 감정(예 분노, 불안, 수치심, 고독감 등)에 대처하기 위해 약물을 사용하는 '보상적 약물사용'의 두 유형으로 구분된다.
습관적 사용단계/ 의존단계 (제4단계)	• 의존의 증상이 나타나기 시작하는 단계로, 약물사용이 개인의 일상생활에 영향을 미치게 된다. • 약물사용 이후 주관적인 정상의 기분으로 되돌아가지 못한 채 불안감이나 우울감, 초조함 등의 증상을 느끼게 되며, 내성으로 인해 더욱 많은 양의 약물을 사용하거나 더욱 강한 새로운 약물을 사용하게 된다.
강박적 사용단계/ 강박단계 (제5단계)	• 약물사용이 강박적인 행동으로 나타나는 단계로, 약물사용에 순응한 채 이에 전적으로 매달리게 된다. • 학교, 일, 취미는 물론 인간관계 전반에 대해 소홀해지며, 약물사용을 통제하려는 시도가 매번 실패로 돌아가므로 자존감이 더욱 약화된다.

84 키츠너(Kitchener)가 제시한 상담의 기본적 윤리원칙 중 상담자가 내담자와 맺은 약속을 잘 지키며 믿음과 신뢰를 주는 행동을 하는 것은? 17, 22, 23년 기출

① 자율성(Autonomy)

② 무해성(Nonmaleficence)

③ 충실성(Fidelity)

④ 공정성(Justice)

해설

키츠너(Kitchener)의 윤리적 상담을 위한 5가지 원칙

• 자율성 존중(Respect of Autonomy) : 내담자는 자신의 행동을 스스로 결정하고 처리할 수 있는 자율적인 존재이다.

• 무해성(Nonmaleficence) : 상담자는 다른 사람에게 손해를 주거나 해를 입히거나 위험에 빠뜨리지 않아야 한다.

• 충실성(Fidelity) : 상담자는 내담자를 돕는 일에 열정을 가지고 충실하게 임해야 하며, 약속을 잘 지켜야 한다.

• 공정성(Justice) : 상담자는 인종, 성별, 종교 등의 이유로 내담자를 차별하지 말아야 한다.

• 선의(Beneficence) : 상담자는 다른 사람에게 선행을 베풀겠다는 의도를 가지고 행동해야 한다.

85 다음 중 가장 소극적 수준의 상담목표에 해당하는 것은?

① 전인적 발달

② 자아존중감

③ 문제해결

④ 개인적 강녕

해설

상담목표의 수준

소극적 수준	어떤 문제행동을 제거하거나 감소시킴으로써 달성될 수 있는 것 예 문제해결, 적응, 치료, 예방, 갈등해소 등
적극적 수준	새롭게 형성하거나 증가시킴으로써 달성될 수 있는 것 예 긍정적 행동변화, 합리적 결정, 전인적 발달, 자아존중감, 개인적 강녕 등

86 위기개입전략으로 옳지 않은 것은? 21년 기출

① 내담자의 즉각적인 욕구에 주목한다.
② 내담자와 진실한 관계를 형성하는 것이 중요하다.
③ 위기개입 시 현재 상황과 관련된 과거에 초점을 맞춘다.
④ 각각의 내담자와 위기를 독특한 것으로 보고 반응한다.

해설
과거가 아닌 현실적 지지에 초점을 둔다.
위기개입의 원리
• 신속한 개입
• 적극적인 행동
• 제한된 목표
• 긍정적 희망과 기대
• 현실적 지지에 초점을 둔 문제해결
• 클라이언트 자기상의 이해
• 자립성 촉진

87 청소년의 게임중독 치료와 관련하여 가장 적합하지 않은 개입은? 16년 기출

① PC방에 다녀온 것을 기록하게 한다.
② 상담의 목표를 부모님과 의논한 후 상담자가 정해준다.
③ 상담과정에 어머니를 조력자로 적극적으로 개입시킨다.
④ 자기관리 훈련을 시킨다.

해설
상담목표는 상담을 받는 내담자와 함께 협의하여 구체적이고 실현가능한 것으로 결정하는 것이 바람직하다. 또한 청소년의 게임중독 치료를 위해서는 청소년 내담자뿐만 아니라 부모를 포함시키는 것이 중요하다.

88 집단치료의 준비과정에서 다루어야 할 것과 가장 거리가 먼 것은? 15년 기출

① 집단치료에 대한 오해
② 비현실적인 공포
③ 집단에 대한 기대
④ 집단 응집력의 제고

해설
집단상담의 준비과정에서는 집단진행과 관련된 여러 내용들을 다루어가면서, 집단원들이 집단을 시작하면서 갖게 되는 두려움이나 오해, 이와 함께 집단에 대한 기대 등을 다루어나가는 것이 필요하다.

89 다음 중 REBT 상담에서 인지적 기법에 해당하지 않는 것은?

① 역할연기
② 인지적 과제
③ 내담자 언어 변화시키기
④ 비합리적 신념 논박하기

해설
역할연기(역할극)는 REBT 상담의 정서적 기법에 해당한다.

90 성피해를 당한 아동이 보이는 행동 경향으로 보기 힘든 것은? 03년 기출

① 성피해 아동은 성피해 사실을 말한 후 죄책감을 경험하는 경향이 있다.
② 성피해 아동은 성피해 사실을 비밀에 부치는 경향이 있다.
③ 성피해 아동은 성피해 사실을 말하는 것에 대해 위기감을 느끼는 경향이 있다.
④ 성피해 아동은 성피해 사실을 말할 때 그 과정을 순서대로 정확히 말하는 경향이 있다.

해설
아동의 입장에서 성피해 사실이나 성피해 장면에 대한 진술은 일관성이 없는 양상을 보이기도 한다. 오히려 그 과정을 순서대로 정확히 말하는 경우는 평가 전 부모로부터 어떻게 진술할 것인가에 대해 연습을 하고 나온 것일 수 있다. 따라서 상담자는 성피해 사실의 묘사나 표현들이 아동의 발달에 따른 언어로 진술되고 있는지, 즉 부모가 아닌 아동의 입장인지를 조심스럽게 들어 보고 평가할 필요가 있다.

91 다음과 관련된 치료적 접근은?

19년 기출

> 치료과정에서 내담자의 열등감 극복을 주요과제로 상정하며, 보상을 향한 추구행동으로서의 생활방식을 변화시키는 데 주목한다.

① 에릭슨(Erikson)의 심리사회적 발달이론
② 프로이트(Freud)의 정신분석학
③ 아들러(Adler)의 개인심리학
④ 대상관계이론

해설

아들러(Adler)의 개인심리이론

- 아들러는 한 개인을 나누어질 수 없는 전체이며, 목표달성을 위해 끊임없이 노력하는 존재로 보면서, 개인심리학(Individual Psychology)을 개발하였다.
- 아들러는 인간을 목적론적 존재로 보면서 인간으로서 누구나 느끼는 열등감을 극복하여 자기완성을 이룰 것을 강조하였다.
- 개인심리이론에서는 인간을 전체적 존재, 사회적 존재, 목표 지향적이고 창조적인 존재, 주관적 존재로 보았다.

92 학교진로상담의 기본원리로 고려해야 할 사항이 아닌 것은?

17년 기출

① 최종 선택은 내담자 스스로 결정하도록 유도한다.
② 만성적 진로미결정자를 조기에 발견할 수 있도록 해야 한다.
③ 진로관련 정보제공을 위하여 상담자는 직업세계에 대한 정보를 숙지하는 것이 필요하다.
④ 학생을 위한 집단학습의 경험을 제공한다.

해설

학교진로상담의 기본원리

- 상담자의 내담자에 대한 신뢰 및 공감적 이해가 필요하다.
- 최종 선택은 내담자 스스로 결정하도록 유도해야 한다. (①)
- 만성적 진로미결정자를 조기에 발견할 수 있도록 해야 한다. (②)
- 내담자로 하여금 합리적인 의사결정 기법을 획득하도록 유도해야 한다.
- 진로관련 정보제공을 위하여 상담자는 직업세계에 대한 정보를 숙지하여야 한다. (③)
- 내담자의 결정수준에 따른 상담자의 차별적인 진단과 처치가 필요하다.

93 다음에서 상담자가 소홀히 하고 있는 것은?

15년 기출

> 내담자가 심리상담실에 찾아와서 자신이 어떻게 행동해야 할지(예를 들면, 무슨 말을 해야 하는지, 휴대폰을 어떻게 해야 하는지, 오늘은 언제까지 심리상담이 진행되는 것인지 등)를 모르고 불안해한다.

① 수 용
② 해 석
③ 구조화
④ 경 청

해설

상담의 구조화

- 구조화는 상담과정의 본질, 제한조건과 방향에 대해 상담자가 내담자에게 정의를 내려주는 것이다. 즉, 상담자가 내담자에게 상담과정의 바람직한 체계와 방향을 알려주는 것을 말한다.
- 구조화는 그 자체가 상담의 목적이 아니라 상담관계를 바람직한 방향으로 안정시키는 중요한 수단으로 기능한다.
- 구조화는 필요에 따라 상담과정 중에 언제나 일어날 수 있지만, 특히 상담 초기에 적절한 구조화가 이루어지는 것이 필요하다.
- 구조화를 통해 상담시간, 내담자의 행동, 상담자의 역할, 내담자의 역할 및 과정목표, 비밀유지, 상담회기의 길이와 빈도, 상담의 계획된 지속기간, 내담자와 상담자의 책임, 가능한 상담 성과 및 상담 시의 행동제한 등을 설정한다.

94 집단상담에서 침묵 상황에 대한 효과적 개입으로 틀린 것은?

22, 23년 기출

① 회기 초기에 오랜 침묵을 허용하는 것은 지도력 발휘가 안 된 것이다.
② 생산적으로 여겨지는 침묵 상황에서 말하려는 집단원에게 기다리라고 제지할 수 있다.
③ 말하고 싶으나 기회를 잡지 못하는 집단원에게 말할 기회를 준다.
④ 대리학습이나 경험이 되므로 침묵하는 집단원이 집단 내내 말하지 않더라도 그대로 놔둔다.

해설

집단상담자는 침묵하는 집단원이 집단에 참여하도록 권하고, 비언어적인 방법으로 의사소통하려는 시도를 알아차리며, 필요 없는 이야기를 늘어놓거나 집단 시간을 독점하는 집단원의 행위를 저지함으로써 집단의 시간이 공정하게 사용되도록 해야 한다.

95 보딘(Bordin)이 제시한 작업동맹(Working alliance)의 3가지 측면이 옳은 것은?

11, 17, 21, 22, 23년 기출

① 작업의 동의, 진솔한 관계, 유대관계
② 진솔한 관계, 유대관계, 서로에 대한 호감
③ 유대관계, 작업의 동의, 목표에 대한 동의
④ 서로에 대한 호감, 동맹, 작업의 동의

해설

작업동맹(Working Alliance)
상담자와 내담자가 상호존중과 신뢰의 분위기에서 문제해결을 위한 구체적인 목표에 대해 합의하며, 그것을 달성하기 위해 협력하는 관계를 말한다.
보딘(Bordin)의 작업동맹의 3가지 측면
• 상담자와 내담자 간의 유대
• 작업과제에 대한 동의
• 목표에 대한 동의

96 청소년 비행의 원인을 사회학적 관점에서 설명하는 이론이 아닌 것은?

17, 21, 23년 기출

① 아노미이론
② 사회통제이론
③ 욕구실현이론
④ 하위문화이론

해설

아노미이론	문화적 가치를 획득할 합법적인 수단이 없다고 판단될 때 아노미 상태(혼란, 무규범)가 일어나고 범죄로 이어진다는 이론
사회통제이론	사회통제력이 약화되어 범죄로 이어진다는 이론(사회적 연대를 중요시 여김)
비행하위문화이론	비행을 하위문화를 형성하고 있는 집단의 관습적 문제로 보는 이론

97 다음은 어떤 행동주의 상담기법에 관한 설명인가?

18년 기출

> 영어 알파벳을 배우는 학생에게 처음에는 진하게 된 글자를 덧쓰게 하고 다음에는 점선을 따라 쓰게 하다가 잘 쓰게 되면 빈 여백에 알파벳을 쓰게 함

① 자극홍수법
② 체계적 둔감법
③ 용암법
④ 자극통제

해설

③ 용암법 : 도와주거나 촉진하는 것을 점차 줄이면서 스스로 문제를 해결하게 하는 것이다.
① 자극홍수법 : 불안이나 두려움을 발생시키는 자극들을 계획된 현실이나 상상 속에서 지속해서 제시하는 기법으로, 혐오스러운 느낌이나 불안한 자극에 대해 미리 준비를 갖추도록 한 후, 가장 높은 수준의 자극에 오랫동안 노출시킴으로써 시간의 경과에 따라 혐오나 불안을 극복하도록 한다.
② 체계적 둔감법 : 행동주의 상담에서 널리 사용되고 있는 고전적 조건형성 기법으로 혐오스런 느낌이나 불안한 자극에 대한 위계목록을 작성한 다음, 낮은 수준의 자극에서 높은 수준의 자극으로 상상을 유도하여 혐오나 불안에서 서서히 벗어나도록 하는 것이다.
④ 자극통제 : 문제 행동과 관련된 환경적 요인들을 미리 재조정하여 행동의 변화를 촉진하는 기법으로, 부적절한 행동을 일으키는 환경 자극의 빈도를 줄이고 바람직한 행동을 일으키는 환경자극을 증가시키는 것을 목적으로 한다. 이 기법은 다른 기법의 효과를 촉진시키는 역할을 하므로 다른 기법과의 병행이 효율적이다.

98 효율적인 독서능력의 신장과 장기기억을 돕는 조직화전략 SQ3R의 순서를 올바르게 나열한 것은?

17년 기출

① 개관 – 질문 – 읽기 – 암송 – 복습
② 질문 – 개관 – 읽기 – 복습 – 암송
③ 읽기 – 질문 – 개관 – 복습 – 암송
④ 질문 – 개관 – 읽기 – 암송 – 복습

해설

로빈슨(Robinson)의 효율적인 독서방법 : SQ3R
개관(Survey) → 질문(Question) → 읽기(Read) → 암송(Recite) → 복습(Review)

99 가족상담 중 한 명이 개인면담을 요청하는 경우에 대한 설명으로 옳지 않은 것은?

① 개인면담이 전체 가족치료에 미칠 영향을 고려한다.
② 개인면담을 제의하는 개인의 의도를 파악한다.
③ 요청이 있을 경우 전체 가족 구성원이 동의하지 않더라도 개인면담을 실시한다.
④ 개인면담의 내용이 전체 가족에게 알려져도 되는지 확인한다.

해설

가족성원 중 한 명이 개인면담을 요청할 경우, 해당 구성원의 면담요청 의도와 그에 대한 나머지 가족의 생각이나 의견을 사전에 확인하고 개인면담을 진행해야 한다. 이에 반대하는 가족 구성원이 있을 시, 문제해결은 가족에게 맡겨야 하며 이러한 문제해결 과정을 통해서 가족관계의 조직력과 운영과정 등의 정보를 얻을 수 있다.

개인면담 시 가족치료자가 고려할 조건

• 개인면담이 전체 가족치료에 미칠 영향 고려
• 개인면담의 내용이 전체 가족에게 알려져도 좋은지, 필요할 경우 전체 가족면담에서 참고할 수 있는지 여부 확인
• 가족이 전체 가족면담과 개인면담의 비용을 함께 부담할 수 있는지 여부 확인
• 가족치료자가 개인면담의 목적과 의도를 모든 가족과 나눌 수 있는지 여부 확인

100 심리학 지식을 상담이나 치료의 목적으로 활용하기 위해 최초의 심리클리닉을 펜실베니아 대학교에 설립한 사람은?

03, 06, 12, 13, 15, 17, 18, 21, 23년 기출

① 위트머(Witmer)
② 볼프(Wolpe)
③ 스키너(Skinner)
④ 로저스(Rogers)

해설

위트머(Witmer)는 미국 펜실베니아(Pennsylvania) 대학에서 1896년 세계 최초의 심리진료소(Psychological Clinic)를 설립하고, 1904년 임상심리학 강좌를 개설함으로써 임상심리학의 본격적인 시작을 알렸다.

제2회 임상심리사 2급 필기 기출복원문제 및 해설

※ 2022년 제3회 시험부터 CBT로 시행되어 기출문제가 공개되지 않으므로, 응시자의 후기와 과년도 기출데이터를 통해 기출과 유사하게 복원된 문제를 제공합니다.
※ 실제 시험문제와 일부 다를 수 있습니다.

제1과목 | 심리학개론

01 실험장면에서 실험자가 조작하는 처치변인은?

22, 23년 기출

① 매개변인　　　　② 종속변인
③ 조절변인　　　　④ 독립변인

해설

실험법(Experimental Methods)
- 연구방법 중 가장 과학적인 방법이자 가장 중요하게 사용되는 방법이다.
- 실험법은 인위적으로 통제된 조건하에서 연구하고자 하는 변인을 체계적으로 변화시킬 때 그 효과가 어떻게 나타나는지를 측정하는 방법으로 인과관계의 추론이 가능하다.
- 효과를 연구하기 위해 사용되는 특정 변인은 독립변인, 독립변인의 처치에 의해 영향을 받는 변인은 종속변인이라고 한다.
- 실험법은 독립변인의 조작, 가외변인의 통제, 실험대상의 무작위화를 조건으로 한다. 종속변인의 변화가 독립변인의 처치효과에 의해서만 나타난 결과임을 증명하기 위해 다른 변인, 즉 가외변인(외생변인)은 일정하게 통제되어야 한다.

02 전망이론(Prospect Theory)에 관한 설명으로 옳은 것은?

20, 23년 기출

① 범주의 모든 구성원이 공유하고 있지는 않지만 범주 구성원을 특징짓는 속성이 있다.
② 우리는 어떤 것이 일어날 가능성이 얼마인지를 결정하고 그 결과의 가치를 판단한 후, 이 둘을 곱하여 결정을 내린다.
③ 우리는 새로운 사례와 범주의 다른 사례에 대한 기억을 비교함으로써 범주 판단을 한다.
④ 사람들은 잠재적인 손실을 평가할 때 위험을 감수하는 선택을 하고, 잠재적인 이익을 평가할 때는 위험을 피하는 선택을 한다.

해설

전망이론 – 위험에서의 불균형 선호
- 사람들은 이익을 얻는 것보다 손실을 피하기 위해 기꺼이 더 많은 위험을 감수할 수 있다고 가정한다.
- 예를 들어, 코로나 사태로 인해 상가 월세를 300만 원을 돌려받는 것과 도박을 해서 400만 원을 획득할 80% 확률 중 한 가지를 선택해야 한다면, 보통 사람들은 보다 확실히 받을 수 있는 적은 돈(→ 상가 월세 300만 원을 돌려받는 것)을 선택한다. 그러나 공공기물 훼손으로 300만 원의 벌금을 내야 하는 것과 도박 단속에 걸려 400만 원의 벌금을 내야 하는 80% 확률 중 한 가지를 선택해야 한다면, 보통 사람들은 확실한 손실보다는 잠재적인 높은 손실(→ 도박 단속에 걸려 400만 원의 벌금을 낼 수 있는 상황)을 선택한다.
- 위험에서의 불균형 선호는 사람들이 생각하기에 손실을 피할 수 있다면 위험을 더 감수하지만, 이익을 얻는다고 기대하는 경우 그 반대로 행동한다는 것이다.

03 대뇌의 우반구가 손상되었을 때 주로 영향을 받게 될 능력은?

18, 21, 23년 기출

① 통장잔고 점검
② 얼굴 재인
③ 말하기
④ 논리적 문제해결

해설

대뇌의 우반구 측두엽 영역은 얼굴을 지각할 수 있게 해준다. 이 영역이 손상될 경우 친숙한 얼굴을 재인하는 데 어려움을 겪게 되는 반면, 다른 대상들은 재인할 수 있다.
대뇌의 우반구 손상
- 공간적 구성의 장애
- 시공간 자극 통합의 장애
- 비언어적 지각에 대한 이해 · 조작의 장애

04 단순 공포증이 유사한 대상에게 확대되는 현상을 설명하는 학습원리는? 22년 기출

① 변별조건형성
② 자극 일반화
③ 자발적 회복
④ 소 거

해설

② 자극 일반화(Stimulus Generalization)는 특정 조건 자극에 대해 조건 반응이 성립되었을 때 그와 유사한 조건 자극에 대해서도 똑같은 조건 반응을 보이는 학습 현상을 말한다. "자라 보고 놀란 가슴 솥뚜껑 보고 놀란다"는 속담을 예로 들 수 있다.

① 변별조건형성(Discrimination Conditioning)은 자극 일반화를 막기 위해 두 개의 자극을 변별하도록 조건형성하는 것이다.

③ 자발적 회복(Spontaneous Recovery)은 한 번 습득된 행동에 대해 보상이 주어지지 않더라도 동일한 상황에 직면하는 경우 소거된 반응이 다시 나타나는 현상을 말한다.

④ 소거(Extinction)는 일정한 반응 뒤에 강화가 주어지지 않는 경우 해당 반응이 사라지는 현상을 말한다.

05 검사에 포함된 각 질문 또는 문항들이 동일한 것을 측정하는 정도를 나타내는 것은? 21, 23년 기출

① 내적일치도
② 경험타당도
③ 구성타당도
④ 준거타당도

해설

내적일치도 또는 문항내적합치도(Item Internal Consistency)

• 단일의 신뢰도 계수를 계산할 수 없는 반분법의 문제점을 고려하여, 가능한 한 모든 반분신뢰도를 구한 다음 그 평균값을 신뢰도로 추정하는 방법이다.

• 동일한 개념을 측정하는 항목인 경우 그 측정 결과에 일관성이 있어야 한다는 논리에 따라 일관성이 없는 항목, 즉 신뢰성을 저해하는 항목을 찾아서 배제시킨다.

• 쿠더와 리처드슨(Kuder & Richardson)에 의해 처음 개발되었으며, 이후 크론바흐(Cronbach)가 이에 대한 수학적 설명을 시도하였다.

06 사랑의 삼각형 이론에서 사랑의 3가지 요소에 포함되지 않는 것은? 21년 기출

① 관심(Attention)
② 친밀감(Intimacy)
③ 열정(Passion)
④ 투신(Commitment)

해설

사랑의 삼각형의 3가지 요소(Sternberg)

• 친밀감(Intimacy) : 상대방과의 관계에서 유대감이나 결속감 등을 느끼는 것으로, 서로에 대한 이해, 의지, 깊이 있는 의사소통 등을 포함한다.

• 열정(Passion) : 상대방과 하나가 되고 싶은 욕구로, 지배·복종의 욕구, 소유욕, 성행위에 대한 욕구 등을 포함한다.

• 헌신 또는 투신(Commitment) : 사랑의 유지에 관한 것으로, 상대방을 사랑하기로 결정을 내린 후 그 사랑을 장기적으로 유지하기 위한 노력 등을 포함한다.

07 표본의 크기에 관한 설명으로 틀린 것은? 21년 기출

① 모집단이 동질적일수록 표본 크기는 작아도 된다.
② 동일한 조건에서 표본의 크기가 클수록 통계적 검증력은 증가한다.
③ 사례수가 작으면 표준오차가 커지므로 작은 크기의 효과를 탐지할 수 있다.
④ 측정도구의 신뢰도가 낮을 경우 대규모 표본을 이용하는 것이 효과적이다.

해설

표본의 크기는 표본의 사례수를 의미하며, 이는 표집오차(Sampling Error)와 연관된다[주의 : 표준오차(Standard Error)가 아님]. 동일한 조건에서 표본의 크기가 작을수록 통계적 검증력은 감소하며, 작은 크기의 효과를 탐지하지 못할 가능성이 있다.

08 성격의 일반적인 특성과 가장 거리가 먼 것은?

20년 기출

① 독특성
② 안정성
③ 일관성
④ 적응성

해설

성격의 일반적 특성

독특성	성격은 사람들을 구별할 수 있는 개인의 독특성 혹은 개인차를 반영한다. 즉, 성격은 개인들 간의 심리적 차이를 설명하는 개념이라고 할 수 있다.
공통성	성격은 사람들이 보편적으로 공유하는 공통성을 내포한다. 그로 인해 개인의 독특한 행동들을 공통성에 근거하여 통합적으로 설명할 수 있다.
일관성 (안정성)	성격은 비교적 일관되고 안정적인 행동패턴을 반영한다. 성격을 통해 개인의 행동을 이해하고 예언할 수 있는 것도 이와 같은 일관성 혹은 안정성에서 비롯된다.
역동성	성격은 개인 내부의 역동적이고 조직화된 특성을 반영한다. 개인의 다양한 행동은 외부 자극에 대한 반사적 반응이 아닌 내면적 조직체의 심리적 과정을 통해 표출된 것이다.

09 강화계획 중 유기체는 여전히 특정한 수의 반응을 행한 후에 강화를 받지만 그 숫자가 예측할 수 없게 변하는 것은?

14년 기출

① 고정비율강화계획
② 변동비율강화계획
③ 고정간격강화계획
④ 변동간격강화계획

해설

변화비율계획 또는 가변비율계획(Variable-ratio Schedule)은 평균적으로 몇 번의 반응행동이 나타날 때마다 강화를 부여하는 방식으로서, 이때 정확하게 몇 번째 반응에 대해 강화가 제공되는지는 알 수 없도록 설계되어 있다. 예를 들어, 카지노의 슬롯머신이나 복권 등은 강화를 받기 위해 요구되는 반응의 수가 평균적인 범위 내에서 무작위로 변한다.

10 현상학적 성격이론에 관한 설명으로 옳지 않은 것은?

15, 20년 기출

① 사건 자체가 아니라 그 사건에 대한 개인의 주관적 경험이 행동을 결정한다.
② 세계관에 대한 개인의 행동을 예측하고 이해하기 위해서는 개인의 지각을 이해해야 한다.
③ 어린 시절의 동기를 분석하기보다는 앞으로 무엇이 발생할 것인가에 초점을 둔다.
④ 선택의 자유를 강조하는 인본주의적 입장과 자기실현을 강조하는 자기이론적 입장을 포함한다.

해설

현상학적 이론은 과거의 동기를 분석하기보다 현재 자신이 경험하고 지각하는 것에 초점을 두고 있다.

현상학적 이론
- 로저스(Rogers)는 이 세상에 개인적 현실, 즉 '현상학적 장(Phenomenal Field)'만이 존재한다고 보았다. 즉, 현상학적 이론은 개인의 주관적 경험이나 감정, 외부환경에 대한 개인의 감정과 견해를 중요시한다.
- 현상학적 성격이론에서는 '자기(Self)'의 중요성을 강조하며, 인간에 대한 전체론적인 관점으로 접근한다.
- 인간이 가지고 있는 잠재된 능력과 가능성을 존중하고 믿어주며, 개인이 자신과 주변 환경을 어떻게 인식하고 해석하는지에 따라 행동이 달라진다고 본다.
- 현상학적 이론은 자기 자신에 대한 개념과 현실에서의 경험이 일치하지 않을 때 불안을 경험하고 이에 방어적 반응을 보인다고 보는 이론이다.

11 인간의 성격을 공통특질과 개별특질로 구분한 학자는?

18년 기출

① Allport
② Cattell
③ Eysenck
④ Adler

해설

올포트(Allport) 특질이론의 주요개념
- 특질(Trait) : 성격이론의 핵심개념으로 다양한 종류의 자극에, 같거나 유사한 방식으로 반응할 경향 혹은 사전성향(Predisposition)
- 공통특질(Common Traits) : 어떤 문화에 속해 있는 많은 사람이 공유
- 개별특질(Individual Traits) : 개인에게 독특한 것이며 그의 성격을 나타냄

12 인지학습이론에 대한 설명으로 틀린 것은?

18, 22년 기출

① 형태주의는 공간적인 관계보다는 시간변인에 주로 관심을 갖는다.

② 톨만(Tolman)은 강화가 무슨 행동을 하면 어떤 결과가 일어날 것이란 기대를 확인시켜준다고 보았다.

③ 통찰은 해결 전에서 해결로 갑자기 일어나며 대개 '아하' 경험을 하게 된다.

④ 인지도는 학습에서 내적 표상이 중요함을 보여준다.

해설

형태주의는 시간변인보다는 공간적인 관계에 주로 관심을 갖는다. 그래서 "전체는 부분의 합 이상이다"는 말이 형태주의의 구호가 되었다.

13 성격을 정의할 때 고려하는 특징으로 가장 거리가 먼 것은?

16, 22, 23년 기출

① 시간적 일관성

② 환경에 대한 적응성

③ 개인의 독특성

④ 개인의 자율성

해설

성격(Personality)

• 한 개인이 환경과 상호작용하면서 나타나는 독특하고 일관성이 있으며, 인지적이고 정동적인 안정된 행동양식이다.

• 성격은 그 개인에게 특징적이고 독특함을 가지고 있으며, 일관되게 나타나는 것이다.

• 성격특징들의 단순한 조합이 아니라, 개인이 그 특징들을 조작하여 총체적으로 나타나는 양상이다.

14 다음 현상을 가장 잘 설명하는 것은?

09, 17년 기출

철수가 영희와의 약속장소에 지하철로 가던 도중 발생한 안전사고로 인해 약속한 시간에 늦었다. 그럼에도, 영희는 철수가 약속 시간을 잘 지키지 않는 성격특성을 가지고 있다고 생각한다.

① 절감 원리

② 공변 이론

③ 대응추리 이론

④ 기본적 귀인오류

해설

기본적 귀인오류(Fundamental Attribution Error ; FAE)란 관찰자가 다른 이들의 행동을 설명할 때 상황 요인들의 영향을 과소평가하고 행위자의 내적, 기질적인 요인들의 영향을 과대평가하는 경향을 말한다.

15 다음 (　　)에 알맞은 것은?

14, 17년 기출

어떤 고등학교의 2학년 1반 학생들과 2반 학생들의 지능지수 평균은 110으로 같으나, 1반 학생들의 지능지수 분포는 80~140인 반면에 2반 학생들의 분포는 95~120으로 (　　)는 서로 다르다.

① 중앙치

② 최빈치

③ 변산도

④ 추정치

해설

변산도

• 점수가 흩어진 정도를 의미한다.

• 변산도가 크다는 것은 개인 간 차이가 크다는 것을 의미한다.

변산도의 종류

범위	• 점수분포에 있어서 최고점수와 최저점수까지의 거리 • 극단적인 점수의 영향을 받음
분산	• 한 변수의 분포에 있는 모든 변수값들을 통해 흩어진 정도를 추정하는 것 • 편차를 제곱하여 총합한 후 전체 사례수로 나눈 값
표준편차	• 분산의 제곱근 • 집단 내에서 점수들 간의 상이한 정도를 나타내는 수치 • 변산도로 가장 많이 활용되는 지수
사분편차	• 분포를 4개의 똑같은 부분으로 나눔 • 분포중앙의 50%에 집중하기 때문에 극단점수의 영향을 거의 받지 않음

16 나중에 학습한 정보가 먼저 학습한 정보를 방해하여 회상을 어렵게 하는 현상은?

17년 기출

① 순행간섭

② 역행간섭

③ 부 식

④ 소 거

해설

간섭이론의 주요 개념으로서 역행간섭(RI)과 순행간섭(PI)

선행학습이 후행학습에 영향을 받아 낮은 회상률을 보이는 것을 '역행간섭(Retroactive Interference)'이라고 하며, 후행학습이 선행학습의 영향을 받아 낮은 회상률을 보이는 것을 '순행간섭(Proactive Interference)'이라고 한다.

17 심리검사의 타당도를 측정하는 방법 중 검사의 내용이 측정하려는 속성과 일치하는지를 논리적으로 분석 검토하여 결정하는 것은? 06년 기출

① 예언타당도
② 공존타당도
③ 구성타당도
④ 내용타당도

해설

④ 내용타당도(Content Validity) : '논리적 타당도'라고도 하며, 검사가 측정하고자 하는 속성을 제대로 측정하였는지를 논리적 사고에 입각한 논리적 분석과정을 통해 주관적으로 판단하는 타당도
① 예언타당도(Predictive Validity) : '예측타당도'라고도 하며, 어떠한 행위가 일어날 것이라고 예측한 것과 실제 대상자 또는 집단이 나타낸 행위 간의 관계를 측정
② 공존타당도(Concurrent Validity) : '동시타당도' 또는 '공인타당도'라고도 하며, 새로 제작한 검사의 타당도를 위해 기존에 타당도를 보장받고 있는 검사와의 유사성 혹은 연관성에 의해 타당도를 검증
③ 구성타당도(Construct Validity) : '구인타당도' 또는 '개념타당도'라고도 하며, 검사가 측정하고자 하는 이론적 개념이나 특성을 잘 측정하는 정도

18 콜버그(Kohlberg)의 도덕발달이론에 관한 설명과 가장 거리가 먼 것은? 14년 기출

① 도덕발달단계들은 보편적이며 불변적인 순서로 진행된다.
② 문화권에 따른 차이와 성차 그리고 사회계층의 차이를 충분히 고려하지 않았다는 비판을 받고 있다.
③ 도덕적 인식이 전혀 없는 단계, 외적준거와 행위의 결과에 의해 판단하는 단계, 행위의 결과와 의도를 함께 고려하는 단계 순으로 나아간다.
④ 벌과 복종지향, 개인적 보상 지향, 대인관계 조화지향, 법과 질서 지향, 사회계약 지향, 보편적 도덕원리 지향의 단계 순으로 나아간다.

해설

피아제(Piaget)의 도덕성발달이론에 대한 설명이다. 피아제는 도덕성 발달단계를 '전 도덕성의 단계 → 타율적 도덕성의 단계 → 자율적 도덕성의 단계'로 설명하였다.

19 로저스(Rogers)의 성격이론에서 심리적 적응에 가장 중요한 역할을 한다고 가정하는 것은? 15, 19년 기출

① 자아강도(Ego Strength)
② 자기(Self)
③ 자아이상(Ego Ideal)
④ 인식(Awareness)

해설

로저스는 현재 경험이 자기구조와 불일치할 때 개인은 불안을 경험한다고 보았다. 즉, 자기구조와 주관적 경험이 일치할 경우 적응적이고 건강한 성격을 가지게 되는 반면, 이들 간의 불일치가 심할 경우 부적응적이고 병적인 성격을 가지게 된다.

20 집중경향치에 관한 설명으로 틀린 것은? 16년 기출

① 일반적으로 집중경향치에는 평균치, 중앙치, 최빈치가 있다.
② 최빈치는 분포 중 가장 많은 대다수를 표현한다.
③ 대칭적 분포에서는 평균치와 중앙치가 동일하다.
④ 편포된 분포에서 집중경향치를 선택할 때 어떤 집중경향치를 선택해도 똑같은 의미를 지닌다.

해설

집중경향치(Central Tendency)
• 하나의 점수분포에서 중심적 경향을 나타내는 값
• 최빈치(Mode), 중앙치(Median), 평균치(Mean)가 집중경향치로 사용
• 정규 분포 : 평균치 = 중앙치 = 최빈치
• 정적 편포 : 평균치 > 중앙치 > 최빈치
• 부적 편포 : 최빈치 > 중앙치 > 평균치

21 다음 증상들이 나타날 때 적절한 진단명은?

18, 21, 22, 23년 기출

- 의학적 상태, 물질 중독이나 금단, 치료약물의 사용 등으로 일어난다는 증거가 있다.
- 주의를 집중하는 것이 어렵고, 이해할 수 없는 말을 중얼거린다.
- 방향 감각이 없고 자신의 이름을 말하지 못한다.
- 위의 증상들이 갑자기 나타나고, 몇 시간이나 며칠간 지속되다가 그 원인을 제거하면 회복되는 경우가 많다.

① 해리성 정체성장애
② 경도신경인지장애
③ 주요신경인지장애
④ 섬 망

해설

DSM-5에 의한 섬망(Delirium)의 진단기준

A. 주의의 장애(즉, 주의를 기울이고, 집중하고, 유지하고, 전환하는 능력이 감소됨)와 의식의 장애(즉, 환경에 대한 지남력이 감소됨)를 보인다.

B. 장애는 단기간에 걸쳐 발생하고(보통 몇 시간이나 며칠간 지속됨), 기저 주의와 의식으로부터 변화를 보이며, 하루 경과 중 심각도가 변동하는 경향이 있다.

C. 부가적인 인지상의 장애가 나타난다(예 인지 결손, 지남력 장애, 언어, 시공간 능력 또는 지각).

D. 진단기준 A와 C의 장애는 이미 존재하거나 만성이거나 진행 상태인 다른 신경인지장애로 더 잘 설명되지 않으며, 혼수와 같이 각성 수준이 심하게 저하된 상황에서는 일어나지 않는다.

E. 장애가 다른 의학적 상태, 물질 중독이나 금단(즉, 남용약물이나 치료약물에서 기인한), 독소 노출의 직접적인 생리적 결과이거나 혹은 다중 병인에서 기인한다는 증거가 병력, 신체검진 또는 검사소견으로부터 확인된다.

22 조현형성격장애 진단기준에 포함되지 않는 것은?

16년 기출

① 괴이한 사고와 언어
② 과도한 사회적 불안
③ 관계망상적 사고
④ 불안정하고 강렬한 대인관계

해설

'불안정하고 강렬한 대인관계'는 경계선성격장애에 주로 나타나는 증상에 해당된다.

조현형성격장애(Schizotypal Personality Disorder)의 주요 증상

- 관계망상과 유사한 사고
- 행동에 영향을 미치는 괴이한 믿음이나 마술적 사고
- 신체적 착각을 포함한 유별난 지각 경험
- 괴이한 사고와 언어
- 의심이나 편집증적인 사고
- 부적절하거나 메마른 정동
- 괴이하고 엉뚱하거나 특이한 행동이나 외모
- 직계가족 외에는 가까운 친구나 마음을 털어놓을 수 있는 사람이 없음
- 과도한 사회적 불안

23 전환장애의 특징을 모두 고른 것은? 20년 기출

ㄱ. 신경학적 근원이 없는 신경학적 증상을 경험한다.
ㄴ. 의식적으로 증상을 원하거나 의도적으로 증상을 만들어내지 않는다.
ㄷ. 대부분 순수한 의학적 질환의 증상과 유사하지 않다.

① ㄱ, ㄴ
② ㄱ, ㄷ
③ ㄴ, ㄷ
④ ㄱ, ㄴ, ㄷ

해설

ㄷ. 전환장애 환자가 호소하는 증상은 대부분 순수한 의학적 질환의 증상과 유사하다.

전환장애(Conversion Disorder)

- DSM-5에서 신체증상 및 관련 장애의 하위유형에 속한다.
- 주로 신경학적 손상을 시사하는 한 가지 이상의 신체적 증상을 나타내는 경우로, '기능성 신경증상 장애'라고 불리기도 한다.
- 전환장애 환자는 자신의 증상에 대해 그다지 걱정하지 않는 무관심한 태도를 나타낸다.

24 다음과 같은 과제수행에 필요한 여러 가지 인지 기능을 수행하지 못하는 치매증상은? 16년 기출

> 과제수행에 필요한 여러 가지 인지기능, 즉 과제를 하위 과제로 쪼개기, 순서별로 배열하기, 계획하기, 시작하기, 결과 점검하기, 중단하기 등의 기능

① 실어증
② 실인증
③ 지남력장애
④ 실행기능장애

해설
치매의 인지기능 장애 증상
- 실어증(Aphasia) : 사람이나 사물의 이름을 말하는 데 있어서의 어려움
- 실인증(Agnosia) : 사물을 인지하지 못하거나 그 의미를 파악하지 못함
- 실행증(Apraxia) : 동작을 통해 어떤 일을 실행하는 능력에 있어서의 장애
- 실행기능장애(Executive Dysfunction) : 과제수행에 필요한 여러 가지 인지기능, 즉 과제를 하위로 쪼개기, 순서대로 배열하기, 계획하기, 시작하기, 결과 점검하기, 중단하기 등의 기능을 수행하지 못함

25 알코올중독과 비타민B1(티아민) 결핍이 결합되어 만성 알코올중독자에게 발생하는 장애로, 최근 및 과거기억을 상실하고 새로운 정보를 학습하지 못하는 인지손상과 관련이 있는 것은?

07, 09, 12, 19년 기출

① 뇌전증
② 혈관성 신경인지장애
③ 헌팅턴병
④ 코르사코프증후군

해설
코르사코프증후군(Korsakoff's Syndrome)
1887년 러시아의 정신병리학자인 코르사코프(Sergei Korsakoff)에 의해 제기된 것으로, 순행성기억상실(최근 기억의 손상), 지남력장애(시간, 장소, 사람에 대한 방향감 상실), 작화증(기억손실을 메우기 위해 사실을 꾸며내는 증상) 등의 증상을 특징으로 한다. 지속적인 알코올 사용으로 인해 중추신경계에 손상이 발생하면서 기억력, 판단력, 주의력 등에 이상이 생기는 질병으로, 새로운 경험을 기억하지 못하는 알코올성 기억장애(Alcoholic Memory Disorder)에 해당한다. 기억기능을 담당하는 해마(Hippocampus)가 손상되어 발생하는 것으로 알려져 있다.

26 외상적 사건에 대한 기억과 연관된 불안을 감소시키는 데 초점을 맞추고 있으며, 포아(Foa)에 의해 개발된 이후 외상후스트레스장애에 대해 경험적으로 지지된 치료로서 학계로부터 널리 인정을 받고 있는 치료법은? 11, 16년 기출

① 불안조절훈련
② 안구운동 둔감화와 재처리 치료
③ 지속노출치료
④ 인지적 처리치료

해설
외상후스트레스장애의 대표적인 치료법

지속노출치료 (PE ; Prolonged Exposure)	• Foa와 Riggs(1993)가 제시한 방법 • 외상 사건을 단계적으로 떠올리게 하여 불안한 기억에 반복적으로 노출시킴으로써 궁극적으로 외상 사건을 큰 불안 없이 직면할 수 있도록 유도하는 방법
인지처리치료 (CPT ; Cognitive Processing Therapy)	• Resick과 Schnicke(1993)가 제시한 치료 • 외상 사건의 원인과 결과에 대한 잘못된 생각이 강한 부정 정서를 유발하고 외상기억에 대한 인지적 처리를 방해함으로써 외상으로부터의 자연스러운 회복을 저해한다는 근거를 가짐 • 인지처리치료는 외상 사건을 좀 더 상세하고 정교하게 재평가하여 외상 사건에 부여한 부정적 의미를 수정하고 외상 기억에 대한 회피를 줄임으로써 외상으로부터의 회복과정을 촉진함
안구운동 둔감화 및 재처리 치료 (EMDR ; Eye Movement Desensitization and Reprocessing)	• Shapiro(1989)가 제시한 치료방법 • 외상 기억을 떠올리는 동시에 치료자의 손가락 움직임을 따라가게 하는 방법 • 이는 외상사건과 관련된 부정적 사고, 감정, 심상이 점차 약화되는 동시에 외상 기억의 정보처리가 촉진된다는 가정에 근거함

27 다음 중 정신장애에 대한 사회문화적 치료와 가장 거리가 먼 것은? *19년 기출*

① 커플치료
② 집단치료
③ 가족치료
④ 게슈탈트치료

해설

게슈탈트치료는 인본주의 치료모델에 포함되는 것으로, 개인과 그 경험을 최대한 존중하는 개인–중심적 접근법에 해당한다.

심리치료의 사회문화적 모델
• 개인이 속한 사회, 문화의 규범, 기대, 환경 등이 미치는 영향의 관점을 통해 이상행동을 가장 잘 이해할 수 있다고 가정한다.
• 이상행동을 이해하기 위해서는 그 사람이 속한 사회적 환경의 이해가 반드시 필요하다.
• 2가지 주요관점으로 분류
 − 가족–사회적 치료 : 집단치료, 가족치료, 커플치료, 지역사회치료
 − 다문화적 치료 : 문화민감치료, 성별민감치료

28 공포증에 대한 2요인 이론은 어떤 요인들이 결합된 이론인가? *16년 기출*

① 학습 요인과 정신분석 요인
② 학습 요인과 인지 요인
③ 회피 조건형성과 준비성 요인
④ 고전적 조건형성과 조작적 조건형성

해설

공포증 유발 2요인 이론(Mower)

고전적 조건형성	• 공포증의 형성 및 학습과 관련 • 공포를 유발하지 않던 중성적 조건자극이, 공포를 유발하는 무조건자극과 반복 짝지어질 경우, 조건자극이 공포를 유발하게 되는 것
조작적 조건형성	• 공포증의 유지 및 강화와 관련 • 어떤 반응에 대해 선택적으로 보상함으로써 그 반응이 일어날 확률을 증가시키거나 감소시키는 것

29 다음 중 A군 성격장애가 아닌 것은?

① 편집성성격장애
② 조현성성격장애
③ 강박성성격장애
④ 조현형성격장애

해설

강박성성격장애는 C군 성격장애에 해당된다.

30 행동주의적 입장에서 보는 이상행동으로 틀린 것은? *16년 기출*

① 비정상적인 성격발달도 유전적 소인과 경험 간 상호작용의 결과로 본다.
② 우울증은 부분적으로는 행동이 더 이상 보상을 받지 못하는 소거의 결과로 본다.
③ 행동주의자들은 진단범주에 따라 환자들을 명명하는 것에 회의적이다.
④ 행동주의자들은 모든 심리적 이상이 오로지 학습되었다고 본다.

해설

행동주의자들은 유기체의 행동을 설명하는 데 있어서 유전적 요인을 중요한 한 요인으로 고려하였다. 예를 들어, 스키너(Skinner)는 유기체가 특정한 자극–반응 관계, 본능적 행동으로서 환경–행동 간의 관계, 그리고 환경에 의한 행동 변화의 능력을 유전 받는다고 보았다. 이와 같이 행동주의자들은 유전적 요인의 중요성을 충분히 인식하고 이를 받아들였다. 다만, 실질적인 의미를 가진 문제를 다루는 데 있어서 유전보다는 환경에 보다 많은 관심을 기울였다.

행동주의 이론
• 이상행동도 정상행동과 같이 학습된다는 입장이다.
• 고전적 조건화의 원리에 따라 혐오자극과 연합된 무해한 자극이 불안을 일으킬 수 있으며, 조작적 조건화 원리에 따라 이상행동이 강화를 통해 유지될 수 있다고 설명한다.
• 관찰학습원리에 따라 이상행동이 관찰을 통해 모방될 수 있다고 본다.
• 행동주의는 많은 경우의 심리적 이상이 학습에 의해 초래된다고 보았다.

31 다음의 증상을 모두 포함하는 진단명은?

16년 기출

- 사회적 · 정서적 상호작용의 결함
- 언어적 · 비언어적 의사소통의 장애
- 대인관계를 발전시키고 유지하고 이해하는 데의 결함
- 제한된 관심과 상동증적인 행동의 반복성

① 자폐스펙트럼장애
② 상동증적 운동장애
③ 탈억제 사회관여 장애
④ 사회적 의사소통 장애

해설

자폐스펙트럼장애의 핵심증상 2가지
- 사회적 상호작용의 결함
- 제한된 반복적 행동패턴

자폐스펙트럼장애의 진단기준

사회적 상호작용 결함	• 사회적-정서적 상호작용에 있어서 결함 • 사회적 상호작용에서 사용되는 비언어적 의사소통 행동에서 결함 • 대인관계의 발전, 유지, 이해에 있어서 결함
반복적 행동패턴	• 운동, 물체 사용, 언어 사용에 있어 정형화된 또는 반복적 패턴 • 동일한 것 고집, 일상적인 것 집착, 언어적 비언어적 행동의 의식화된 패턴 • 제한적이고 고정된 흥미를 보이는데, 그 강도나 초점이 비정상적 • 감각자극에 과소 혹은 과대반응 또는 주변 감각적 측면에 비정상적인 흥미

32 다음 밑줄친 '표현된 정서'의 의미로 옳은 것은?

16년 기출

가족들의 표현된 정서(Expressed Emotion)에 대한 연구에 의하면 가족들의 표현된 정서가 조현병의 재발률을 높인다고 한다.

① 지나치게 정서적 지지와 격려를 제공하는 것
② 비판적이고 과도한 간섭을 하는 것
③ 냉정하고, 조용하며, 무관심한 것
④ 관여하지 않으며, 적절한 한계를 정해주지 못하는 것

해설

표현된 정서(Expressed Emotion)
가족 간의 갈등이 많고 강렬한 부정적 감정을 표출하는 경향으로, 비판적이고 분노감정을 과도하게 표현할 뿐 아니라 환자에 대해 과도한 간섭을 나타내는 특징을 보인다. 이는 정신분열증(조현병)을 유발하는 가족, 사회적 요인 중 하나이다.

33 월경전불쾌감 장애에 관한 설명으로 옳지 않은 것은?

18년 기출

① 진단을 위해서는 연속되는 2개월 이상의 일일 증상 기록이 필요하다.
② 신체적 증상, 심각한 기분변화, 불안 등이 나타난다.
③ 증상이 월경 시작 1주 전에 나타나며, 월경이 끝난 후에는 최소화되거나 없어져야 진단된다.
④ 일반적으로 폐경에 가까워질수록 증상은 경감된다.

해설

월경주기마다 월경이 시작되기 1주 전에 이상 증상이 시작되고, 월경이 시작된 후 수일 안에 호전되며 월경이 끝난 후에는 증상이 경미해지거나 사라진다. 일반적으로 폐경에 가까워질수록 증상이 악화되나, 폐경 이후에는 증상이 호전되는 것으로 보고되고 있다. 다만, 주기적 호르몬 치료를 받을 경우 증상이 재발될 수 있는 것으로 알려져 있다.

34 다음 사례에서 김 씨의 이러한 성격과 관련된 요인으로 확인할 사항이 아닌 것은?

16년 기출

고졸인 30대의 김 씨는 사기 혐의로 교도소에 여러 번 다녀왔으나 부끄러운 줄 모르고 죄책감도 없다. 초등학교 때 남의 집에 불을 지르기도 했고 무단결석을 자주 했었다. 겉으로는 멀쩡하고 정신병적인 행동도 없다.

① 소아기에 신경학적 증후 없이 중추신경계에 기능장애만 발생하였는지 여부
② 테스토스테론 호르몬의 수치가 정상 수준인지 여부
③ 부모의 성격이 파괴적이거나 변덕스럽고 충동적이어서 노골적인 증오심과 거부에 시달려 일관성 있는 초자아 발달에 지장이 있었는지 여부
④ 부모의 질병, 별거, 이혼 또는 거부감정이 있어서 기본적으로 요구되는 사랑, 안전, 안정 및 존경심에 문제가 있는지 여부

반사회성 성격장애(Antisocial Personality Disorder)
- 사회의 규범이나 법을 지키지 않으며 무책임하고 폭력적인 행동을 반복적으로 나타내어 사회적 부적응을 초래하는 경우로, 이 성격장애를 지닌 사람들은 절도, 사기, 폭력과 같은 범죄에 연루되는 경우가 흔하다.
- 18세 이상의 성인에게 진단되며 15세 이전에 품행장애의 증거가 있어야 한다.

DSM-5 반사회성 성격장애(Antisocial Personality Disorder) 주요 증상
- 법에서 정한 사회적 규범을 준수하지 못하며, 구속사유에 해당하는 행위들을 반복적으로 한다.
- 자신의 이익이나 쾌락을 위해 반복적으로 거짓말을 하며, 가명을 사용하거나 타인을 속이는 것과 같은 사기를 일삼는다.
- 행동이 계획적이지 못하며 충동적이다.
- 자극과민성과 공격성으로 육체적 싸움이 잦으며, 폭력사건에 연루된다.
- 자신 및 타인의 안전에 아랑곳하지 않으며, 서슴없이 무모한 행위를 한다.
- 직업활동을 지속적으로 성실하게 수행하지 못하며, 채무를 이행하지 못하는 등 무책임한 양상을 보인다.
- 자책의 결여로 타인에 대한 상해, 학대, 절도행위를 하고도 무관심한 태도를 보이거나 오히려 자신의 행위를 합리화한다.

35 다음 진단기준에 해당하는 성격장애는?

> - 다른 사람과의 상호작용에서 종종 부적절한 성적 유혹 또는 도발적 행동을 한다.
> - 감정변화가 급격하며, 감정표현이 피상적이다.
> - 대인관계를 실제보다 더욱 친밀한 것으로 생각한다.
> - 피암시성이 높다.

① 의존성성격장애
② 연극성성격장애
③ 자기애성성격장애
④ 경계성성격장애

DSM-5 연극성성격장애 주요 진단기준
- 자신이 관심의 초점이 되지 못하는 상황에서 불편해한다.
- 주위의 관심을 자신에게로 끌어들이기 위해 시종일관 육체적 외모를 사용한다.
- 지나치게 인상적으로 말하면서도 세부적 내용이 결여된 대화양식을 가지고 있다.
- 자기연극화(Self-Dramatization), 연극조, 과장된 감정표현을 한다.
- 피암시성이 높다(예 타인이나 주위환경에 의해 쉽게 영향을 받음).

36 DSM-5에서 성도착장애의 유형에 대한 설명으로 옳은 것은? 16년 기출

① 노출장애 – 다른 사람이 옷을 벗고 있는 모습을 몰래 훔쳐봄으로써 성적 흥분을 느끼는 경우
② 관음장애 – 동의하지 않는 사람에게 자신의 성기나 신체 일부를 반복적으로 나타내는 경우
③ 아동성애장애 – 사춘기 이전의 아동을 대상으로 하여 성적 공상이나 성행위를 반복적으로 나타내는 경우
④ 성적 가학장애 – 굴욕을 당하거나 매질을 당하거나 묶이는 등 고통을 당하는 행위를 중심으로 성적 흥분을 느끼거나 성적 행위를 반복

① 다른 사람이 옷을 벗고 있는 모습을 몰래 훔쳐봄으로써 성적 흥분을 느끼는 경우는 '관음장애'이다.
② 동의하지 않는 사람에게 자신의 성기나 신체 일부를 반복적으로 나타내는 경우는 '노출장애'이다.
④ 굴욕을 당하거나 매질을 당하거나 묶이는 등 고통을 당하는 행위를 중심으로 성적 흥분을 느끼거나 성적 행위를 반복하는 경우는 '성적 피학장애'이다.

37 일명 다코스타 증후군(Da Costa's Syndrome), 군인심장증후군(Solder's Heart Syndrome), 또는 로작증후군(Rojak Syndrome)과 관련이 있는 장애는? 16년 기출

① 공황장애
② 허위성 장애
③ 호흡 관련 수면장애
④ 질병불안장애

다코스타는 전쟁이라는 극단적인 상황과 생과 사의 경계에서 엄청난 공포감을 느낀 군인들이 극도의 불안증상을 보인다는 의견을 내놓으며, 이를 다코스타 증후군(Da Costa's Syndrome) 또는 군인의 심장(Soldier's Heart)으로 불렀다. 1980년 들어 미국 정신의학회에서는 남북전쟁 당시 처음 발견된 다코스타 증후군을 정식으로 정신질환으로 규정하고 이를 공황장애(Panic Disorder)로 명명하였다.

공황장애
예기치 못한 강렬한 불안, 즉 공황발작을 반복적으로 경험하는 장애를 말하며, 발작이 없는 중간시기에는 공황발작이 다시 일어나는 것에 대한 계속적인 걱정과 더불어 공황발작의 결과에 대한 근심(예 심장마비가 오지 않을까, 미치지 않을까 하는 걱정)을 나타내고, 부적응적인 행동변화(예 심장마비가 두려워서 일체의 운동을 중지하거나 직장을 그만두는 것)를 수반하게 된다.

38 DSM-5에 근거한 주요우울증 일화의 준거가 아닌 것은? 16년 기출

① 사고의 비약
② 정신운동성 지체
③ 자기비하
④ 주의집중장애

해설

사고의 비약은 조증 삽화의 주요 증상에 해당한다.

우울증의 주요 증상

- 하루 대부분, 거의 매일 지속되는 우울한 기분이 주관적 보고나 객관적 관찰을 통해 나타난다.
- 거의 모든 일상활동에 대한 흥미나 즐거움이 하루 대부분 또는 거의 매일같이 뚜렷하게 저하된다.
- 거의 매일 정신운동성 초조나 지체를 나타낸다.
- 거의 매일 피로감이나 활력상실을 나타낸다.
- 거의 매일 무가치감이나 과도하고 부적절한 죄책감을 느낀다.
- 거의 매일 사고력이나 집중력의 감소 또는 우유부단함이 주관적 호소나 관찰에서 나타난다.
- 죽음에 대한 반복적인 생각이나 특정한 계획 없이 반복적으로 자살에 대한 생각이나 자살기도를 하거나 자살하기 위한 구체적인 계획을 세운다.

39 사건수면(Parasomnia)에 해당되는 것은? 18년 기출

① 악몽장애
② 기면증
③ 호흡 관련 수면장애
④ 일주기 리듬 수면-각성장애

해설

DSM-5에 의한 사건수면(Parasomnia)의 하위유형

- 비REM수면 각성장애(Non-Rapid Eye Movement Sleep Arousal Disorders)
- 악몽장애(Nightmare Disorder)
- REM수면 행동장애(Rapid Eye Movement Sleep Behavior Disorder)
- 하지불안 증후군(Restless Legs Syndrome)

40 지적 장애(Intellectual Disability) 진단과 관련된 세 가지 영역에 해당되지 않는 것은? 16년 기출

① 개념적 영역(Conceptual Domain)
② 사회적 영역(Social Domain)
③ 발달적 영역(Developmental Domain)
④ 실행적 영역(Practical Domain)

해설

지적 장애(Intellectual Disability)

- 발달기에 나타나는 개념적, 사회적, 실제적(실행적) 영역에 있어서 지적 기능 및 적응기능상의 결손에서 비롯되는 장애
- 개념적 영역 : 기억, 언어, 읽기, 쓰기, 수학적 추론, 실질적 지식의 획득, 문제해결, 새로운 상황에서의 판단 등
- 사회적 영역 : 타인의 생각, 감정, 경험을 인지하는 능력, 공감, 대인 간 의사소통 기술, 친교 능력, 사회적 판단 등
- 실제적(실행적) 영역 : 학습 및 개인적 관리, 직업적 책임의식, 금전 관리, 레크리에이션, 행동의 자기관리, 학교와 직장에서의 과업 조직화 등

제3과목 | 심리검사

41 치매가 의심되는 노인 환자를 대상으로 실시할 검사와 관련이 없는 것은? 16년 기출

① MMPI-2
② 간이정신상태검사(MMSE)
③ 기억력 검사
④ 이름대기검사(BNT)

해설

치매가 의심되는 노인 환자에 대해서는 신경심리평가를 위한 각종 심리검사도구들을 활용한다. 이는 선천적 또는 후천적 뇌손상 및 뇌기능 장애를 진단하기 위한 것으로서, 환자의 지능, 기억과 학습능력, 언어기능, 주의력과 정신처리속도, 시각구성능력(시공간 기능), 집행기능(실행기능), 성격 및 정서적 행동 등을 측정한다. 미네소타 다면적 인성검사(MMPI-2)는 신경학적 손상을 입은 환자의 병전 성격 및 정서 상태와의 비교를 위해 사용될 수도 있으나, 주로 외상성 뇌손상 환자들에 대해 부가적으로 사용할 뿐 치매 환자를 대상으로 한 다양한 배터리 검사에서 제외되어 있다.

42 MMPI-2의 타당도 척도 중 수검자가 자신의 심리적 문제를 축소하고 긍정적인 방향으로 보이고자 할 때 상승하는 척도는?

① F척도 ② F(B)척도
③ FBS척도 ④ L척도

수검자가 자신의 심리적 문제를 축소하고 긍정적인 방향으로 보이고자 할 때 상승하는 MMPI-2의 타당도 척도는 L척도, K척도, S척도이다.

MMPI-2 타당도 척도

구분	척도	내용
무효 반응	?(무응답)	피검자가 빠짐없이 문항에 응답을 했는지, 문장을 제대로 읽고 일관성 있게 응답하였는지를 탐지
	VRIN(무선반응 비일관성)	
	TRIN(고정반응 비일관성)	
과잉 보고	F(비전형)	• 사람들이 일반적으로 반응하지 않는 방식으로 응답했는지에 대한 정보제공 • 과잉보고(Over-Reporting)의 경향성 탐색(증상인정)
	F(B) (비전형-후반부)	
	F(P) (비전형-정신병리)	
	FBS (증상타당도)	
과소 보고	L(부인)	• 자신의 모습을 과도하게 긍정적으로 제시하고자 했는지에 대한 정보제공 • 과소보고(Under-Reporting)의 경향성 탐색(증상부인)
	K(교정)	
	S(과장된 자기 제시)	

43 BSID-Ⅱ(Bayley Scale of Infant Development-Ⅱ)에 대한 설명으로 옳지 않은 것은?

① 지능척도, 운동척도의 2가지 척도로 구성되어 있다.
② 유아의 기억, 습관화, 시각선호도, 문제해결 등과 관련된 문항들이 추가되었다.
③ BSID-Ⅱ에서는 대상 연령범위가 16일에서 42개월까지로 확대되었다.
④ 신뢰도와 타당도에 관한 보다 많은 정보를 제공하여 검사의 심리측정학적 질이 개선되었다.

베일리 유아발달척도(BSID ; Bayley Scale of Infant Development)의 척도 구성

BSID-Ⅰ (1969)	• 정신척도(Mental Scale) • 운동척도(Motor Scale)
BSID-Ⅱ (1993)	• 정신척도(Mental Scale) • 운동척도(Motor Scale) • 행동평정척도(Behavior Rating Scale)
BSID-Ⅲ (2006)	• 인지척도(Cognitive Scale) • 언어척도(Language Scale) • 운동척도(Motor Scale) • 사회-정서척도(Social-Emotional Scale) • 적응행동척도(Adaptive Behavior Scale)

44 주제통각검사(TAT)에 관한 설명으로 옳은 것은?

① 숫자만 표시된 카드는 성별에 상관없이 성인에게만 실시한다.
② 카드 뒷면에 GF라고 적혀 있는 경우 소녀와 성인 여성 모두에게 실시 가능하다.
③ 흑백으로 인쇄된 20장의 그림 카드와 한 장의 백지 카드로 구성되어 있다.
④ 사고의 내용이 아니라 순수한 지각 과정에 관한 정보를 제공한다.

① 숫자만으로 표시된 카드는 모든 연령과 모든 성별에 공통적으로 적용될 수 있다.
③ 30장의 흑백그림카드와 1장의 백지카드 등 총 31장으로 구성되어 있다.
④ 사고의 형식적인 측면이 아닌 '내용'을 주로 볼 수 있게 해준다.

45 진로발달검사(CDI)의 하위척도에 포함되지 않는 것은? 16년 기출

① 진로계획(CP) ② 진로탐색(CE)
③ 의사결정(DM) ④ 경력개발(CD)

해설

진로발달검사(CDI ; Career Development Inventory)
• 수퍼(Super)의 진로발달이론에 기초한 것으로서, 진로발달 및 직업성숙도, 진로결정을 위한 준비도 등을 측정한다.
• 학생들의 진로발달 및 직업 또는 진로성숙도, 진로결정을 위한 준비도를 측정함으로써 학생들의 교육 및 진로계획 수립에 도움을 주기 위해 개발되었다.
• 8개의 하위척도, 즉 진로계획(CP), 진로탐색(CE), 의사결정(DM), 일의 세계에 대한 정보(WW), 선호하는 직업군에 대한 지식(PO), 진로발달-태도(CDA), 진로발달-지식과 기술(CDK), 총체적인 진로성향(COT)으로 구성되어 있다.

46 다음에서 설명하고 있는 지능 개념은? 14, 22년 기출

> • 카텔(Cattell)이 두 가지 차원의 지능으로 구별한 것 중 하나이다.
> • 타고나는 지능으로 생애 초기 비교적 급속히 발달하고 20대 초반부터 감소한다.
> • 웩슬러(Wechsler) 지능검사의 동작성 검사가 이 지능과 관련이 있다.

① 결정적 지능 ② 다중 지능
③ 유동적 지능 ④ 일반 지능

해설

카텔(Cattell)에 의한 지능의 2차원 분류

유동성 (유동적) 지능 (Fluid Intelligence)	• 유전적·선천적으로 주어지는 능력으로서 경험이나 학습의 영향을 거의 받지 않으며, 뇌와 중추신경계의 성숙에 비례하여 발달하다가 청년기 이후부터 퇴보현상이 나타나기 시작한다. • 속도(Speed), 기계적 암기(Rote Memory), 지각능력(Perception), 일반적 추론능력(General Reasoning) 등과 같이 새로운 상황에서의 문제해결능력으로 잘 나타난다.
결정성 (결정적) 지능 (Crystallized Intelligence)	• 환경이나 경험, 문화적 영향에 의해 발달되는 지능으로서, 유동성 지능을 토대로 후천적인 발달이 이루어진다. • 언어이해능력(Verbal Comprehension), 문제해결능력(Problem Solving), 상식(Common Sense), 논리적 추리력(Logical Reasoning) 등과 같이 나이를 먹으면서도 계속 발달할 수 있는 능력으로 잘 나타난다.

47 최초의 심리진료소를 설립함으로써 임상심리학의 초기발전에 직접적으로 중요한 공헌을 한 인물은? 12, 19, 22년 기출

① 칸트(Kant)
② 위트머(Witmer)
③ 모어(Mowrer)
④ 밀러(Miller)

해설

위트머(Witmer)는 미국 펜실베니아(Pennsylvania) 대학에서 1896년 세계 최초의 심리진료소(Psychological Clinic)를 설립하고, 1904년 임상심리학 강좌를 개설함으로써 임상심리학의 본격적인 시작을 알렸다.

48 지능에 대한 설명으로 옳지 않은 것은? 20년 기출

① 비네(A. Binet)는 정신연령(Mental Age)이라는 용어를 사용하였다.
② 지능이란 인지적, 지적 기능의 특성을 나타내는 불변개념이다.
③ 새로운 환경 및 다양한 상황을 다루는 적응과 순응에 관한 능력이다.
④ 결정화된 지능은 문화적, 교육적 경험에 따라 영향을 받는다.

해설

지능은 고정불변의 것이 아니라 변화하는 과정이다. 지능이란 유전적, 환경적 결정요인을 지니고 있으며 지능검사를 통하여 측정되는 개인의 지능은 유전적 결정요인뿐만 아니라 초기 교육적 환경, 후기 교육과 직업 경험, 현재의 정서적 상태 및 기질적, 기능적 정신장애, 검사 당시의 상황요인의 상호작용 결과로 나타나는 개인의 전체적·잠재적인 적응능력을 말한다.

49
직업선호도검사(VPT)의 코드유형 중 다음은 어느 유형에 대한 설명인가? 16년 기출

> 현장에서 몸으로 부대끼는 활동을 좋아한다. 사교적이지 못하며, 대인관계가 요구되는 상황에서 어려움을 느낀다.

① 현실형(R)
② 탐구형(I)
③ 관습형(C)
④ 진취형(E)

해설

현실형(Realistic Type)
- 확실하고 현재적, 실질적인 것을 지향
- 현장에서 수행하는 활동 또는 직접 손이나 도구를 활용하는 활동을 선호
- 추상적인 개념을 통해 자신의 생각을 표현하는 일이나 친밀한 대인관계를 요하는 일은 선호하지 않음
- 신체적으로 강인하며, 안정적이고 인내심이 있음
- 기술직, 토목직, 자동차엔지니어, 비행기조종사, 농부, 전기기사 등이 적합

50
기억검사로 분류되지 않는 것은? 20년 기출

① K–BNT
② Rey–Kim Test
③ Rey Complex Figure Test
④ WMS

해설

K–BNT는 사물 이름대기 능력 평가를 통한 표현력을 측정하기 위한 도구로서 BNT(Boston Naming Test, 이름대기 검사)를 우리나라의 문화적, 언어적 요소를 가미하여 한국판으로 표준화 작업을 한 것이다.
기억검사의 종류
- WMS–R(Wechsler Memory Scale–Revised)
- Rey Auditory Verbal Learning Test
- California Verbal Learning Test
- Rey Complex Figure Test
- Rey–Kim Test

51
뇌손상에 수반된 기억장애에 대한 설명으로 옳지 않은 것은? 03, 20, 23년 기출

① 대부분의 경우에 정신성 운동속도의 손상이 수반된다.
② 장기기억보다 최근 기억이 더 손상된다.
③ 일차기억은 비교적 잘 유지된다.
④ 진행성 장애의 초기징후로 나타나기도 한다.

해설

숙련된 활동을 수행하는 운동속도의 저하는 뇌손상의 흔한 증상이기는 하지만, 그것이 반드시 기억장애에서 비롯되는 것은 아니다. 정신성 운동속도의 손상은 때로는 순수한 운동속도의 저하로 인한 것일 수도, 정신적 활동의 지연이나 지각–운동 협응장애로 인한 것일 수도 있다.

52
MMPI-2와 비교할 때 성격평가질문지(PAI)의 특징이 아닌 것은? 16년 기출

① 문항의 수가 더 적다.
② 임상척도의 수가 더 적다.
③ 임상척도 이외에 대인관계척도를 포함한다.
④ 4지 선다형이다.

해설

미네소타 다면적 인성검사(MMPI)의 경우 주요 비정상행동을 측정하는 10가지 임상척도와 수검자의 검사태도를 측정하는 4가지 타당도척도(단, MMPI–2의 경우 10가지 타당도척도)로 이루어진 반면, 성격평가질문지(PAI)는 4가지 타당도 척도, 11가지 임상척도, 5가지 치료척도(치료고려척도), 2가지 대인관계척도로 이루어져 있다.

53
K–WAIS–IV의 언어이해 소검사에 해당하지 않는 것은? 20년 기출

① 어 휘
② 이 해
③ 기본지식
④ 순서화

해설

순서화는 작업기억 보충소검사에 해당하는 것이다.

구 분	언어이해	지각추론	작업기억	처리속도
핵심 소검사	• 공통성 • 어 휘 • 상 식	• 토막짜기 • 행렬추론 • 퍼 즐	• 숫 자 • 산 수	• 동형찾기 • 기호쓰기
보충 소검사	이 해	• 무게비교 • 빠진곳찾기	순서화	지우기

54 신경심리평가 시 고려해야 할 사항과 가장 거리가 먼 것은?   12, 19년 기출

① 손상 후 경과시간
② 성 별
③ 교육수준
④ 연 령

해설

신경심리평가
- 환자의 행동변화를 야기하는 뇌손상의 유무 여부, 손상의 위치 및 그로 인한 신체적·인지적 기능의 변화 등을 진단한다.
- 뇌손상과 관련하여 뇌손상의 정도, 뇌손상 후 경과시간, 뇌손상 당시 연령, 뇌손상 전 환자상태 등을 파악한다.
- 평가결과의 해석과 관련하여 환자 및 환자가족의 학력, 직업력, 가족력, 결혼력 등의 사회력을 비롯하여 가계소득, 직업, 여가활동, 종교활동 등의 생활환경을 종합적으로 고려할 필요가 있다.

55 심리평가를 시행할 때 고려할 사항과 가장 거리가 먼 것은?   20년 기출

① 성격이 복잡한 구조로 이루어져 있음을 고려한다.
② 각각의 심리검사는 성격의 상이한 수준을 측정할 수 있음을 고려한다.
③ 측정의 방법과 관련된 요인이 그 결과에 영향을 미칠 수 있음을 고려한다.
④ 심리적 구성개념과 대응되는 구체적인 행동 모두를 관찰한 이후에야 결론에 이를 수 있음을 고려한다.

해설

심리적 구성개념과 대응되는 구체적인 행동 모두를 관찰하는 것은 불가능하다. 한정된 물리적 조건 속에서 모든 행동을 측정에 반영하기 어렵기 때문에 대표성을 띠는 일부의 행동을 토대로 심리측정이 이루어질 수밖에 없다.

56 MMPI-2의 형태분석에서 T점수가 65 이상으로 상승된 임상척도들을 묶어서 해석하는 것은?   19년 기출

① 코드유형(Code Type)
② 결정문항(Critical Items)
③ 내용척도(Content Scales)
④ 보완척도(Supplementary Scales)

해설

MMPI의 코드유형 분석
- MMPI에서 각각의 척도는 해당 척도명의 의미에 따라 단일 증상행동을 측정하는 데 한계가 있다.
- 정신병리의 증상들은 다양하고 복합적으로 나타나며, 이질적 성향의 집단 간에도 동일한 증상행동이 나타날 수 있다.
- 프로파일 분석기법으로서 코드유형에 따른 해석법은 다양한 척도들 간의 관계를 통해 보다 유효한 진단적 정보를 제공해 준다.
- 코드유형은 다면적 인성검사의 형태분석에서 T점수가 일정수준 이상으로 상승된 임상척도들을 하나의 프로파일로 간주하여 해석한다.
- 이러한 코드유형에 따른 해석법은 상호연관성이 높은 척도들을 결합하여 해석함으로써 높은 행동예언력을 나타내 보인다.

57 MMPI-2 검사를 실시할 때 유의사항으로 틀린 것은?   16년 기출

① 독해력이 초등학교 6학년 수준 미만인 사람에게는 실시하기 어렵다.
② 시행 소요시간이 90분 내외로 적정한지 검토해야 한다.
③ MMPI-2는 반드시 개별적으로 실시해야 한다.
④ 피검자에게 "현재의 상태"를 기준으로 평가하라고 지시한다.

해설

MMPI 검사 실시상의 유의점
- 수검자가 MMPI 문항에 제대로 응답할 수 있는가의 여부를 결정해야 하며, 이때 수검자의 독해력, 연령, 지능 수준, 임상적 상태 등을 고려해야 한다.
- 검사시간은 원칙적으로 제한이 없으나 대부분의 사람이 60분 내지 90분 정도 소요됨에 따라 이에 대해 확인할 필요가 있다.
- MMPI는 개별로 실시하는 것이나 반드시 개별적으로 실시해야 하는 것은 아니다.
- 검사자는 수검자에게 검사용지를 주어 집에서 하게 할 수도 있으나, 가능한 검사자가 지정하는 곳에서 실시하는 것이 바람직하다.
- 검사자의 조언을 구하거나 문항의 의미를 명료화해 줄 것을 요구하는 수검자에게 직접적인 도움을 주는 것보다는 수검자 나름의 해석에 기초하여 문항에 응답하도록 하는 것이 바람직하다(예 '자주'가 몇 번을 의미하는지를 수검자 나름의 해석에 의하는 것).
- 무응답 문항이 많이 나올 경우, 검사결과에 영향을 미쳐 프로파일 자체가 무효가 될 수도 있음에 검사 시작 전에 모든 문항에 응답하도록 지시한다.

58 심리검사 사용 윤리와 가장 거리가 먼 것은?

13, 18, 19년 기출

① 자격을 갖춘 사람만이 심리검사를 사용해야 한다.
② 자격을 갖춘 사람만이 심리검사를 구매할 수 있다.
③ 쉽게 이해할 수 있고 검사 목적에 맞는 용어로 검사결과를 제시하는 것이 좋다.
④ 검사결과는 어떠한 경우라도 사생활보장과 비밀유지를 위해 수검자 본인에게만 전달되어야 한다.

해설

임상심리학자 또는 전문상담자는 내담자의 사생활과 비밀유지에 대한 권리를 최대한 존중해야 할 의무가 있다. 그러나 이와 같은 의무는 절대적인 것이 아니며, 경우에 따라 내담자의 비밀보장의 권리가 제한될 수도 있다. 예를 들어, 임상심리학자는 내담자가 자신이나 타인의 신체 또는 재산을 해칠 위험이 있는 경우, 아동학대나 성폭력 등 중대한 범죄에 대한 내용을 상담을 통해 알게 된 경우 이를 해당 분야의 전문가나 관련 기관에 알려야 한다. 또한 법원의 정보공개 명령이 있는 경우 내담자에 대한 기본적인 정보를 공개하며, 더 많은 사항을 공개해야 하는 경우 사전에 내담자에게 알려줄 필요가 있다.

59 삭스(J. Sacks)의 문장완성검사(SSCT)에서 자기개념 영역에 포함되지 않는 태도는?

18년 기출

① 죄의식(죄책감)
② 이성관계
③ 목 표
④ 두려움

해설

문장완성검사(SSCT)의 4가지 영역

가족	어머니, 아버지 및 가족에 대한 태도를 나타내도록 하는 문장으로 구성되어 있다.
성	• 이성관계에 대한 태도를 포함하고 있다. • 이 영역의 문항들은 사회적인 개인으로서의 여성과 남성, 결혼, 성적 관계에 대하여 자신을 나타내도록 한다.
대인관계	• 친구와 지인, 권위자에 대한 태도를 포함한다. • 이 영역의 문항들은 가족 외의 사람들에 대한 감정이나 자신에 대해 타인이 어떻게 느끼는지에 관한 수검자의 생각들을 표현하게 한다.
자기개념(자아개념)	• 자신의 능력, 과거, 미래, 두려움, 죄책감, 목표 등에 대한 태도를 포함한다. • 이 영역에서 표현되는 태도들은 현재, 과거, 미래의 자기개념과 그가 바라는 미래의 자기상과 실제로 자기가 될 것 같다고 생각하는 모습에 대한 정보를 제공해 준다.

60 BGT에 의해 아동의 정서적 문제를 알아보고자 할 때, 고려해야 할 지표와 가장 거리가 먼 것은?

16년 기출

① 도형의 각도 변화
② 도형 크기의 변화 여부
③ 도형 배치의 순서
④ 선긋기의 강도

해설

코피츠(Koppitz)는 5세에서 10세까지의 모든 아동들에게 적용될 수 있는 발달적 채점방법과 정서적 적응을 측정하는 제2의 채점방법을 개발했다.

발달적 채점방법(The Developmental Bender Test Scoring System)
• 5~10세까지의 아동들의 BGT 기록을 규준으로 한다.
• 9개 도형의 합계점수를 토대로 하는 발달적 채점방법이다.
• 발달적 채점법은 30개의 상호 독립적인 항목으로 구성되어 있으며, 모든 채점항목은 1점이나 0점을 받게 되며 이는 채점항목의 유무로 채점한다.
• 점수가 높으면 나쁜 성적, 점수가 낮으면 좋은 성적을 반영한다.

정서적 지표(EIs ; Emotional Indicators)
• 정서적 태도의 지표가 될 수 있는 BGT 기록을 분석하여 정서적 적응을 채점한다.
• BGT 도형의 일탈과 왜곡을 시각-운동지각의 미성숙과 관련된 것으로 보면서, 그림을 그리는 방법, 즉 크기, 조직력, 용지상의 위치, 연필로 그은 선의 질 등이 주로 인성적 요인과 태도에 관련된 정서적 지표에 해당하는 것으로 해석한다.
• 10개의 정서적 지표
 - 도형 배치의 혼란(Confused Order)
 - 도형 1과 2에서의 파선(Wavy Line in Figs. 1 and 2)
 - 도형 2에서 원 대신 대시(Dashes Substituted for Circles in Fig. 2)
 - 도형 1, 2 혹은 3의 크기의 점증(Increasing Size of Figs. 1, 2 or 3)
 - 과대묘사(Large Size)
 - 과소묘사(Small Size)
 - 약한 선(Fine Line)
 - 부주의한 가중묘사 혹은 강한 선(Careless Overwork or Heavily Reinforced Lines)
 - 반복시행(Second Attempt)
 - 확산(Expansion)

61 골수 이식을 받아야 하는 아동에게 불안과 고통에 대처하도록 돕기 위하여 교육용 비디오를 보게 하는 치료법은?   16, 20, 23년 기출

① 유관관리 기법
② 모델링
③ 행동시연을 통한 노출
④ 역조건형성

해설
모델링은 다른 사람의 행동을 보고 들으면서 그 행동을 따라 하는 것으로 관찰학습을 의미한다. 타인의 행동에 대한 관찰 및 모방에 의한 학습을 통해 내담자의 문제행동을 수정하거나 학습을 촉진시킬 수 있다. 또한 아동의 불안과 공포가 모델링에 의해 극복된다는 사례들도 보고되고 있다.

62 다음 중 유관학습의 가장 적합한 예는?
13, 17, 22년 기출

① 욕설을 하지 않게 하기 위해 욕을 할 때마다 화장실 청소하기
② 손톱 물어뜯기를 줄이기 위해 손톱에 쓴 약을 바르기
③ 충격적 스트레스 사건이 떠오를 때 '그만!'이라는 구호 외치기
④ 뱀에 대한 공포가 있는 사람에게 뱀을 만지는 사람의 영상 보여주기

해설
① 유관성(혹은 수반성)은 서로 관계없는 자극과 반응을 학습을 통해 관계있는 것으로 만들어주는 것이다.
② 정적 처벌
③ 자기-지시(Self-Instruction)
④ 모방학습

63 다음 중 면접질문의 유형과 예로 잘못 짝지어진 것은?   18, 22년 기출

① 개방형 – 당신은 그 상황에서 분노를 경험했나요?
② 촉진형 – 조금만 더 자세히 말씀해 주시겠습니까?
③ 직면형 – 이전에 당신은 이렇게 말했는데요.
④ 명료형 – 당신이 그렇게 느꼈다는 말인가요?

해설
"예"와 "아니오"로 답변이 가능한 것으로 폐쇄형 질문의 사례로 볼 수 있다.

64 현실치료에 관한 설명으로 틀린 것은? 21년 기출

① 내담자가 실행하지 못한 것에 대한 변명을 허용하지 않는다.
② 전행동(Total Behavior)의 '생각하기'에는 공상과 꿈이 포함된다.
③ 개인은 현실에 대한 지각을 통해 현실 그 자체를 알 수 있다.
④ 내담자 개인의 책임을 강조한다.

해설
현실치료는 인간이 사물을 객관적으로 지각함으로써 현실 그 자체를 알 수 있는 것이 아니라, 자신의 지식체계, 가치체계에 따라 주관적으로 지각함으로써 각자에게 독특하고 중요한 이른바 '좋은 세계(Quality World)'를 만든다고 주장한다. 이와 같이 현실치료는 일종의 선택이론에 의해 인간의 행동을 설명하는데, 글래서(Glasser)는 특히 개인의 내면적인 동기로서 욕구(Needs)를 강조하였다.

65 잠재적인 학습문제의 확인, 학습실패 위험에 처한 아동에 대한 프로그램 운용, 학교 구성원들에게 다양한 관점 제공, 부모 및 교사에게 특정 문제행동에 대한 대처기술을 제공하는 학교심리학자의 역할은?   21년 기출

① 예 방
② 교 육
③ 부모 및 교사훈련
④ 자 문

예 방

청소년기의 중도탈락, 비행, 약물남용, 자살 등의 심각한 문제들을 예방하기 위해 잠재적인 위험을 가진 청소년 및 일반 청소년들에게 위기상황의 극복, 문제해결능력이나 갈등해결 기술 등을 가르쳐 줌으로써 문제를 예방한다.

66 Beck의 인지이론에 따르면 다양한 인지 오류가 내담자의 문제를 지속시키는 역할을 담당한다고 보고 있다. 이러한 인지 오류에 해당되지 않는 것은? <small>15년 기출</small>

① 자동적 사고
② 선택적 추상화
③ 임의적 추론
④ 이분법적 사고

해설

① 자동적 사고(Automatic Thoughts) : 정서적 반응으로 이끄는 특별한 자극에 의해 유발된 개인화된 생각, 즉 노력 혹은 선택 없이 자발적으로 일어나는 생각
② 선택적 추상화 : 부분적인 것에 근거하여 전체 경험을 이해하는 것
　예 필기시험에서 우수한 성적을 거두었으나 실기시험 결과가 만족스럽지 않다고 전체 시험을 망쳤다고 판단하는 경우
③ 임의적 추론 : 어떤 결론을 내릴 때 충분한 증거가 없음에도 성급히 최종적인 결론을 내리는 것
　예 친구가 연락이 없으면 헤어지려 하는 것이라고 판단하는 경우
④ 이분법적 사고 : 사건의 의미를 흑백 논리로 해석하거나 경험을 극단으로 범주화하는 것
　예 완벽하지 않은 것은 곧 잘못된 것이라고 판단하는 경우

67 평가자 간 신뢰도를 알아보기 위한 지표로 사용되지 않는 것은? <small>19년 기출</small>

① 피어슨 상관계수(Pearson's r)
② 계층 간 상관계수
③ 카파(Kappa)계수
④ 크론바흐 알파(Cronbach's α)

해설

크론바흐 알파(Cronbach's α)
내적 일관성에 의한 신뢰도를 평가하는 데 많이 이용된다.

68 Burish(1984)는 객관적 성격검사 제작에 관한 접근들을 규명하여 기술하였다. 다음 중 이 접근법에 해당하지 않는 것은? <small>18년 기출</small>

① 외적 준거접근
② 내적 구조접근
③ 내적 내용접근
④ 외적 차원접근

해설

① 경험적 방법으로 통제집단과 특정집단을 구분해 주는 문항을 선별한다.
② 귀납적 방법으로 통제집단과 특정집단의 구분 없이 많은 일반인을 대상으로 하며 가장 많은 사람들이 공통적으로 인정하거나 부정하는 항목을 추려 일치도 혹은 벗어나는 정도를 측정한다.
③ 연역적 방법으로 합리적 추론 · 판단, 이론에 따라 문항을 선별한다.

69 근육긴장을 이완시키고, 심장의 박동을 조정하고, 혈압을 통제하는 훈련을 받는 것은? <small>15, 18년 기출</small>

① 바이오피드백
② 행동적인 대처방식
③ 문제중심의 대처기술
④ 정서중심의 대처기술

해설

바이오피드백(Biofeedback)
• 자신의 자율적인 생리적 반응을 스스로 통제하는 능력을 얻기 위한 방법으로 장비를 이용해서 의식하지 못하는 자율신경계의 반응을 조절하는 훈련이다.
• 바이오피드백을 통해 조절되거나 변화될 수 있는 생리적 변수들은 심박동수, 심장리듬, 혈압, 피부표면온도, 근육수축 정도, 뇌파의 전기적 활동양상 및 피부전기반응 등이다.
• 바이오피드백을 이용한 이완훈련은 기존의 이완이나 명상의 원리에 자신의 생리학적 상태에 대한 정보를 시청각적으로 볼 수 있도록 하는 기계적 요소를 가미한 것이다.

70 다음 중 규준(Norm)에 관한 설명으로 가장 적합한 것은? 16년 기출

① 측정한 점수의 일관성 정도를 제공해 준다.
② 검사 실시와 과정이 규정된 절차에서 이탈된 정도를 제공해 준다.
③ 특정 집단의 전형적인 또는 평균적인 수행 지표를 제공해 준다.
④ 연구자가 측정한 의도에 따라 측정이 되었는지의 정도를 제공해 준다.

해설

규준(Norm)

• 특정 검사 점수의 해석에 필요한 기준이 되는 자료로 한 특정 개인의 점수가 어떤 의미를 갖는지에 대한 정보를 제공한다.
• 특정 집단의 전형적인 또는 평균적인 수행 지표를 제공한다.
• 개인의 점수를 다른 사람들의 점수와 비교하고 해석하는 과정에서 비교대상이 되는 집단을 '규준집단' 또는 '표준화 표본집단'이라고 한다.
• 규준은 절대적이거나 보편적인 것이 아니며, 영구적인 것도 아니다. 이에 규준집단이 모집단을 잘 대표하는 것인지를 확인하는 과정이 요구된다.

71 치료자가 환자에게 자신의 욕구, 소망 및 역동을 투사함으로써 환자의 전이에 반응하는 것은? 18년 기출

① 전 이
② 전 치
③ 역할전이
④ 역전이

해설

역전이(Counter Transference)

• 상담자가 내담자에게 일으키는 전이현상으로 상담자가 과거에 경험한 인물에 대한 느낌을 현재의 내담자에게 치환시키는 것이다.
• 역전이가 발생하면 상담자 자신의 감정이 부각되어 내담자 문제에 대해 객관적인 태도를 유지하기 곤란하며 이로 인해 상담에 방해가 될 수 있다. 반면 역전이는 상담자가 내담자의 현재 감정 및 정서상태에 대해 알 수 있는 좋은 도구로 활용되기도 한다.
• 상담자는 자기분석 및 교육분석을 통해 자신의 과거경험이 현재 자신에게 미치는 영향에 대해 점검해야 하며, 수퍼바이저의 지도와 감독을 받아야 한다.

72 A유형(Type A) 성격의 행동패턴이 아닌 것은? 17년 기출

① 마감시한이 없을 때에도 최대의 능력을 발휘하여 일한다.
② 자신의 물리적 · 사회적 환경을 장악하려는 통제감이 높다.
③ 지연된 보상이 주어지는 과제에서 향상된 수행을 발휘한다.
④ 좌절하면 공격적이고 적대적이 되며, 피로감과 신체적 증상을 덜 보고한다.

해설

A유형(Type A) 성격

• 일을 할 때 지나치게 경쟁적이고 공격적
• 일이 조금이라도 뜻대로 안 되면 쉽게 짜증과 화를 냄
• 항시 서두르며 늘 시간에 쫓김
• 말이 빠르고 격정적이며 휴식도 없이 일을 하는 일중독의 특성을 보임

73 구조적 가족치료를 창안한 사람은? 16년 기출

① Adler
② Sullivan
③ Minuchin
④ Hartman

해설

① 아들러(A. Adler)는 개인심리이론의 대표적인 학자이다.
② 설리번(H. S. Sullivan)은 대인관계이론의 대표적인 학자이다.
④ 하트만(A. Hartman)은 가족의 생태체계관점을 제안한 학자로, 생태도(Ecomap)를 고안하기도 하였다.

구조적 가족치료

• 주요개념
 - 가족구조 : 가족의 상호작용하는 방식으로 반복적이고 체계화되어 있어서 예측할 수 있는 가족의 행동양식을 의미함
 - 하위체계 : 가족 안에는 다양한 하위체계가 존재하며, 가족원은 다양한 하위체계에서 다른 권력과 역할을 갖고 기능을 수행하며 상보적인 관계를 형성(부부하위체계, 부모하위체계, 부모-자녀 하위체계, 형제자매 하위체계)
 - 경계선 : 가족원 개인과 하위체계의 안팎을 구분하는 선으로 하위체계 간 친밀함의 정도, 정보 상호교환 정도, 문제해결을 위한 상호교류 정도 파악(경직된 경계, 모호한 경계, 명확한 경계)
 - 위계구조 : 집이라는 물리적 구조의 '층'에 비유

74 체계적 둔감절차의 핵심적인 요소는? 16년 기출

① 이 완
② 공 감
③ 해 석
④ 인지의 재구조화

해설

체계적 둔감화(Systematic Desensitization)

• 볼프(Wolpe, 1958)가 개발했다.
• 공포증과 같은 불안장애의 치료에 효과적이다.
• 체계적 둔감법은 심리적 불안과 신체적 이완은 병존할 수 없다는 것을 전제로 하는 상호억제(Reciprocal Inhibition)의 원리를 이용하는 기법이다.
• 이미 조건형성 된 부적응적 반응을 해체시키는 새로운 조건형성이 이루어진다는 점에서 탈조건형성(Diconditioning) 이라고 불리기도 한다.
• 시행과정 : '근육이완 → 불안위계목록 작성 → 체계적 둔감법의 시행' 순으로, 둔감화의 과정은 내담자가 눈을 감고 이완된 상태에서, 처음에는 불안이 없는 중립적인 장면을 상상하도록 한 후 불안위계표에 따라 가장 낮은 수준의 불안유발 장면으로부터 높은 수준의 불안유발 장면으로 점진적으로 진행한다. 이때 내담자가 불안을 경험하고 있다는 신호를 보내면 중단하고 다시 이완을 반복하면서 내담자가 가장 높은 수준의 불안을 나타낸 장면에서도 이완된 상태를 지속적으로 유지할 수 있도록 하는 것이다.

75 취약성-스트레스 접근에 관한 설명과 가장 거리가 먼 것은? 15년 기출

① 스트레스와 생물학적 취약성이 질병 발생의 필요조건이다.
② 정신장애의 발병에 생물학적 취약성을 우선시하는 접근이다.
③ 정신장애의 발병요인의 상호작용을 주장하는 접근이다.
④ 생물학적 두 부모가 고혈압을 가진 경우 자녀의 고혈압 발병 가능성이 매우 높게 나타난다.

해설

취약성-스트레스 모델(Vulnerability-stress Model)

• 이상행동이 신체적, 심리적, 사회적 측면의 다양한 요인에 의해서 유발될 수 있다고 보는 것으로, 정신장애는 취약성 요인과 스트레스 요인이 함께 결합되었을 때 발생한다고 본다.
• 취약성(Vulnerability or Diathesis)은 특정한 장애에 걸리기 쉬운 개인적 특성을 의미하며, 심리사회적 스트레스(Psychosocial Stress)는 환경으로부터 주어지는 부정적인 생활사건, 즉 스트레스를 느끼는 환경적 변화를 의미한다.

76 행동평가 방법에 관한 설명으로 옳지 않은 것은? 16, 22, 23년 기출

① 자연관찰은 참여자가 아닌 관찰자가 환경 내에서 일어나는 참여자의 행동을 관찰하고 기록하는 방법이다.
② 유사관찰은 제한이 없는 환경에서 관찰하는 방법이다.
③ 참여관찰은 관찰하고자 하는 개인이 자연스러운 환경에 관여하면서 기록하는 방식이다.
④ 자기관찰은 자신이 개인과 환경 간의 상호작용에 관한 자료를 수집하도록 한다.

해설

행동평가의 대표적인 방법

• 자연관찰법(Naturalisitic Observation) : 관찰자가 환경 내에서 일어나는 내담자의 문제행동, 증상을 실생활에서 직접관찰, 평가하는 방법
• 유사관찰법(Analogue Observation) : 관찰의 효율성을 높이기 위해 실생활에서가 아닌 면담실, 실험실에서 문제행동을 관찰, 문제행동이 일어나는 상황을 유도하여 이를 관찰하는 방법
• 참여관찰법(Participant Observation) : 실생활에서 내담자와 함께 생활하는 사람으로 하여금 행동평가를 대행하도록 하는 방법으로, 내담자의 대인관계양식을 볼 수 있는 방법
• 자기관찰법(Self-monitoring) : 자신의 행동에 대해 스스로 관찰, 보고하도록 하는 평가방법

77 정신상태검사(Mental Status Examination)에서 파악하는 항목과 가장 거리가 먼 것은? 16년 기출

① 감각기능 – 의식상태, 주의력, 기억력 등
② 인지기능 – 내담자의 치료 동기의 파악
③ 지각장애 – 착각, 환각의 유무 등
④ 지남력 – 시간, 장소, 사람 지남력

해설

정신상태검사 내용

• 감각 및 인지(Sensorium and Cognition)
  각성 및 의식 수준, 지남력, 기억, 주의집중, 읽기 · 쓰기능력, 시공간능력, 추상적 사고, 상식과 지능 등
• 지각의 상태(Perception)
  환각과 착각, 이인화(Depersonalization), 이현실화(Derealization)
  예 귀에서 이상한 소리가 들린 적이 있는지, 조용한 방에 있을 때 어떤 소리가 들린 적이 있는지, 기도할 때 하나님의 음성을 들은 적이 있는지, 헛것이 보인 적이 있는지?

78 행동의학에서 주로 다루는 주제로 가장 적합한 것은? 16년 기출

① 공황발작
② 외상 후 스트레스 장애
③ 조현병의 음성증상
④ 만성통증 관리

해설

행동의학

· 행동과학적인 접근에 의해서 의학을 파악해 나가려는 입장이다.
· 건강, 질병 그리고 기타 생리적 부전과 관련된 연구, 교육, 진단, 치료의 영역을 모두 포괄하는 다학제적 학문을 목표로 한다.
· 건강심리학은 행동의학과 건강관리의 문제 양자를 포함하는 심리학 영역이다.
· 행동의학은 심신의학보다는 보다 객관적인 행동에 중점을 둔다.

79 행동치료에 관한 설명으로 틀린 것은? 16년 기출

① 평가와 치료가 직접적으로 연관된다.
② 문제 행동의 기저 원인에 중요성을 둔다.
③ 모든 사례에 동일한 기법을 적용하기보다는 개별화된 평가와 개입을 한다.
④ 평가의 치료 절차가 구체적이고 분명하다.

해설

행동치료의 특징

· 과학적 방법의 원리와 절차에 따른다. 관찰에 근거해 결론을 내리며 자신이 개입한 것을 반복할 수 있도록 치료목표를 구체적이고 측정 가능한 용어로 기술하며 진행과정이 주기적으로 평가되고 치료계획은 내담자와 치료자가 적극적으로 참여하여 협력적으로 세운다.
· 치료의 초점을 현재에 둔다. 행동치료는 과거를 중요시하지 않으며 현재 문제에 영향을 주는 요인들을 다룬다. 즉, 치료자는 문제행동을 지속시키는 현재의 환경사건들을 찾고 내담자들의 행동분석을 통해 선행요인이 되는 환경사건을 변화시켜 새로운 행동을 할 수 있도록 돕는다.
· 행동치료자들은 내담자의 행동을 변화시키기 위해 치료에서 적극적인 역할을 하며 내담자에게도 구체적인 행동을 하도록 요구한다.
· 행동치료의 전략은 특정 사람과 특정 문제에 맞춰 개별화된다.
· 행동치료에서는 평가와 개입이 밀접한 관계를 갖고 있다. 평가는 개입방법을 선택하는 데 직접적인 정보를 준다.
· 치료의 진전을 추적하고 일반화와 행동의 유지를 계획한다. 행동치료에서는 개입의 효과에 대한 자료를 수집하고 개입 전의 행동 빈도, 강도, 지속 기간, 생각이나 감정 등이 개입 후에는 어떻게 달라졌는지를 비교한다.

80 생물학적 조망에 대한 설명과 가장 거리가 먼 것은? 16년 기출

① 행동과 기질적 기능 간의 상호작용에 초점을 맞추고 있다.
② 마음과 몸은 하나의 복잡한 실체의 두 측면이다.
③ 심리적인 스트레스와 신체적인 질병은 서로 영향을 미치는 경우가 거의 없다.
④ 관찰 가능한 표현형은 그 사람의 유전인자와 연관된 경험의 산물이다.

해설

생물학적 조망

· 인간행동에 미치는 뇌의 영향, 신경화학의 영향, 유전적 영향 등을 강조한다. 즉, 정신장애를 유발할 수 있는 주요한 생물학적 원인으로 뇌의 구조적 결함, 뇌의 생화학적 이상, 유전적 요인 등에 초점을 둔다. 이와 같이 광범위한 정서적 · 심리적 · 행동적 문제들을 연구하고 평가하고 치료하기 위해 생물학적 접근이 이루어진다.
· 조현병, 동성애, 폭력과 관련된 뇌 조직 및 기능에 대한 새로운 발견들과 함께 우울증, 불안장애, 공황장애 등에 관한 유전학에서의 새로운 발견들은 생물학적 조망의 우세에 기여하였다.

제5과목 | 심리상담

81 성피해 아동의 심리치료에 대한 설명으로 틀린 것은? 08, 12년 기출

① 피해 아동의 연령에 따라 적절한 심리치료를 실시한다.
② 피해 아동의 심리적 상처를 자극하지 않기 위해서 퇴행행동을 모두 받아준다.
③ 치료의 초기에는 아동과 어머니(보호자)가 같이 치료를 시작한다.
④ 치료의 보조기구(도구)로 신체인형을 사용한다.

② 성피해 아동은 손가락 빨기, 야뇨증, 어리광부리기, 지나치게 매달리기 등 마치 유아로 돌아간 것 같은 퇴행행동을 보이기도 한다. 성피해 아동이 이와 같은 퇴행행동을 보이는 경우 이를 즉각적으로 나무라기보다는, 성피해 아동에게서 나타날 수 있는 자연스러운 반응으로 간주하여 참을성 있게 대하는 것이 바람직하다. 그러나 성피해 아동의 그와 같은 퇴행행동을 모두 받아주는 것은 정서적 성숙이나 사회성 함양에 부정적인 영향을 미치므로 삼가도록 한다.

① 성피해 아동은 피해 시기의 발달단계에 따라 그 증상에 있어서 차이를 보이기 때문에 성피해 아동을 대상으로 한 심리치료는 그 연령 및 발달단계를 고려해야 한다.

③ 치료자는 부모의 감정을 이해하고 지지해 주면서, 성피해 아동이 신체적·정신적 치료와 부모의 따뜻한 보살핌을 받게 되면 다른 아이들처럼 정상적인 삶을 지속할 수 있다는 확신과 희망을 심어주어야 한다.

④ 치료자는 성피해 아동이 신체인형을 어떻게 다루는지 관찰함으로써 성피해 상황 및 상태를 보다 명확히 파악할 수 있다.

82 액슬린(Axline)의 비지시적 놀이치료에서 놀이치료자가 갖추어야 할 원칙에 포함되지 않는 것은?

16년 기출

① 아동을 있는 그대로 수용한다.
② 아동과 따뜻하고 친근한 관계를 가능한 빨리 형성하도록 한다.
③ 가능한 비언어적인 방법으로만 아동의 행동을 지시한다.
④ 아동이 타인과의 관계형성이 본인의 책임이라는 것을 알도록 하기 위해서는 제한을 둘 수 있다.

비지시적 놀이치료의 8가지 원칙(Axline)
• 치료자는 아동과 따뜻하고 친근한 관계를 형성한다. (②)
• 치료자는 아동을 있는 그대로 수용한다. (①)
• 치료자는 아동의 감정을 인식하고 반영해 주어 아동 스스로 자신의 문제에 대한 통찰을 얻도록 돕는다.
• 치료자는 아동이 자신의 감정을 자유롭고 충분히 표현할 수 있도록 허용적인 관계를 형성한다.
• 치료자는 아동이 자신의 문제를 스스로 해결할 수 있는 능력이 있음을 인정하여. 아동 스스로 선택하고 변화할 수 있도록 한다.
• 치료자는 아동의 행동이나 대화를 이끌지 않으며. 아동의 주도에 따른다.
• 치료자는 치료가 점진적인 과정임을 인식하여 서둘러 치료를 재촉하지 않는다.
• 치료자는 아동으로 하여금 책임을 받아들이도록 하기 위해 필요한 경우 제한을 둘 수 있다. (④)

83 단기상담에 적합한 내담자의 특성으로 옳은 것은?

04, 13, 19, 23년 기출

① 반사회적 성격장애가 있다.
② 문제가 구체적이거나 발달과정상의 문제가 있다.
③ 지지적인 대화상대자가 전혀 없다.
④ 만성적이고 복합적인 문제가 있다.

단기상담에 적합한 내담자
• 내담자가 비교적 건강하며 그 문제가 심각하지 않다.
• 내담자가 자신의 경미한 문제에 대한 명확한 인식을 원한다.
• 내담자가 임신, 출산 등 발달과정상의 문제를 경험한다.
• 내담자가 중요 인물의 상실에 대한 생활상의 적응을 필요로 한다.
• 내담자가 급성적 상황으로 인해 정서적인 어려움을 겪는다.

84 접촉, 지금-여기, 자각과 책임감 등을 중시하는 치료이론은?

16년 기출

① 인간중심적 치료
② 게슈탈트치료
③ 정신분석
④ 실존치료

게슈탈트치료
• 자신의 욕구와 감정을 알아차리고 수용하며, 환경과의 접촉을 통해 문제를 해결함으로써 성숙하고 성장하도록 도우며, 지금-여기의 삶을 살도록 하는 치료이론
• 게슈탈트 상담은 경험적이며, 실존적이며, 실험적인 접근
• 언어를 통해 정신적 조작을 하는 것보다 행동을 강조한다는 점에서 경험적, 개인의 독립적인 선택과 책임을 강조한다는 점에서 실존적, 개인이 매 순간에 느끼는 감정을 표현하도록 촉진한다는 점에서 실험적

85 현대 상담에 대한 접근과 가장 거리가 먼 것은?

① 다소 복잡하고, 역사적이고 이론적인 시야 등 이 분야의 종합적인 통찰을 얻어야 한다.
② 상담 접근 방식들의 주된, 공통된, 효과적인 요소가 무엇일지에 대해 생각해야 한다.
③ 통합적인 상담 방식보다 특정 상담 방식을 고수해야 한다.
④ 상담 접근 방식들 간의 핵심적인 차이에 대해 논의해야 한다.

해설

현대 상담은 하나의 특정 상담 방식을 고수하기보다는 사례에 따라 적절히 통합하는 상담접근 방법이 지향되는 경향을 보이고 있다.

86 내담자로 하여금 예상되는 불안과 공포를 의도적으로 익살을 섞어 과장해서 생각하고 표현하도록 하는 상담기법은?

① 비합리적 사고의 교정
② 역설적 의도
③ 역할연기
④ 자기표현훈련

해설

역설적 의도

• 실존주의적 상담기법 중의 하나
• 내담자가 갖는 예기적 불안을 제거함으로써 강박증이나 공포증과 같은 신경증적 행동을 치료할 수 있는 기법
• 강박적이고 억압적인 공포증에 걸린 내담자들의 단기상담과 치료에 도움이 되는 기법
• 내담자가 두려워하는 일 자체를 하도록 하거나 일어나기를 소망하도록 촉진하는 과정

87 인터넷 상담의 장점으로 가장 적합한 것은?

① 라포(Rapport)형성이 쉽다.
② 내담자의 정보를 얻기 쉽다.
③ 상담 공간과 시간이 용이하다.
④ 상담과정이 원활하다.

해설

① 상담자의 입장에서 내담자의 신상과 상담내용을 신뢰하기 어려우며, 내담자와의 라포형성이 쉽지 않다.
② 내담자가 자신의 정보를 선택적으로 공개할 수 있으며, 언제든지 상담을 중단해버릴 수 있다.
④ 주로 문자 등의 시각적 자료에 의존해야 하므로 대면상담에서와 같이 깊이 있는 의사소통을 기대하기 어려우며, 내담자의 복잡한 정서적인 내용을 파악하기 곤란하다.

88 생애기술상담에서 행동기술 메시지를 전달하는 방법이 아닌 것은?

① 전환 메시지
② 음성 메시지
③ 신체 메시지
④ 접촉 메시지

해설

생애기술상담에서 행동기술 메시지의 전달방법

• 언어 메시지 : 언어(말)를 통한 메시지 전달
• 음성 메시지 : 음성의 강도, 발성, 높낮이, 속도 등
• 신체 메시지 : 시선, 얼굴표정, 자세, 물리적 거리 등
• 접촉 메시지 : 신체접촉의 부위, 접촉의 강도, 상대방의 허락 여부 등
• 행동 메시지 : 비대면 상태에서의 메시지 전달(예 메모 보내기 등)

89 약물에 관한 설명으로 틀린 것은?

① 약물 내성은 동기의 대립과정이론으로 설명할 수 있다.
② 바비튜레이트는 자극제다.
③ 메스칼린은 환각제다.
④ 진정제는 GABA 시냅스에 영향을 준다.

해설

바비튜레이트(Barbiturate)는 불안감, 긴장, 불면증의 치료에 사용되었던 억제제이다.

약물의 종류

중추신경 흥분제	• 중추신경계를 자극하는 물질 • 카페인(각성제 등), 코카인, 암페타민류(필로폰 등), 니코틴 등
중추신경 억제제	• 중추신경계가 흥분한 상태를 진정시키는 약물 • 알코올, 흡입제(본드, 가스, 가솔린, 아세톤 등), 바비튜레이트, 합성마약류, 수면제, 신경 안정제 등
환각제	• 환각효과를 나타내는 물질 • LSD, 펜시클리딘(Phencyclidine), 메스칼린(Mescaline), 살로사이빈(Psilocybin), 암페타민류(엑스타시 등), 항콜린성 물질 등

90 상담심리학의 역사에서 상담심리학의 기반형성에 근원이 된 주요 영향이 아닌 것은? 17년 기출

① 의학적 관점으로부터의 상담과 심리치료의 발달
② Parsons의 업적과 직업운동의 성숙
③ 정신건강에 대한 관심
④ 심리측정적 경향의 발달과 개인차 연구

해설
상담심리학의 역사적 배경
- 상담심리학은 미국에서 20세기 초에 시작된 직업지도(職業指導) 운동이 발단이 되어 1950년대에 이르러서는 본격적으로 심리학의 한 분야로 취급되었다.
- 상담심리학이란 용어를 사용한 것은 1908년 파슨스(Parsons)가 진로상담 때문에 고안한 것. 이것이 전문적인 학문 분야로서 정체성이 확립된 것은 1950년대이다.
- 상담심리학을 발전시킨 두 운동은 '직업보도운동'과 '정신위생운동'이다.
- 상담심리학은 또한 비네(Binet)와 시몬(Simon) 등이 발달시킨 검사도구의 등장으로 심리측정도구가 개발. 활성화됨에 따라 발달되었다.
- 제1, 2차 세계대전도 심리학 발달에 영향을 미침

91 사회학적 관점에서 청소년비행의 원인을 설명하기에 적합하지 않은 이론은? 20년 기출

① 아노미이론
② 사회통제이론
③ 하위문화이론
④ 사회배제이론

해설
사회배제이론은 일단의 집단들을 사회의 주류로부터 격리시키는 일종의 메커니즘으로 작용하는 사회적 배제 현상에 주목하면서, 특히 노인, 아동, 장애인 등을 대상으로 소득, 노동, 주거, 의료 등 배제의 다양한 영역들에 대해 분석하는 이론이다.

92 진정제가 아닌 물질은? 20년 기출

① 알코올(Alcohol)
② 바비튜레이트(Barbiturate)
③ 헤로인(Heroin)
④ 메스암페타민(Methamphetarmine)

해설
메스암페타민(Methamphetarmine)은 중추신경을 흥분시키는 각성제(흥분제)이다.

93 Beck이 제시하는 인지적 오류 중 '평범하다는 평가를 받는다는 것은 내가 얼마나 부족한지 증명하는 것이다'라고 생각하는 경우는? 15년 기출

① 전부 아니면 전무의 사고
② 긍정적인 면의 평가절하
③ 과장/축소
④ 과잉일반화

해설
과장 및 축소
사건의 의미나 중요성을 지나치게 과장하거나 축소하는 오류를 말한다. 즉, 개인이 불완전을 최대화하거나 좋은 점을 최소화하는 오류로 자신의 실수나 결점을 실제보다 크게 보는 경향, 그리고 자신의 장점을 축소하게 된다. 이에 결국 자신이 타인들보다 열등하다고 생각하거나 우울하다고 느끼게 된다.

94 성피해자에 대한 상담의 초기단계에서 상담자가 유의해야 할 사항으로 옳은 것은? 15, 17년 기출

① 피해자가 첫 면접에서 성피해 사실을 부인할 경우 솔직한 개방을 하도록 지속적으로 유도한다.
② 가능하면 초기에 피해자의 가족상황과 성폭력피해의 합병증 등에 관한 상세한 정보를 얻는다.
③ 성피해로 인한 내담자의 심리적 외상을 신속하게 탐색하고 치유할 수 있도록 적극적으로 개입한다.
④ 피해상황에 대한 상세한 정보수집이 중요하므로 내담자가 불편감을 표현하더라도 상담자가 주도적으로 면접을 진행한다.

해설
성폭력피해자 심리상담 초기단계의 유의사항
- 상담자는 피해자인 내담자와 신뢰할 수 있는 관계를 유지함으로써 치료관계형성에 힘써야 한다.
- 상담자는 내담자에게 상담 내용의 주도권을 줌으로써 내담자에게 현재 상황에서 표현할 수 있는 내용에 대해서만 이야기할 수 있도록 배려해야 한다.
- 상담자는 내담자의 비언어적인 표현에 주의를 기울이며, 그에 대해 적절히 반응해야 한다.
- 상담자는 내담자의 성폭력 피해로 인한 합병증 등을 파악해야 한다.
- 상담자는 내담자가 성폭력 피해의 문제가 없다고 부인하는 경우 일단 수용하며, 언제든지 상담의 기회가 있음을 알려주어야 한다.

95 상담의 구조화에 관한 설명으로 옳지 않은 것은? 17년 기출

① 상담의 다음 진행과정에 대한 내담자의 두려움이나 궁금증을 줄일 수 있다.

② 구조화는 상담 초기뿐만 아니라 전체 과정에서 진행될 수 있다.

③ 상담의 효과를 최대한으로 높이기 위해 행해진다.

④ 상담에서 다루려는 내용을 구체적으로 정의하는 작업이다.

해설

상담의 구조화

• 구조화는 상담과정의 본질, 제한조건과 방향에 대해 상담자가 내담자에게 정의를 내려주는 것이다. 즉, 상담자가 내담자에게 상담과정의 바람직한 체계와 방향을 알려주는 것을 말한다.

• 구조화는 그 자체가 상담의 목적이 아니라 상담관계를 바람직한 방향으로 안정시키는 중요한 수단으로 기능한다.

• 구조화는 필요에 따라 상담과정 중에 언제나 일어날 수 있지만, 특히 상담 초기에 적절한 구조화가 이루어지는 것이 필요하다.

• 구조화를 통해 상담시간, 내담자의 행동, 상담자의 역할, 내담자의 역할 및 과정목표, 비밀유지, 상담회기의 길이와 빈도, 상담의 계획된 지속기간, 내담자와 상담자의 책임, 가능한 상담 성과 및 상담 시의 행동제한 등을 설정한다.

96 직업상담원의 역할에 해당되지 않는 것은? 16년 기출

① 직업상담

② 직업창출

③ 직업정보분석

④ 직업지도 프로그램 운영

해설

직업상담원(직업상담사)의 역할

• 상담자 (①)

• (직업문제)처치자

• 조언자

• 직업지도 프로그램 개발 및 운영자 (④)

• 지원자

• (검사도구)해석자

• (직업정보)분석가 (③)

• 협의자

• 관리자

• 연구 및 평가자

97 형태치료(게슈탈트 치료)에서 접촉-경계 혼란을 일으키는 여러 가지 심리적 현상 중 사람들이 감당하기 힘든 내적 갈등이나 환경적 자극에 노출될 때 이러한 경험으로부터 압도당하지 않기 위해 자신의 감각을 둔화시킴으로써 자신 및 환경과의 접촉을 악화시키는 것은? 16년 기출

① 내사(Introjection)

② 반전(Retroflection)

③ 융합(Confluence)

④ 편향(Deflection)

해설

게슈탈트 치료의 접촉-경계 혼란

• 내사(Introjection) : 타인의 행동이나 가치관을 자기 것으로 무비판적으로 받아들이는 것

• 투사(Projection) : 자신의 생각이나 욕구, 감정 등을 타인의 것으로 지각하며 책임소재를 타인에게 돌리는 것

• 반전(Retroflection) : 자신이 다른 사람이나 환경에 대하여 하고 싶은 행동을 자신에게 하는 것

• 융합(Confluence) : 밀접한 관계에 있는 두 사람이 서로 간에 차이점이 없다고 느끼는 것

• 편향(Deflection) : 감당하기 힘든 내적 갈등이나 환경적 자극에 노출될 때 이러한 경험으로부터 압도당하지 않기 위해 자신의 감각을 둔화시키는 것

98 REBT 상담자들이 탐색, 자유토의, 통렬한 비난, 해석 등 보통의 상담기법에 첨가하여 사용하는 기법이 아닌 것은? 16년 기출

① 구조화

② 직 면

③ 교 화

④ 재교육

해설

엘리스는 보통 정신치료의 기법들은 탐구(탐색), 자유토의, 발굴, 해석 등이지만, 합리적 치료자에게는 이에 더해 대결(직면), 논박, 교화, 재교육 등의 좀 더 직접적인 기법들이 첨가되므로 가장 깊숙이 자리 잡고 있어 다루기 힘든 정서불안의 패턴들도 직면할 수 있다고 보았다.

99 집단상담에 대한 설명으로 가장 적합한 것은?

16년 기출

① 집단 크기, 기간, 집단성격, 프로그램 등을 미리 결정해야 한다.
② 집단상담에서는 개인상담에 있는 접수면접과 같은 단계는 생략된다.
③ 집단상담에서 상담자는 조언을 사용해서는 안 된다.
④ 만성적 우울증을 가진 내담자로 이루어진 집단은 자조집단에 어울린다.

해설
집단상담의 특징
• 집단상담은 집단성원들로 하여금 자기이해 및 자기수용, 발달과업의 성취 등을 실현할 수 있도록 돕는 과정이다.
• 집단을 시작하기 전에 집단의 목적 및 성격, 그에 따른 프로그램과 크기, 기간 등을 결정하는 것이 바람직하다.
• 일반적으로 만성적 우울증을 가진 내담자는 치료집단이 좀 더 바람직하다.

100 진로상담의 일반적인 원리와 가장 거리가 먼 것은?

16년 기출

① 만성적인 미결정자의 조기발견에 특히 유념해야 한다.
② 경우에 따라서는 심리상담을 병행하면 더욱 효율적이다.
③ 최종결정과 선택은 상담자가 분명하게 정해주어야 한다.
④ 내담자에 대한 기본적인 신뢰와 공감적 이해는 진로상담에서도 중요하다.

해설
진로상담의 주요 원리
• 진로상담은 진학과 직업선택에 초점을 맞추어 전개한다.
• 진로상담은 개인의 특성을 객관적으로 파악한 후, 상담자와 내담자 간의 라포가 형성된 관계 속에서 이루어져야 한다.
• 진로상담은 진로발달 이론에 근거하며, 진로발달이 진로상담에 영향을 미친다.
• 진로상담은 개인의 진로결정에 있어서 핵심적인 요소이므로, 합리적인 진로의사결정 과정과 기법을 체득하도록 상담한다.
• 진로상담은 변화하는 직업세계의 이해와 진로정보 활동을 중심으로 개인과 직업의 연계성을 합리적으로 연결시키는 과정에 합리적 방법 이용에 초점을 둔다.
• 진로상담은 각종 심리검사의 결과를 기초로 합리적인 결과를 끌어낼 수 있도록 도와주는 역할을 한다.
• 진로상담은 상담윤리 강령에 따라 전개한다.
• 집단진로상담을 진행할 때에는 집단성원 간의 교류를 중시하여 학생이 자기표현을 통해서 자기통찰을 깊게 할 수 있도록 하며, 집단 내의 분위기는 민주적이고 따뜻하여 각 구성원이 소속감을 가질 수 있도록 한다.
• 항상 '차별적인 진단과 처치', 즉 개인차를 고려한다.

제2회 기출복원문제

2025 시대에듀 핵심유형 100제 임상심리사 2급 1차 필기합격 한권으로 끝내기

개정7판1쇄 발행	2025년 01월 10일 (인쇄 2024년 10월 11일)
초 판 발 행	2018년 02월 05일 (인쇄 2017년 12월 28일)
발 행 인	박영일
책 임 편 집	이해욱
저 자	심리상담연구소
편 집 진 행	박종옥 · 김희현
표지디자인	박종우
편집디자인	박지은 · 채현주
발 행 처	(주)시대고시기획
출 판 등 록	제 10-1521호
주 소	서울시 마포구 큰우물로 75 [도화동 538 성지 B/D] 9F
전 화	1600-3600
팩 스	02-701-8823
홈 페 이 지	www.sdedu.co.kr

I S B N	979-11-383-8094-2 (13180)
정 가	22,000원

12년간 15만 독자의 선택!
합격을 향한 로드맵,
시대에듀 임상심리사!

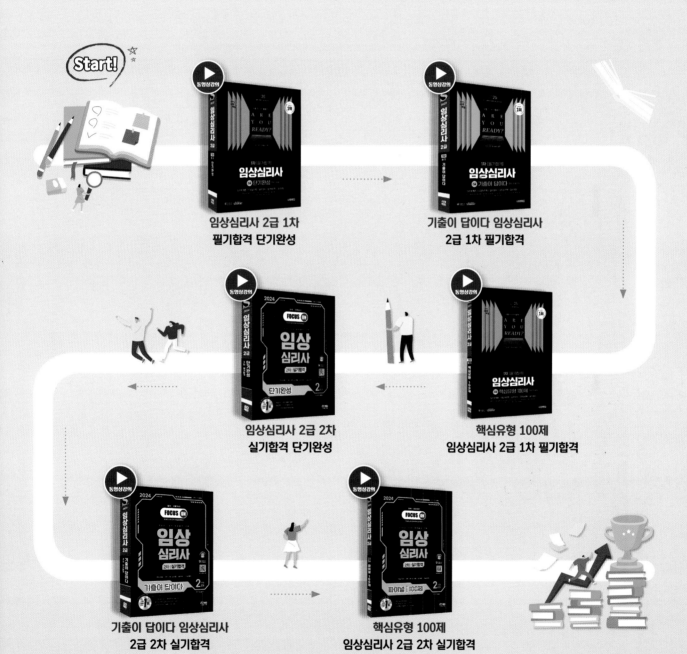

임상심리사 2급 1차
필기합격 단기완성

기출이 답이다 임상심리사
2급 1차 필기합격

임상심리사 2급 2차
실기합격 단기완성

핵심유형 100제
임상심리사 2급 1차 필기합격

기출이 답이다 임상심리사
2급 2차 실기합격

핵심유형 100제
임상심리사 2급 2차 실기합격

※ 도서의 이미지와 구성은 변경될 수 있습니다.
※ 개정판 준비 중입니다.

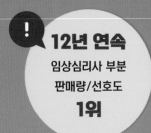

12년 연속

임상심리사 부분
판매량/선호도

1위

과목별 핵심이론부터 명쾌한 기출해설까지
한권으로 완성하는
시대에듀 임상심리사 시리즈

임상심리사 2급 1차 필기합격 단기완성

- 전과목 핵심이론 + 이론별 핵심예제
- OX퀴즈 + 전문가의 한마디로 빈틈없는 학습
- 최신 기출키워드 분석
- 합격완성 기출복원문제 2회
- 유료 온라인 동영상 강의교재

임상심리사 2급 2차 실기합격 단기완성

- 전과목 핵심이론 + 이론별 기출복원예제
- OX퀴즈 + 전문가의 한마디로 빈틈없는 학습
- 최신 기출키워드 분석
- 기출문제 심층분석 적중예상문제 2회
- 2023년 제1회 실기시험 기출복원문제
- 방대한 이론을 한곳에 모았다! 핵심요약집
- 유료 온라인 동영상 강의교재

※ 도서의 이미지와 구성은 변경될 수 있습니다.

✛ 시대에듀 임상심리사 2급 시리즈

- ✔ 임상심리사 2급 1차 필기합격 단기완성
- ✔ 기출이 답이다 임상심리사 2급 1차 필기합격
- ✔ 핵심유형 100제 임상심리사 2급 1차 필기합격

- ✔ 임상심리사 2급 2차 실기합격 단기완성
- ✔ 기출이 답이다 임상심리사 2급 2차 실기합격
- ✔ 핵심유형 100제 임상심리사 2급 2차 실기합격

나는 이렇게 합격했다

자격명: 위험물산업기사
구분: 합격수기
작성자: 배*상

나는 할수있다

69년생 50중반 직장인 입니다. 요즘 자격증을 2개정도는 가지고 입사하는 젊은친구들에게 일을시키고 지시하는 역할이지만 정작 제자신에게 부족한점 이많다는것을 느꼈기 때문에 자격증을 따야겠다고 결심했습니다. 처음 시작할때는 과연 되겠냐? 하는 의문과 걱정 이한가득이었지만 시대에듀 인강 을 우연히접하게 되었고 잘차려 진 밥상과 같은 커 리큘럼은 뒤늦게 시 작한 늦깍이 수험 생이었던 저를 합격의 길 로 인도해주었습니다. 직장생활을 하면서 취득했기에 더욱 기뻤습니다. 감사합니다!

합격은 시대에듀

♥

당신의 합격 스토리를 들려주세요.
추첨을 통해 선물을 드립니다.